浙江省高职院校"十四五"重点立项建设教材

体育与健康

主审　翁惠根

主编　邱林飞　程伟强　徐　明

航空工业出版社

北京

内 容 提 要

本教材紧扣"运动能力、健康习惯、体育精神、职业适应"的体育与健康课程核心素养，优化课程思政内容供给，将体育教育与健康认知、运动知识、运动技能、健康素养、职业素养、课程思政等有机结合，旨在增强学生的体育锻炼意识，促进学生养成体育锻炼的习惯，为其成长为高素质人才奠定基础。

全教材共七章，分别为体育与健康认知、运动技术与技能学练（一）、运动技术与技能学练（二）、运动技术与技能学练（三）、身体素质与职业体适能、体育比赛的组织与编排、运动安全防护与常见职业病防治。

本教材视角新颖、内容翔实、图文并茂、数字资源丰富，寓体育与健康教育于一体，集学习性、指导性、实践性和操评性为一体，可作为高等职业院校各专业学生的通识类公共课体育教材。

图书在版编目（CIP）数据

体育与健康 / 邱林飞，程伟强，徐明主编. -- 北京：航空工业出版社，2024.3
ISBN 978-7-5165-3721-3

Ⅰ．①体… Ⅱ．①邱… ②程… ③徐… Ⅲ．①体育－高等职业教育－教材②健康教育－高等职业教育－教材 Ⅳ．①G807.4②G717.9

中国国家版本馆 CIP 数据核字(2024)第 059149 号

体育与健康
Tiyu yu Jiankang

航空工业出版社出版发行
（北京市朝阳区京顺路 5 号曙光大厦 C 座四层　100028）
发行部电话：010-85672666　　010-85672683

北京京华铭诚工贸有限公司印刷	全国各地新华书店经销
2024 年 3 月第 1 版	2024 年 3 月第 1 次印刷
开本：787×1092　1/16	字数：358 千字
印张：15.5	定价：46.80 元

本书编委会

主　审：翁惠根

主　编：邱林飞　程伟强　徐　明

参　编：吴烈栋　李秋燕　马紫晨

　　　　王世龙　郑佳媛　朱刚勇

前言

为贯彻《关于全面加强和改进新时代学校体育工作的意见》，落实"立德树人"根本任务和"健康第一"教育理念，有序推进体育教育与健康教育相融合，有效推进"运动能力、健康习惯、体育精神、职业适应"课程核心素养教育，以及教师、教材、教法"三教"改革，编者组织编写了这本具有职业教育特征、寓体育与健康教育于一体的新形态教材。

本教材以《职业院校教材管理办法》为指引，遵循公共体育课程"以体育智、以体育心"的育人要求，着眼于学生的全面发展；围绕课程核心素养，优化课程思政内容供给，将体育教育与健康认知、运动知识、运动技能、健康素养、职业素养、课程思政等有机结合，充分体现了新时代职业教育教学改革的先进理念。

通过学习本教材，学生不仅可以掌握健康知识、体育知识和一至两项有终身锻炼价值的运动技能，还能练就健康的体魄，提升体能水平，在运动能力、健康行为和意志品质等方面获得全面的发展。

简而言之，本教材具有以下特点。

一、体现职业类型教育特征

本教材针对学生身体发展的特点介绍了多种体育项目和运动技能，适合不同基础的学生进行学习。同时，本教材介绍了身体素质与职业体适能训练、运动安全防护、常见职业病防治等内容，体现了职业类型教育特征。

二、体现课程核心素养要求

本教材紧扣"运动能力、健康习惯、体育精神、职业适应"等体育与健康课程核心素养，将体育教育与健康教育、运动知识、运动技能、健康素养及职业适应能力发展有机结合，能够使学生深入了解体育与健康的基本知识，掌握科学锻炼的方式、方法，养成坚持锻炼身体的习惯。

三、体现体育运动项目群特征

为便于开展各运动项目的教学，本教材按照田径运动、大球类运动、小球类运动、操舞与健身健美类运动、武术与民族民间传统体育类运动、游泳、冰雪类运动和传统体育拓展类运动的顺序详细讲解运动技术与技能学练的要点，体现体育运动项目群特征。

四、体现"学－练－赛－评"教学要求

本教材不仅是介绍体育与健康知识、运动技能的学习性教材，也是具有指导性、实践性、可操评性的教材，体现了课程学业质量评价要素，满足"教会、勤练、常赛"学业综合评价要求。基于此，本教材提供了大量科学、有趣的训练方法，以及精彩的体育比赛欣赏片段，将"学－练－赛－评"融为一体，能有效地激发学生对体育锻炼的兴趣和热情，使学生在练中学、赛中学，帮助学生提升运动技能，培养锻炼习惯，增强自身体质。

五、体现新形态教材编写要求

本教材依托丰富的平台资源，融入线上线下相结合的开放式、启发式、浸入式教学策略，体现新形态教材编写要求。学生可以借助手机或其他移动设备扫描书中的二维码获取相关视频，也可以登录文旌综合教育平台"文旌课堂"查看与下载本书配套资源，如优质课件、微课等。

本教材由翁惠根担任主审，邱林飞、程伟强、徐明担任主编，吴烈栋、李秋燕、马紫晨、王世龙、郑佳媛、朱刚勇参与编写。在编写过程中，编者参考了大量的资料并引用了部分文章和图片等。这些引用的资料大部分已获原作者授权，但由于部分资料来自网络，编者未能确认出处，也暂时无法联系到原作者。对此，编者深表歉意，并欢迎原作者随时与编者联系，编者将按规定支付酬劳。

尽管编者在编写本书时已竭尽所能，但由于编者水平有限，书中存在的疏漏与不当之处，敬请广大读者批评指正。

🔍 **本书配套资源下载网址和联系方式**

🌐 网址：https://www.wenjingketang.com
📞 电话：400-117-9835
✉ 邮箱：book@wenjingketang.com

目 录

第一章　体育与健康认知 … 1
第一节　体育的概念及其功能 … 1
第二节　健康的概念及其内容 … 4
第三节　体育与健康教育 … 7
第四节　健康素养与健康生活方式养成 … 10
第五节　体育精神与中华优秀传统体育文化 … 14

第二章　运动技术与技能学练（一）
（田径·大球类）… 17
第一节　田径运动 … 17
第二节　大球类运动 … 24

第三章　运动技术与技能学练（二）
（小球类·操舞与健身健美类·武术与民族民间传统体育类）… 52
第一节　小球类运动 … 52
第二节　操舞与健身健美类运动 … 69
第三节　武术与民族民间传统体育类运动 … 87

第四章　运动技术与技能学练（三）
（游泳·冰雪类·传统体育拓展类）… 129
第一节　游泳运动 … 129
第二节　冰雪类运动 … 141
第三节　传统体育拓展类运动 … 153

第五章　身体素质与职业体适能 ………………………… 165

　　第一节　身体素质 ………………………… 165
　　第二节　职业体适能 ………………………… 168
　　第三节　身体素质和体适能的项目化锻炼 ………………………… 171
　　第四节　身体素质和体适能的评价方法 ………………………… 178

第六章　体育比赛的组织与编排 ………………………… 189

　　第一节　国内外主要体育赛事 ………………………… 189
　　第二节　体育比赛的组织 ………………………… 191
　　第三节　体育比赛的常规赛制与轮次 ………………………… 194
　　第四节　基层体育比赛的组织与编排 ………………………… 195

第七章　运动安全防护与常见职业病防治 ………………………… 207

　　第一节　常见运动损伤与运动性疾病 ………………………… 207
　　第二节　实用临场救护技能 ………………………… 213
　　第三节　常见职业病的成因与防治 ………………………… 225
　　第四节　常见职业病的自我体疗方法 ………………………… 230

参考文献 ………………………… 237

第一章 体育与健康认知

第一节 体育的概念及其功能

体育作为人类文化的重要组成部分，是随着人类社会的发展而逐渐形成的。根据史学家和考古学家的研究结果，在人类长期的进化过程中，严酷的生活环境迫使人类不得不学习走、跑、跳、投掷、攀登、游泳、搏斗等技能。

体育的发展过程大致可分为以下三个时期：原始的体育萌芽时期、自觉从事体育时期、形成与完善体育制度时期。随着国际交往的扩大，体育事业发展的规模和水平已是衡量一个国家、社会发展进步的重要标志，体育也成为国家间文化交流的重要手段。

体育的起源与发展

一、体育的概念

"体育"一词在概念上有一个演化的过程。在其刚传入我国时，体育是指身体的教育，是与提高身体素质的各种活动有密切联系的一种教育过程。随着社会的进步和体育事业的发展，体育的目的与内容都大大超出原有的范畴，体育的概念也出现了广义与狭义之分。广义的体育一般指体育运动，包括学校体育、社会体育和竞技体育三个方面的内容；狭义的体育一般仅指学校体育。

许多学者都对体育做出了阐述，趋于一致的解释如下："体育是以身体活动为媒介，以谋求个体的身心健康与全面发展为直接目的，并以培养社会主义建设者和接班人为终极目标的一种社会文化现象或教育过程。"体育的这一概念既说明了其本质属性，又指出了其归属范畴。

二、体育的分类

从学校领域来看，广义的体育通常是指学校体育、社会体育和竞技体育，狭义的体育特指学校体育。

体育俱乐部

（一）学校体育

学校体育是以立德树人为根本任务，传授体育运动的基本知识、技术和技能，帮助学生在体育锻炼中享受乐趣、增强体质、健全人格、锤炼意志，培养良好的体育精神和健康生活方式的教育过程。

学校体育包括体育课教学、课外体育锻炼、运动训练与竞赛、体育俱乐部（社团）活动和国家学生体质健康标准测试等环节，涉及体育课程、学校体育比赛、体育设施和资源、体育教育和指导、体育赛事等。学校体育是学校教育的重要组成部分，是学校德育教育实现的重要手段，在促进学生全面发展、推进素质教育实施、培养新时代合格人才等方面发挥着至关重要的作用。

具体而言，学校体育具有以下几个主要特点。

1．规定性

根据《高等学校体育工作基本标准》《国家学生体质健康标准》等组织课堂教学。此外，体育是学生正常毕业、升学和评奖推优的必修课程。

2．教育教学性

体育课堂教学是学校体育的核心和关键环节，是落实立德树人，发挥体育育人功能的主阵地。

3．规律性

学生身心发展特点、学习规律和运动技能形成规律，是学校体育教学的主要依据。

4．组织性

班级授课制是学校体育课教学的主要组织形式，以学生的体育兴趣爱好为引导的体育选修课是目前学校体育课教学组织的主流模式。

（二）社会体育

社会体育属于文化娱乐的范畴，是指普通民众自愿参加的，以强身、健体、娱乐、休闲等为目的，内容广泛、形式多样的体育运动，一般不追求取得高水平的运动成绩。

具体而言，社会体育具有以下几个特点。

1．参与目的的多样性

社会体育可以满足人们健身、健美、康复、休闲、娱乐、陶冶情操等多种需要。

2．参与对象的广泛性

全体社会成员都可以是社会体育的参与者。不论年龄、性别、爱好和职业，所有人都可以在社会体育中找到适合自己的项目。

3．活动时间的灵活性

社会体育是人们在业余时间开展的一种文化活动。随着人们生活水平的提高和闲暇时间的增多，社会体育的发展也驶入快车道。

（三）竞技体育

竞技体育是具有竞赛特点和较高技术要求的运动项目的通称。竞技体育以最大限度地挖掘和发挥人体运动的潜能，显示个人和团体的体育运动实力，创造优异成绩，战胜对手为目的。

具体而言，竞技体育具有以下几个特点。

1．竞争性

竞技体育是以竞争为核心的活动，运动员个人或团体参加比赛的目的是争夺胜利。

2．规范性

竞技体育的规范性体现为，在比赛和运动活动中，各方需要遵守一系列明确的规则、法规、道德准则及行为标准。这些规范性要求不仅确保了比赛的公平性、合理性和秩序，还维护了运动员、观众和相关利益者的权益。

3．公平性

竞技体育的公平性是指比赛的公正与公平性。这意味着在竞技体育中，每个参与者都有平等的机会和条件来竞争，胜利或失败取决于运动员的表现，而不受到不公正因素的干扰。

4．公开性

竞技体育的公开性指的是体育比赛对观众、媒体等公开的特点。公开性使竞技体育具有更大的影响力，同时促进了运动技术、战术的交流。

5．集群性

竞技体育的集群性指的是运动员共同参与、观众共同观看体育比赛的特点。

6．观赏性

竞技体育的观赏性指的是体育比赛对观众的吸引力。观赏性往往受到比赛的性质、运动员的表现、赛事的组织等因素的影响。

7．娱乐性

竞技体育的竞争日趋激烈，却并未失去娱乐特征。对运动员来说，取得胜利或仅仅是参与便可以获得心理满足。对观众来说，观看竞争激烈的比赛可以获得轻松感和美的享受。

三、体育的功能

本书主要介绍狭义的体育（即学校体育）的功能。在我国，学校体育是一种多功能的文化活动，它既与竞技体育和社会体育组成了完整的体育系统，又与德育、智育等构成了学校教育的主要内容。具体而言，学校体育的功能主要表现在以下四个方面。

（一）培养德、智、体等全面发展的人才

社会主义现代化建设不仅需要学生具备一定的文化水平和专业知识素养，练就为现代化建设服务的本领，还要求学生具有健康的体魄。学校体育能够促进学生德、智、体等全面发展，使其成为有理想、有道德、有文化和有纪律的社会主义建设者和接班人。

（二）促进学生的身心和谐发展

在成长的过程中，一些学生会出现身心发展不平衡的情况，如自我意识强但心理不成熟、情感丰富但不稳定、意志水平有所提高但不均衡等。学校体育可以帮助学生进行自我调节，提高其自控能力，使其保持稳定的心理状态。

（三）为提高国民体质水平奠定基础

学生的健康体魄是中华民族旺盛生命力的体现，是学生为祖国和人民服务的基本前提。学校体育不仅要通过督促学生进行有效的体育锻炼，使学生的体质水平得以提高，还要培养他们终身参加体育锻炼的良好习惯，使他们能以充沛的精力、健康的心态和强健的体魄从事学习与工作。

（四）为国家培养优秀的体育后备人才

通过学校体育，教师可以及早地发现具有运动天赋的学生，并对其进行系统与科学的训练，使之成为国家的体育后备人才。为此，学校体育可在普及体育知识与基本运动技能的基础上，有目的、有计划和有组织地开展业余体育训练工作，这对于提高学生的身体素质与运动水平也大有裨益。

第二节 健康的概念及其内容

健康是幸福生活最重要的指标，健康是1，其他是后面的0，没有1，再多的0也没有意义。做自身健康的守护者，是对自己的人生负责，也是对家庭幸福负责，更是对整个社会负责。守护健康，需要具备一定的健康常识。

一、健康的内涵

健康是一个综合概念。1948年，世界卫生组织宪章中对健康所作的定义为："健康不仅是免于疾病和衰弱，而且是保持体格方面、精神方面和社会方面的完美状态。"1990年，世界卫生组织宪章提到"躯体健康、心理健康、社会适应良好和道德健康才算是完全的健康"。21世纪，世界卫生组织提出健康新概念，认为"健康的人要有强壮的体魄和乐观向上的精神状态，并能与所处的社会和自然环境保持协调的关系和良好的心理素质"。

世界卫生组织健康十大标准

基于上述概念，健康可分为生理健康、心理健康、道德健康和社会适应四个方面。

（一）生理健康

生理健康是指人体各器官组织结构完整、发育正常、功能良好、指标正常、没有检查出疾病或身体不处于虚弱状态，主要表现为体格健全、体魄强健、机能完善、人体基本活动能力和身体素质保障基础良好。

（二）心理健康

心理健康（又称"精神健康"）是指心理的各个方面及活动过程处于一种良好或正常的状态。心理健康的理想状态是保持性格完好、智力正常、认知正确、情感适当、意志合理、态度积极、行为恰当、适应良好的状态。心理健康表现为在社交、生产、生活上能与其他人保持较好的沟通或配合，能良好地处理生活中发生的各种情况。

心理健康的主要表现

（三）道德健康

道德是人类所应当遵守的所有自然、社会、家庭、人生的规律的统称。道德健康是指人在自然界及社会生活中待人处世应当遵循的一定规律、规则、规范、个人的品德和思想情操。道德健康表现为不能损害他人的利益来满足自己的需要，能按照社会认可的道德行为规范准则约束自己及支配自己的思维和行为，具有辨别真假、好坏、荣辱的是非观念和能力。

（四）社会适应

社会适应主要指人在社会生活中的角色适应，包括职业角色、家庭角色和在工作、家庭、学习、娱乐、社交中的角色转换，以及人际关系等方面的适应。社会适应健康是健康的最高境界。缺乏角色意识，发生角色错位是社会适应不良的表现。

当今社会变化快、发展迅速，导致社会环境日趋复杂，学习压力、就业压力、工作压力等使人们的生活方式发生了改变。一方面，社会适应的不健康使相当部分的尚未走入社会的学生产生了焦虑情绪，害怕步入社会；另一方面，社会适应的不健康导致一部分人看待社会的角度发生扭曲，产生错误的人生观和价值观，消极地面对社会。

学生可以借助社会适应能力自测自评量表评估自己的社会适应能力。如果得分较高，说明社会适应能力较强。如果得分较低，也不必忧心忡忡，因为一个人的社会适应能力是随着年龄的增长、知识经验的丰富而不断增强的。只要充满信心、刻苦学习、虚心求教、加强锻炼，就能更好地适应社会。

社会适应能力自测自评量表

二、健康的评价指标

健康的评价指标通常有以下三种。

（一）生物（生理）学指标

生物（生理）学指标是指年龄、性别、生长发育、遗传、代谢等主要反映人的生物学方面特性的指标。

健康自测自评量表

（二）心理学指标

心理学指标是指气质、性格、情绪、智力、心理等反映人的心理学特点的指标。

（三）社会学指标

社会学指标是指社会经历、人际关系、社会经济地位、生活方式、环境、物质和精神生活满意程度，以及社会发展群体构成等指标。

学生可以借助健康自测自评量表评估自己的健康程度。如果在健康自测自评中得到40分，代表着比许多人健康。如果得不到40分，也不要担心，因为无论得到多少分，每一分都代表着健康。也可以将自己认为是健康的象征写下来，事实上健康的象征比健康自测自评量表中提到的指标要多许多，如面色红润、热爱工作、爱家庭、看起来比实际年龄年轻等。

三、亚健康

健康是人体的最佳状态，即为第一状态。失去健康的疾病状态是由致病因素引起的对人体正常生理过程的损害，表现为对外界环境变化的适应能力降低，劳动能力受到限制或丧失，并表现出一系列的临床症状，称为第二状态。当今社会，由于生活节奏加快，竞争日益激烈，人们难以承受日趋增长的压力，出现头痛、头晕、心悸、失眠、食欲不振、情绪烦躁、疲乏无力等症状。自感生理不适，

亚健康自测自评量表

心理疲惫，对社会适应能力差，但医学检查往往并无明确的机体疾病，这种介于健康与疾病之间的边缘状态，医学上称为亚健康，又称"灰色状态""第三状态"。

出现第三状态的原因主要有：过度疲劳，身心透支；不科学的生活方式，如不吃早餐、偏食、暴饮暴食等，引起营养不良而使机体失调；环境污染，接触过多有害物质；等等。另外，伴随人体生物钟周期低潮或人体自然老化，也可能出现第三状态。应当指出的是，第三状态在很大程度上是慢性疾病的潜伏期。对于亚健康人群，需要针对他们的不良生活方式与不健康行为误区进行纠正，从生活节奏、健康习惯、均衡营养、体育锻炼和心理卫生等五个方面进行医学宣教，帮助他们提高健康水平。

第三节 体育与健康教育

高等教育阶段，是学生身心成长成熟、健康素养和职业素养形成的重要时期。学生是传播健康理念、引领健康生活方式和职业操守的重要人群。增强学生的健康意识、提高学生的健康素养和健全学生的人格品质是高校体育教育教学的直接目的和主要任务。

一、体育对生理、心理的影响

（一）体育对生理的影响

1. 体育锻炼对身体发育的影响

人体生命的全部过程大致可分为三个时期，即儿童时期、青少年时期和中老年时期。青少年时期是人体生长发育的重要时期，也是为人的体形、体力和健康奠定基础的关键时期。实践证明，人在青少年时期经常参加体育锻炼，能够对身高、体重、身体机能和身体素质等的发育起到较大的促进作用。

2. 体育锻炼对人体各系统的影响

体育锻炼对人体各系统的影响

人体是一个完整的、统一的有机体，它由不同功能的系统构成，如神经系统、呼吸系统、循环系统、消化系统、运动系统等。体育锻炼能够对人体各个系统产生积极的影响，从而促进机体全面发展。

（二）体育对心理的影响

体育锻炼对心理健康的影响是多方面的。对于学生来说，体育锻炼对心理健康的积极影响主要表现在以下几个方面。

1. 体育锻炼有助于发展智力

正常的智力是正确感知和认识世界的前提，是心理健康的基础。体育锻炼不仅可以提高学生的注意力、记忆力、反应能力、思维能力和想象力等，还可以使学生情绪稳定、性格开朗。后者虽然属于非智力因素，但能对学生的智力发展产生一定的促进作用。

2. 体育锻炼有助于培养良好的情绪体验

学生在复杂多变的社会环境中常常会产生紧张、压抑、忧虑等不良情绪，而体育锻炼能帮助其从不良情绪中走出来。体育锻炼之所以能够调节情绪，是因为体育锻炼的参与者能体验到运动带来的愉悦感。研究表明，适度的体育锻炼能够促使人体释放一种多肽物质——内啡肽，它能使人们获得愉快、兴奋的情绪体验。因此，参加体育锻炼，尤其是参加那些自己喜爱和擅长的体育项目的锻炼，可以使学生从中体会到乐趣，振奋精神，从而保持良好的情绪状态。

3. 体育锻炼有助于形成和谐的人际关系

现代社会生活节奏的加快使学生之间缺乏情感交流，人际关系渐渐疏远。体育锻炼可以使不同年级、性别、爱好的学生聚集在运动场上进行平等、友好、和谐的交往，使大家互相产生信任感，从而有效地进行情感和信息的交流。

4. 体育锻炼有助于促进坚强品质的形成

一个人的意志品质体现在其果断性、坚韧性、自制性和独立性等方面。意志品质既能在克服困难的过程中表现出来，也能在克服困难的过程中培养出来。参加体育锻炼的过程，就是不断克服主观和客观上的各种障碍（如懒惰、胆怯和气候条件不佳等）的过程，可以帮助学生形成果断、坚韧等优秀的意志品质。

二、健康教育的意义及其内容

健康教育是通过信息传播和行为干预，帮助个人和群体掌握卫生保健知识，树立健康观念，自愿采纳有利于健康的行为和生活方式的教育活动过程。健康教育旨在提高学生对健康的认知水平，改善对待个人和群体健康的态度，培养有益于个人、社会健康的行为方式和习惯。

（一）健康教育的意义

1. 健康教育是保护学生健康成长的特殊需要

学生的身体器官、系统的发育和功能尚未完善，自我保护意识、对疾病的抵抗能力、对环境的适应能力有待提高，同时，学生心理发展迅速，易受多种因素影响。因此，学生要接受适当的健康教育，参与力所能及的健康活动，以学到更多的健康知识，改善自己的健康态度，形成有利于自身健康和他人健康的行为。

2. 健康教育是全面素质教育的重要组成部分

全面素质教育包括身心健康、智能、品德和审美等方面的素质教育。健康教育在促进学生身心健康发展的同时，还能促进他们其他方面的发展。例如，学生学习体操，不仅能锻炼身体，欣赏美的音乐和美的动作，还能学习与同伴相处等，这些都有利于学生全面素质的发展。

3. 学生的身心健康是国家、民族发展的需要

《中共中央国务院关于深化改革教育全面推进素质教育的决定》指出："健康的体魄是青少年为祖国和人民服务的基本前提，是中华民族旺盛生命力的体现。"可见，学生的健康是提高人口素质、民族素质的重要保证。

（二）健康教育的内容

加强高校健康教育、提升学生健康素养，是全面实施素质教育、促进学生全面发展、加快推进教育现代化的必然要求，是贯彻落实《"健康中国 2030"规划纲要》，建设健康中国、全面提升中华民族健康素质的重要内容。

健康教育的主要目标和内容

高校健康教育是中等教育学段健康教育的延续和深化，是全民健康教育的重要组成部分。高校健康教育内容主要包括健康生活方式、疾病预防、心理健康、性与生殖健康、安全应急与避险五个方面，其目标和核心内容相互促进、相得益彰。

三、健康中国

人民健康是民族昌盛和国家富强的重要标志。党的十九大作出了实施健康中国战略的重大决策部署，充分体现了维护人民健康的坚定决心。为了落实健康中国战略的重要举措，健康中国行动推进委员会特制定了《健康中国行动（2019—2030 年）》（以下简称《健康中国行动》）。

《健康中国行动》的总体目标是，到 2030 年，全民健康素养水平大幅提升，健康生活方式基本普及，居民主要健康影响因素得到有效控制，因重大慢性病导致的过早死亡率明显降低，人均健康预期寿命得到较大提高，居民主要健康指标水平进入高收入国家行列，健康公平基本实现，实现《"健康中国 2030"规划纲要》有关目标。

落实健康中国战略的基本途径包括以下几项。

（1）普及健康知识。把提升健康素养作为增进全民健康的前提，根据不同人群特点有针对性地加强健康教育，让健康知识、行为和技能成为全民普遍具备的素质和能力，培养全民健康素养。

健康中国的基本途径与重大行动

（2）参与健康行动。倡导个人是自己健康第一责任人的理念，激发个人热爱健康、追求健康的热情，养成符合自身和家庭特点的健康生活方式，合理膳食、科学运动、戒烟限酒、心理平衡，实现健康生活少生病。

（3）提供健康服务。推动健康服务供给侧结构性改革，完善防治策略、制度安排和保障政策，加强医疗保障政策与公共卫生政策衔接，提供系统、连续的预防、治疗、康复、健康促进一体化服务，提升健康服务的公平性、可及性、有效性，实现早诊早治早康复。

（4）延长健康寿命。强化跨部门协作，鼓励和引导单位、社区、家庭、居民个人行动起来，对主要健康问题及影响因素采取有效干预，形成政府积极主导、社会广泛参与、个人自主自律的良好局面，持续提高健康预期寿命。

第四节 健康素养与健康生活方式养成

健康素养是指个人获取和理解健康信息，并运用这些信息维护和促进自身健康的能力。公民健康素养包括基本知识和理念、健康生活方式与行为、基本技能三方面内容。

生活方式是指个人日常生活的活动方式，包括衣、食、住、行等诸多方面。由于文化风俗、成长背景及个人情况的不同，每个人都有自己独特的生活方式。健康生活方式是指有益于健康的习惯化的行为方式，主要表现为生活有规律，没有不良嗜好，讲求个人卫生、环境卫生、饮食卫生，讲科学、不迷信，平时注意保暖，生病及时就医，积极参加健康有益的文化活动和社会活动等。

《中国公民健康素养健康66条》

一、健康素养的形成与科学引导

对学生而言，培养健康素养并进行自我健康管理主要是指针对个人的生活方式、情绪、行为、医疗服务利用等方面进行自主管理，具体实施环节包括掌握健康状况、理性决策、行为干预。

（一）掌握健康状况

健康个体的特征之一是对自己的健康有正确的认识，即能够客观地了解自己的身体机能，掌握自己的健康水平。他们所关注的重点是预防疾病，而不是疾病发生后的症状缓解。

学生开展健康管理的步骤如下：首先，要提高对健康的认识，逐步树立关注健康的意识；其次，通过自我观察、自我记录等方式，收集自己的健康信息，了解自己身体的动态变化，掌握自己的健康状况，这是持续实施健康管理的前提和基础；最后，依靠自己或在专业人士的帮助下，对自己进行健康评估，明确自己面对的健康问题，预测各种疾病发生的可能性。

（二）理性决策

在全面了解自身状况，掌握充足的信息后，学生应先在此基础上列出多种应对策略，分析和确定哪些行为方式是对自己的健康有利的，哪些是会危害健康的；然后，实事求是地考虑自身所处的状况，理性选择最合理的方案，制订健康干预计划。

（三）行为干预

采取行动控制危险因素，是实施健康管理的最终目标。为保持健康、预防疾病，学生应积极改变个人不健康的行为和生活方式。学生应根据健康干预计划对自身行为方式进行干预，对已发现的影响健康的问题行为进行调整和改变，如用健康行为替代不健康行为，增加对健康行为的奖励，以支持自己的健康干预计划。此外，健康行为的养成是一个长久的过程，学生应该学会向专业人士或机构咨询，以获得指导和帮助，并持之以恒、循序渐进地实行自己的健康干预计划。

二、健康生活方式的形成与科学引导

健康的生活方式不仅有利于预防各种疾病，提高人们的健康水平，而且有利于提高生活质量。因此，学生应注重养成健康的生活方式，以提高自身的健康水平。

（一）健康饮食

1. 日常饮食

日常的科学饮食是身体健康的重要保证，但是很多学生却常常忽略这一点，从而影响了自己的身体健康，也影响了学习。日常饮食需要注意以下四点。

1）平衡饮食

学生应坚持以谷类为主的平衡膳食模式，每天的膳食应包括谷薯类、蔬菜水果类、畜类、禽类、蛋类、奶及奶制品、豆及豆制品和坚果类，并注重合理搭配，以保证营养均衡。此外，有规律地进食也是平衡膳食的重要方面，不规律进食很容易导致肠胃炎、胃溃疡等肠胃疾病。

2）适量饮食

由于每个学生的饮食习惯不同，所以其每日的饮食量一般以个人主观感受为主。通常情况下，一日三餐吃到七分饱或八分饱是比较健康的，暴饮暴食或断食少食都是极不可取的。

3）卫生饮食

俗话说："病从口入。"卫生饮食对身体健康非常重要，可以有效减少疾病的发生。进食之前，要检查食品的洁净度、新鲜度和注意个人卫生。

4）清淡饮食

清淡饮食主要是指减少或避免摄入高糖、高脂、辛辣和高盐的食物。《中国居民膳食指南（2022）》提出，成年人每天摄入食盐不超过 5 g。

2. 运动前的饮食

运动前的饮食应以高热量、低脂肪的食物为主，可食用一些既容易消化又能提供糖类的食物，如米饭、面包等。高纤维食物（如全麦面包、高纤维饼干等）不容易消化，易造成腹部不适，因此不适宜在运动前食用。

3. 运动后的饮食

运动后的饮食需要注意以下几点。

1）不要急于进食

激烈运动会引起内脏器官血流量减少，使胃酸分泌减少，消化功能下降。运动后若立刻进食，会导致胃胀、腹痛，严重的甚至会引起十二指肠炎、急性胃炎、阑尾炎等疾病。运动后，要等心肺功能稳定下来，胃肠道机能逐渐恢复后再进食，一般为结束运动半小时后。如果是下午进行较剧烈的体育锻炼，运动后应等半小时以后再进食。

2）科学补水

不同于进食，运动后或运动中补水是可行的。只要感到口渴，可以在运动后即刻、甚至在运动中补水。在天气较热的情况下，大量排汗引起体内缺水，不及时补水可能会出现机体脱水、休克等症状。

体育锻炼后的补水原则是少量多次，不可暴饮。运动中或运动后大量饮水易导致胃膨胀，影响呼吸，增加心脏和肾脏的负担，造成腹痛。运动后可以每 20～30 min 补水一次，每次饮水量在 250 mL 左右，但每小时的总饮水量不应超过 600 mL。运动后饮水量大于身体排泄量时，水会在体内积蓄，过多时还会引起水中毒。此外，运动后最好饮用橙汁、桃汁等原汁稀释饮料，不要饮用含糖量高于 6% 的饮料，尽可能不饮用汽水。

运动刚结束也不宜大量饮用冷饮，否则会刺激胃、肠，导致胃痉挛、腹痛、恶心等。夏季时宜饮用 10℃ 左右的水，其他季节最好饮用温水。

3）吃碱性食物

食物可分为酸性食物和碱性食物。食物的酸碱性并非根据人们的味觉而定，也不是根据食物在水中的化学性质而定，而是由食物进入人体后所生成的最终代谢物的酸碱性而定。肉、蛋、鱼等食物含氮、磷等非金属元素较多，为酸性食物；而蔬菜、水果、豆制品等含钠、钾、钙、镁等金属元素较多，为碱性食物。

正常人的体液一般呈弱碱性。人在体育锻炼时，体内的糖、脂肪、蛋白质被大量分解，产生乳酸、磷酸等酸性物质。这些酸性物质刺激人体组织器官使人感到肌肉、关节酸胀和精神疲乏。此时应多食用牛奶、豆制品、蔬菜水果等碱性食物，中和体内的酸性成分，缓解疲劳。

（二）保障健康、充足的睡眠

学生正处于储备知识、提升能力的重要时期，高质量的睡眠显得尤为重要。然而，研究显示，学生群体的睡眠状况并不容乐观，睡眠时长不足、睡眠质量差和异常的睡眠模式等问题广泛存在。为改善睡眠状况，学生必须掌握以下保障健康睡眠的方法。

1. 营造舒适的睡眠环境

舒适的睡眠环境是保证高质量睡眠的前提条件。营造干净、温馨、宁静、舒适的睡眠环境，需要注意以下几点。

（1）光线。光线会对人体的生理功能产生一定的影响，高强度的光线会影响人体内褪黑素（一种诱导自然睡眠的体内激素）的分泌，进而影响人的睡眠。因此，睡觉时光线不宜过强。

（2）温度。人体通常在 20～24℃ 的环境中最易进入睡眠状态，所以卧室温度保持在此温度区间最为适宜。

（3）湿度。人体最适宜的相对湿度为 60%～70%，在卧室内使用空调或暖气时，应注意维持室内湿度。

（4）声音。声音在 30～40 dB 是较为理想的安静环境，超过 50 dB 就会影响人的休息和睡眠。因此，一般建议睡眠环境噪声在 40 dB 以下。

（5）颜色。研究表明，颜色能够极大地影响人的心情和行为，也会影响人的睡眠质量。一般来说，卧室装饰最适合采用柔和色调，如米色、黄色等。

2. 培养良好的睡眠习惯

1）早睡早起

研究表明，长期熬夜容易导致失眠、健忘、易怒、焦虑不安等症状，而睡懒觉容易使大脑皮层抑制时间过长，久而久之，会导致理解力和记忆力减退，扰乱机体正常的生物钟，进而使机体免疫力下降。因此，学生睡前应尽量少使用电子产品，如手机、平板电脑等，预防网络成瘾，避免熬夜，坚持按时作息，早睡早起。

2）注意睡前饮食

睡觉前不要吃过多的食物，否则容易引起胃胀，导致夜不能寐。睡前 3 h 之内尽量不要喝茶、咖啡等令人神经兴奋的饮品。在睡前 2 h 喝一杯热牛奶，这将有利于入眠。

3）适度锻炼

适度的体育锻炼，不仅可以有效调节和舒缓情绪，避免负面情绪影响睡眠质量，还有利于增加深度睡眠的时间。

健康生活方式自测
自评量表

（三）健康生活方式的自我评价

在尝试改善固有的生活习惯和选择健康生活方式的初期，进行日常行为习惯的自我评价是明智之举。这样做可以为日后比较效果提供可靠的起始状态参照。学生可以借助健康生活方式自测自评量表进行日常行为习惯的自我评价。

三、健全人格的形成与科学引导

MBTI 性格测试

人格是指人的性情、气质、能力等特征的总和，表现为能力、气质、性格、需要、动机、兴趣、理想、价值观和体质等方面的集合，主要包括个人的认知能力的特征、行为动机的特征、情绪反应的特征、人际关系协调的程度、态度和信仰的体系、道德价值的特征等。

一般来说，人格是在遗传与环境的交互作用下逐渐形成并发展的，是在一定社会历史条件下，通过社会实践活动形成和发展起来的。人格完整的主要标志包括：人格结构的各要素完整统一；具有正确的自我意识，不产生自

我同一性混乱；以积极进取的人生观作为核心，把自己的需要、目标和行动统一起来。

健全和成熟的人格标准具体如下。

（1）有自我扩展的能力。能积极广泛地参与社会活动，有许多兴趣爱好。

（2）有与他人热情交往的能力。能与他人保持亲密关系，无占有欲和嫉妒心；有同情心，能容忍与自己在价值观念和信息上有差别的人。

（3）有安全感和认同感。能忍受生活中无法避免的冲突和挫折，能经得起打击。

（4）具有现实性。看待事物是根据事物实际情况而非自己所希望，能看清情境并适应。

（5）有清醒的自我意识。对自己所有的或所缺的都知晓。理解真实的自我与理想的自我之间的差别，也知道自己与他人对于自己认识的差别。

（6）有符合社会规范的、正确的人生观，有一定的创造力。

培养健全的人格，需要注意以下几点：树立正确的世界观、人生观和价值观；树立正确的学习态度，用知识来武装自己；树立乐观的生活态度，不畏一切艰难险阻，遇到事情积极地去解决，乐观地去面对一切事情。

第五节 体育精神与中华优秀传统体育文化

中共中央办公厅、国务院办公厅在《关于全面加强和改进新时代学校体育工作的意见》中指出："学校体育是实现立德树人根本任务、提升学生综合素质的基础性工程，是加快推进教育现代化、建设教育强国和体育强国的重要工作，对于弘扬社会主义核心价值观，培养学生爱国主义、集体主义、社会主义精神和奋发向上、顽强拼搏的意志品质，实现以体育智、以体育心具有独特功能。"

一、体育精神

体育精神是指体育运动中所蕴含着的对人的发展具有启迪和影响作用的有价值的思想作风和意识。体育精神是由体育运动所孕育出来的意识形态，它超出了体育运动本身，已内化为人类心中的一种信念和追求。体育精神作为一种具有能动作用的意识，是体育行为的动力源泉，是一种心理资源。作为一种规范力量，它又具体表现为体育面貌、体育风范、体育心态、体育期望等。

体育与健康课程标准将体育精神培养作为课程核心素养，认为体育精神是指学生通过体育运动和竞赛形成的体育意识与心态、品行和品德的综合表现。体育精神主要表现为：① 具有乐观自信、坚韧不拔、拼搏进取、敢于胜利的积极心态。② 具有吃苦耐劳、精益求精、遵规守纪、公平竞争的良好品行。③ 具有律己宽人、团结协作、责任担当、甘于奉献的优秀品德。

通过学校体育教育、自身学习和锻炼习得和环境影响等，学生能了解体育活动及运动竞赛对健全人格、锤炼意志、增进团结、遵纪守法等方面的促进作用；具有在体育活动中克服挫折与胆怯、超越自我、敢于胜利、享受体育运动乐趣和正确看待比赛胜负的积极健康心态；具有在公平规则下释放个人潜能、赢取体育竞赛的积极行为；具有在集体项目或团队竞赛中尊重他人和认真负责等品行风范。

什么是真正的体育精神

二、中华体育精神

中华体育精神是中国精神的生动体现，是中华民族的宝贵精神财富，是中华民族凝心聚力、不断向前的精神动力源泉。传承弘扬中华体育精神，是建设中华民族现代文明的题中应有之义，也是新时代发展所需。

一分钟了解中华体育精神

中华体育精神产生于中华民族体育实践活动中，是中华文明高度发展的产物，既反映了我国体育事业的价值导向和文化追求，又是中华优秀传统文化在当代体育实践中的具体体现。从传统体育注重顺天应时、身心兼修的理念所呈现的天人合一、崇尚和谐等精神，到现代体育引入注重竞技、挑战所呈现的"更快、更高、更强、更团结"等精神，再到新时代以来形成的立足中国、面向世界的"北京冬奥精神"等，中华体育精神成为推动中华民族现代文明建设不可忽视的重要力量。

中华体育精神是社会主义核心价值观在体育领域的具体体现，是中国精神的重要组成部分，也是体育精神中国化的具体体现。为国争光、无私奉献的爱国主义精神是中华体育精神的核心要义，科学求实、遵纪守法的实干精神是中华体育精神的标志，团结协作、顽强拼搏的奋斗精神是中华体育精神的鲜明传统。

三、中华优秀传统体育文化

我们要把弘扬中华体育精神同践行新时代新的文化使命结合起来，从中华优秀传统体育文化中汲取养分，走好体育文化传承发展之路，让中华体育精神充分发挥提高民族自信心、增强民族凝聚力、振奋民族精神的重要作用，为实现第二个百年奋斗目标、实现中华民族伟大复兴的中国梦注入强大动力。

中国传统体育项目有哪些

体育文化既有传统性又有创新性，大力弘扬中华优秀传统体育文化，挖掘中华优秀传统体育文化资源，让人民群众共享体育运动激情和体育文化魅力。中国式现代化少不了中国式体育现代化，要构建多元的体育文化体系，让中华优秀传统体育文化在新的历史条件下熠熠生辉，更好推动中华优秀传统体育文化和奥林匹克文化彼此契合、互相成就。

　　《关于全面加强和改进新时代学校体育工作的意见》指出，要不断推广中华传统体育项目："认真梳理武术、摔跤、棋类、射艺、龙舟、毽球、五禽操、舞龙舞狮等中华传统体育项目，因地制宜开展传统体育教学、训练、竞赛活动，并融入学校体育教学、训练、竞赛机制，形成中华传统体育项目竞赛体系。涵养阳光健康、拼搏向上的校园体育文化，培养学生爱国主义、集体主义、社会主义精神，增强文化自信，促进学生知行合一、刚健有为、自强不息。深入开展'传承的力量——学校体育艺术教育弘扬中华优秀传统文化成果展示活动'，加强宣传推广，让中华传统体育在校园绽放光彩。"

　　当代学生不仅是中华优秀传统文化红色资源的学习者，也是弘扬中华体育精神，推广中华传统体育项目，形成"一校一品""一校多品"的学校体育发展新局面的实践者和传承人。

第二章　运动技术与技能学练（一）
（田径·大球类）

　　田径运动是各项体育运动的基础，是"体育运动之母"。球类运动是普及性最广的运动，根据球的特性和项目活动特点，球类运动可分为大球类运动和小球类运动，目前在大学开展的大球类运动项目主要有篮球、排球、足球、气排球等。

　　本章重点介绍田径运动及以田径运动为主体的国家学生体质健康测试中的 50 m 跑、立定跳远、800 m（女）/1000 m（男）跑的主要技术和学练方法，以及大球类运动中的篮球、排球、足球、气排球的主要技术、战术和学练方法。

第一节　田径运动

　　近代田径运动起源于英国，包括竞走、跑、跳跃、投掷和全能运动五个部分。竞走和跑项目统称径赛，以计时为计量单位判定成绩；跳跃和投掷项目统称田赛，以长度、高度和远度为计量单位判定成绩；由跑、跳跃、投掷部分项目组成的项目称田径全能运动。

　　田径运动是从人们生活技能中发展起来的具有自身特点的竞技性体育运动，对发展速度、灵敏、力量、耐力等身体素质有着良好的作用。此外，田径运动能为其他运动项目打好身体训练和技术训练的基础。

一、短跑

　　短跑是指跑步距离不超过 400 m 的径赛项目。短跑的过程可分为起跑、起跑后加速跑、途中跑和终点跑四个阶段。短跑比赛包括 100 m 短跑、200 m 短跑、400 m 短跑。国家学生体质健康测试中的 50 m 跑也属于短跑项目。

　　国际标准田径场地为 400 m 半圆式田径场，其跑道由两段相等并平行的直道与两段半圆弯道组成。径赛场地示意图如图 2-1 所示。

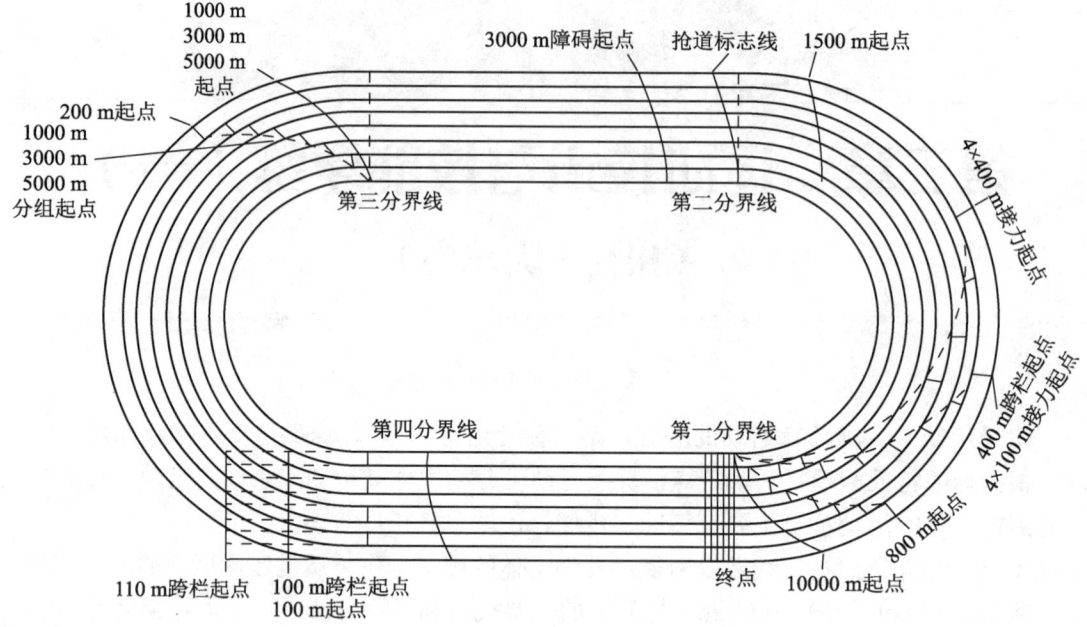

图 2-1　径赛场地示意图

（一）起跑技术

短跑的起跑必须采用蹲踞式起跑技术，根据需要可以使用起跑器（正式大型比赛必须使用）。蹲踞式起跑分为各就位、预备和鸣枪三个阶段，其动作要领如下。

扫一扫

蹲踞式起跑技术

（1）各就位。听到"各就位"口令后，走到起跑线前，屈体下蹲，双脚依次踏在起跑器的抵脚板上，较有力的腿在前，后膝跪地；双手四指并拢，与拇指呈"八"字形，虎口向前，支撑于起跑线后沿处；双手间距比肩稍宽，双臂伸直，颈部放松，目视前下方 40～50 cm 处，如图 2-2（a）所示。

（2）预备。听到"预备"口令后，臀部平稳抬起，与肩同高或略高于肩，肩部略超出起跑线，身体重心置于双臂与前腿间，两脚紧贴起跑器的抵脚板，集中注意力，如图 2-2（b）所示。

（3）鸣枪。听到发令枪声后，双手迅速推离地面，两臂屈肘用力做前后摆动，两脚用力蹬离起跑器，后腿迅速屈膝向前上方摆出，前腿快速有力地蹬伸，使髋关节、膝关节和踝关节得以伸展，并以较大幅度的前倾姿势向前冲出，如图 2-2（c）所示。

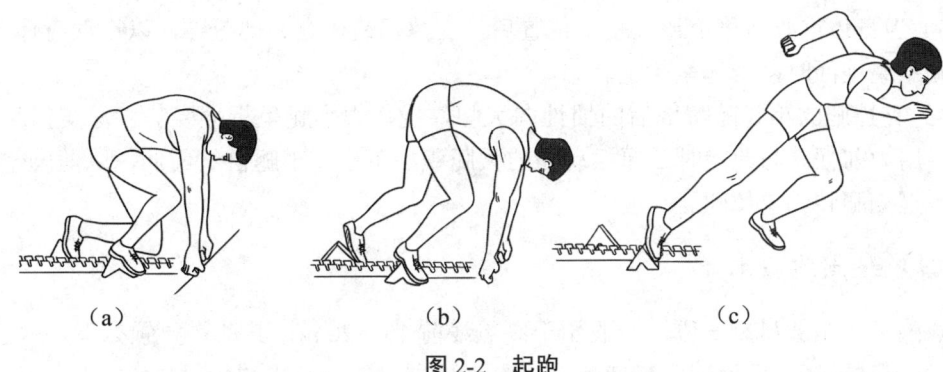

图 2-2　起跑

（二）起跑后加速跑技术

起跑后加速跑是从后腿蹬离起跑器到途中跑之间的一段，距离一般为 25~30 m，其动作要领如下。

（1）两臂用力加速摆动，摆幅加大；摆动腿用力上抬，向前摆动；支撑腿用力向后下方蹬伸，上体保持较大幅度前倾。

（2）步幅逐渐加大，步频加快，上体逐渐抬起并过渡到途中跑姿势。

（三）途中跑技术

途中跑是短跑全程中距离最长、速度最快的一段，其技术动作如图 2-3 所示，动作要领如下。

短跑途中跑技术

图 2-3　途中跑

（1）上体保持端正或稍前倾，两臂屈肘，以肩为轴前后协调摆动。

（2）摆动腿的大腿高抬，积极前摆，并带动同侧髋部稍稍向前。

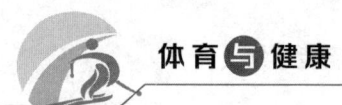

（3）当身体重心前移至超过垂直位置后，支撑腿快速有力地蹬伸，以推动身体向前，当支撑腿蹬离地面时，身体呈腾空状态。

（4）支撑腿的小腿随蹬地后的惯性向大腿靠拢，大小腿呈折叠姿势，原支撑腿转为摆动腿，用力前摆。与此同时，原摆动腿的大腿积极下压，小腿自然前伸，以前脚掌向后扒地，原摆动腿转为支撑腿。

（四）终点跑技术

终点跑是短跑的最后一段，一般始于终点线前 15~20 m，其动作要领如下。

（1）上体前倾，两臂用力加速摆动，大腿抬高，向前迈步的频率加快。

（2）距终点线约 1 步时，上体应急速前倾，用胸部或肩部触压终点线，跑过终点。

（五）50 m 跑的练习方法

作为短跑项目中的一项重要项目，50 m 跑需要运动员具备爆发力、加速力和最大速度。

1．热身准备

在进行任何一项运动之前，热身都是非常重要的。可以先慢跑 10~15 min，让身体逐渐进入运动状态，然后进行一些关节活动及拉伸运动。

2．爆发力训练

（1）跳跃训练：进行深蹲跳、单腿弹跳等跳跃动作，以提高腿部爆发力。

（2）蹲姿起跑：在起跑线上采用蹲姿起跑，保持身体稳定并迅速向前冲出。

3．加速力训练

（1）技术训练：学习正确的跑步姿势，保持身体前倾、手臂摆动有力、步幅逐渐加大等。

（2）冲刺训练：起跑后，迅速加快步频和加大步幅，实现加速跑。

4．最大速度训练

（1）高强度训练：进行一些短距离的冲刺练习，以提高最大速度。

（2）阻力训练：使用弹力带等器械进行训练，增加阻力以提高速度。

（3）节奏跑：通过控制呼吸节奏和步频，逐渐提高速度。

5．技巧训练

（1）起跑训练：学习起跑时的正确姿势和动作，提高起步速度。

（2）转弯训练：转弯时保持速度和平衡，尽量减少动作错误。

（3）着地姿势：学习正确的着地姿势，避免错误姿势造成的速度减慢。

二、中长跑

中长跑是中距离跑与长距离跑的简称，其技术动作与短跑相仿。国家学生体质健康测试中的 800 m 跑和 1000 m 跑就属于中长跑项目。

（一）起跑技术

中长跑采用站立式起跑技术，分为各就位与鸣枪两个阶段。

（1）各就位。两脚前后开立，有力脚在前，全脚掌着地，脚尖紧靠起跑线后沿，后脚脚尖着地；上体前倾，两膝弯曲，有力脚异侧臂置于体前，同侧臂放于体侧；身体重心落于前脚，目视前下方3～5 m处，保持稳定姿势，如图2-4（a）所示。

（2）鸣枪。听到发令枪声后，双脚用力蹬离地面，后腿迅速前摆，前腿伸直，两臂用力加速摆动，使身体快速向前冲出，如图2-4（b）所示。

扫一扫

站立式起跑技术

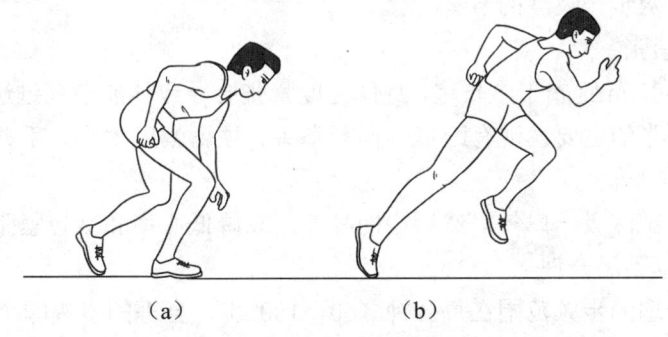

（a）　　　　（b）

图2-4　站立式起跑

（二）起跑后加速跑技术

中长跑的起跑后加速跑的技术动作与短跑相仿，不同的是，中长跑的上体前倾幅度和蹬摆力度稍小。中长跑的起跑后加速跑的距离需要根据竞赛项目、参加人数、个人运动水平和战术要求等情况而定。

（三）途中跑技术

与短跑技术相比，中长跑的途中跑动作幅度略小，脚着地时富有弹性，一般由脚跟着地过渡到脚尖着地，跑步过程中保持匀速而有节奏的步伐。

（四）终点跑技术

中长跑的终点跑距离需要运动员根据自己的体力情况、战术要求和临场情况而定，一般为到达终点前的100～200 m。

（五）中长跑的呼吸技术

中长跑的体力消耗大，运动员对氧气的需求量也较大，因此呼吸时要有一定的频率与深度，并与跑步的节奏相配合，通常为2～3步一呼，2～3步一吸。

随着疲劳的出现，运动员呼吸的频率会有所加快，此时应注意深呼气，以充分呼出二氧化碳，并吸进大量的新鲜氧气。

（六）中长跑的常见问题与练习方法

1000 m 跑和 800 m 跑主要考察学生的一般耐力和速度耐力素质，对学生的无氧和有氧能力要求很高。学生只有找到自身存在的问题并有针对性地解决，才能有效提高成绩。

1．1000 m 跑和 800 m 跑的常见问题

1）吸气太浅，呼气太快

出现这种问题，主要在于肺活量太小。同一时间内，吸入的氧气较少，不能满足身体运动所需，导致过早的进入"一步一呼、一步一吸"的节奏。

解决方法：通过长距离慢跑，提高肺活量，同时在跑步中加大呼吸的深度，缓慢呼气，形成"两步一呼、两步一吸"的节奏。

2）身体过度紧张

1000 m 跑和 800 m 跑属于中长跑，身体过度紧张会导致体能消耗过快，无法发挥正常实力。身体过度紧张的主要表现有跑步时握紧拳头、摆臂幅度太小、手臂过度贴紧身体、呼吸频率过快。

解决方法：尝试深吸一口气，然后慢慢呼气，以降低心率和减轻紧张感。

3）步频和步幅不尽合理

一般来说，合理的步频范围在每分钟 160～180 步，合理的步幅因个体差异而异。合理的步频和步幅能够帮助运动员提高效率、减少地面冲击力和降低受伤的风险。

解决办法：运动员可以通过以下特定的训练方法来逐渐提高步频和加大步幅。

（1）节奏跑：节奏跑是一种有效的训练方法，有助于提高步频。在节奏跑中，保持比平时跑步稍快的节奏，但不是全力冲刺，以逐渐适应更快的步频。

（2）速度间隔训练：进行速度间隔训练，如 1 min 快跑与 1 min 慢跑交替练习，可以提高步频和加大步幅。

（3）爆发力训练：如蹦跳或高跳，以提高腿部肌肉力量和灵活性，从而加大步幅。

（4）山地跑步：坡上跑或山地跑有助于加大步幅，也有助于增强核心力量和下半身肌肉力量。

（5）练习平衡和灵活性：加强核心肌肉的练习和提高身体的灵活性可以更好地控制和改善步幅。

（6）逐渐增加跑步距离：逐渐增加跑步距离，有助于适应更大的步幅和更高的步频。

2．1000 m 跑和 800 m 跑的练习方法

1000 m 跑和 800 m 跑的练习方法主要包括一般耐力训练和速度耐力训练。

1）一般耐力训练

（1）有氧耐力跑：在 400 m 跑道上，由 2 圈慢跑过渡至 6 圈慢跑。

（2）慢速跳绳：由 200 个一组过渡至 400 个一组。

（3）原地摆臂练习：原地摆臂 1～2 min，提高上肢力量。

2）速度耐力训练

（1）定时跑：男生在 1 分 40 s 内跑完 800 m，女生在 2 min 内跑完 800 m。

（2）变速跑：快跑与慢跑交替，800 m 为一组，跑 2 组，以提高心肺调节能力及身体对训练强度的适应性。

（3）100 m 折返跑：提高快速冲刺能力。

三、立定跳远

（一）立定跳远技术

立定跳远主要由预摆、后摆、起跳、腾空、落地五个阶段构成。

（1）预摆。两脚分开，与肩同宽，两臂向上举，两眼目视前方，吸气准备。

（2）后摆。两臂后摆，两腿下蹲，屈髋、屈膝、屈踝，身体稍前倾。

（3）起跳。两臂前摆，两脚蹬地，身体与地面的夹角为 35°～45°，起跳。

（4）腾空。将髋、膝、踝充分舒展，手臂往上举，同时收腹、屈膝，两腿并拢，随后充分展体，依靠惯性使得落点更远。

（5）落地。小腿尽力往前伸，同时双臂用力后摆，并屈膝缓冲，脚后跟触地后迅速转移至全脚掌落地。

立定跳远时，最重要的就是把上述五个阶段连贯起来。跳时两腿稍分开，膝微屈，身体前倾，然后两臂自然前后预摆两次，两腿随着屈伸，当两臂从后向前上方做有力摆动时，两脚用前脚掌迅速蹬地，膝关节充分蹬直同时展髋向前跳起，身体尽量前送，身体在空中呈一斜线，过最高点后屈膝、收腹、小腿前伸，两臂自上向下向后摆，落地时脚跟先着地，落地后屈膝缓冲，上体前倾。

立定跳远技术

（二）立定跳远的练习方法

立定跳远的练习方法主要针对相关肌肉力量的强化提升，以增强股四头肌、股二头肌、小腿腓肠肌、比目鱼肌、跟腱、臀大肌和腹肌的瞬间爆发力。

练习方法具体如下。

（1）蛙跳。自然站立，两脚分开，与肩同宽，两腿屈膝半蹲，两手负于背后，上体前倾；两腿用力蹬伸，同时两臂迅速前摆，身体向前跳起，以全脚掌落地；反复练习。训练部位为股四头肌、臀大肌、小腿肌肉及跟腱。

（2）双脚原地跳。自然站立，反复做原地向上的纵跳练习。训练部位为小腿腓肠肌、比目鱼肌及跟腱。

（3）双脚跳箱。自然站立，收腹、屈膝提双腿，向高箱上纵跳，然后跳下，反复练习。训练部位为腹肌、股四头肌及跟腱。

（4）哑铃深蹲跳。自然站立，两脚分开，与肩同宽，两手持哑铃置于身体两侧；向上纵跳，落地后呈深蹲姿势；反复练习。训练部位为股四头肌、小腿腓肠肌、比目鱼肌及跟腱。

（5）保加利亚蹲。背朝训练凳自然站立，两手持哑铃置于胸前，保持背部挺直；抬起一只脚并将脚背置于凳沿，支撑腿屈膝下蹲至大腿与地面平行，起立；两腿交替练习。训练部位为股四头肌和臀大肌。

第二节 大球类运动

大球类运动是指多人参加的以球为工具的竞技运动的总称，包括篮球、排球、足球、气排球等项目。大球类运动项目的规则各不相同，具有很强的趣味性、观赏性、竞争性和健身价值。比赛中运动员须具备良好的体能、技能和心理素质，并善于运用技术、战术方能取胜。

一、篮球

（一）项目起源与场地特征

1. 起源

篮球运动起源于美国，于 1891 年由詹姆斯·奈史密斯创造，1895 年传入我国。篮球运动具有较强的集体性、复杂性和对抗性的特点。从事篮球运动具有很好的健身价值，能够培养参与者的团队意识和勇敢顽强的意志品质，激发竞争意识和进取精神。

2. 场地特征

标准篮球场地是一块长 28 m，宽 15 m 的长方形平地，如图 2-5 所示。比赛场地由两条端线（短边）和两条边线（长边）所组成的界线围合而成，界线距观众席、广告牌或其他障碍物至少 2 m。

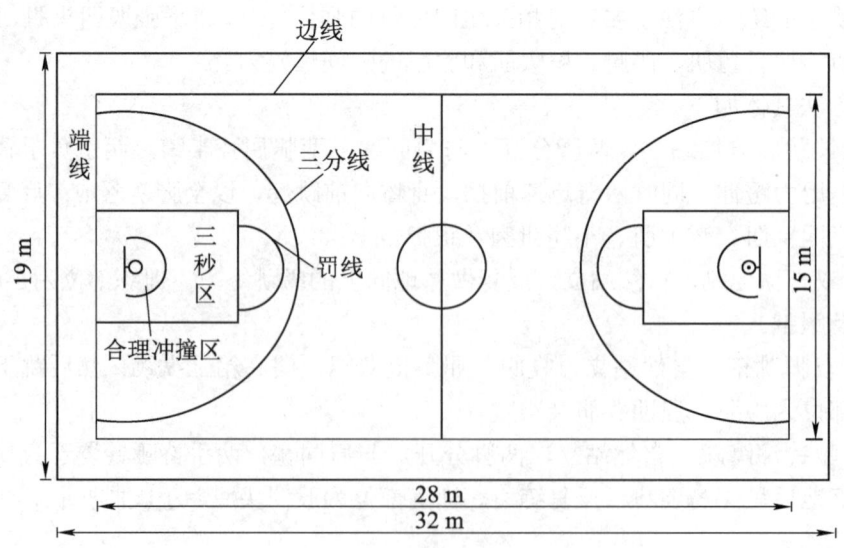

图 2-5 篮球场地示意图

从两条边线的中点出发并平行于两条端线的线称为中线。位于比赛场地中央，半径为 1.8 m 的圆圈称为中圈。罚球线是一条与端线平行，距端线 5.8 m，长 3.6 m 的直线，其中点落在连接两条端线中点的假想线上。位于中线两侧，以两条罚球线的中点为圆心，半径为 1.8 m 的圆圈称为半圆。由端线、罚球线和两条起自端线（线的起点与端线中点的垂直距离为 3 m）终于罚球线外沿的线所围合的区域称为限制区。

（二）主要技术

篮球运动的基本技术是指在篮球运动中，运动员为了攻守目的所运用的各种专门动作的总称，主要包括脚步移动、传接球、运球、投篮和突破等。

1. 脚步移动

脚步移动是指在篮球运动中，运动员为了在时间和空间上争取主动优势所运用的各种脚步动作的总称，主要包括起动、跑、急停、滑步和转身等。脚步移动是运动员在篮球比赛中能够灵活应用战术的基础。

1）基本站立姿势

基本站立姿势是脚步移动的准备姿势，便于运动员运用各种技术动作。

动作要领：两脚前后或左右开立，与肩同宽，两膝微屈，身体重心落于两脚间，上体稍向前倾，两臂自然垂于体侧，两眼观察全场情况。

2）起动

起动是指运动员在球场上由静止状态变为运动状态的起始动作，一般用于在进攻和防守中抢占有利位置。起动包括向前方起动与向侧方起动。

动作要领：从基本站立姿势开始，向左侧起动时，身体重心左移，上体迅速左转，左脚不动，右脚前脚掌用力蹬地并向左跨出，两臂自然摆动；向前或向右起动与向左起动的动作要领相似，只是动作的方向不同。

3）跑

跑是篮球运动中最基本的移动技术，包括侧身跑、变速跑、变向跑和后退跑等。其中，侧身跑与变速跑较为常用。

（1）侧身跑。侧身跑是指运动员为了在跑动中抢位、摆脱防守、接侧方或侧后方的传球而采取的一种跑动方法。动作要领：在跑动过程中，双脚脚尖正对跑动方向，上体转向球的方向。

（2）变速跑。变速跑是运动员在跑动过程中改变跑的速度（加速或减速）的一种方法。动作要领：运动员在跑动的过程中，若要加速，则应上体前倾，双脚掌连续交替向后蹬地，同时迅速摆臂；若要减速，则应上体直起，加大步幅，用前脚掌抵地，缓冲减速。

4）急停

急停是指进攻队员在快速跑动的过程中，突然制动并呈静止状态的一种技术动作。常用的急停包括跨步急停和跳步急停两种。

（1）跨步急停。动作要领：停步时，一只脚向前跨出一大步，由脚跟着地过渡到全脚掌抵地,同时迅速屈膝,上体后仰;另一只脚紧随前脚着地时,脚尖内旋,身体顺势侧转,前脚掌内侧蹬地;两臂屈肘张开,保持身体平衡。

(2)跳步急停。动作要领:停步时,双脚起跳,上体稍向后仰,两臂自然摆动,双脚平行同时落地,屈膝降低身体重心,两臂屈肘张开,保持身体平衡。

5)滑步

滑步是运动员在防守时移动的主要步法。常用的滑步包括侧滑步、前滑步和后滑步三种。

(1)侧滑步。动作要领(以向左侧滑步为例):开始滑步前,两脚左右开立,微屈膝,两臂侧张开。向左侧滑步时,身体重心左移,左脚向左跨出一步,落地的同时,右脚迅速滑行跟进,即可完成一步侧滑,然后重复上述动作,如图2-6所示;向右侧滑步的动作与向左侧滑步相似,只是滑步的方向与之相反。

图2-6 侧滑步

(2)前滑步。动作要领:开始滑步前,两脚前后开立,微屈膝,两臂前后张开;向前滑步时,身体重心前移,前脚向前跨一步,在前脚落地的同时,后脚迅速滑行跟进,即可完成向前滑一步,然后重复上述动作。

(3)后滑步。后滑步的动作与前滑步相似,只是滑步的方向与之相反。

6)转身

转身是指运动员以一只脚为轴(此脚为中枢脚),另一只脚蹬地并向前或向后跨出,身体顺势转动,以改变身体方向的一种方法。转身包括前转身和后转身两种。

(1)前转身。动作要领(以左脚为中枢脚为例):转身时,右脚前脚掌向外侧蹬地,同时身体重心左移,右脚经体前向左跨一步,同时,左脚以前脚掌为轴(脚跟提起)用力蹍地,身体顺势左转,如图2-7所示。

图2-7 前转身

(2)后转身。后转身与前转身的动作要领相似,不同的是,在后转身时,移动的脚向自己身后跨步使身体改变方向。

2. 传接球

传接球是指在篮球运动中，队员之间有目的地转移球，以便更好地配合全队进攻的手段。传接球是组织全队进攻的纽带，也是提高进攻质量的重要环节。

1）传球

传球包括双手胸前传球、双手头上传球、单手肩上传球、单手胸前传球和勾手传球等。下面重点讲解双手胸前传球与单手肩上传球的动作要领。

（1）双手胸前传球。双手胸前传球是一种基本且常用的传球方法，适用于不同方向、不同距离的传球，其特点是传球的准确性高，便于控制球。动作要领：双手持球于胸腹之间，双手十指自然分开，两拇指相对呈"八"字形，指根以上部位持球两侧，掌心空出；两脚前后开立，两膝微屈，身体重心落于两脚间。传球时，双臂迅速向传球方向前伸，当手臂将要伸直时，急促抖腕，同时两拇指用力下压，食指与中指用力拨球，将球传出，如图 2-8 所示。

图 2-8　双手胸前传球

（2）单手肩上传球。单手肩上传球常用于中、远距离传球，其特点是传球力量大，利于抢到后场篮板球后长传快攻。动作要领（以右手传球为例）：左脚向传球方向迈出半步，同时右臂引球至右肩上方，左手离球，左肩对着传球方向，身体重心落于右脚；右脚内侧蹬地转身，同时迅速向前挥臂，手腕前屈，食指与中指拨球，将球传出，如图 2-9 所示。

图 2-9　右手肩上传球

2）接球

接球是运动员获得球的动作,是抢篮板球与断球的基础。接球主要包括双手接球与单手接球两种。

（1）双手接球。双手接球包括双手接胸部高度的球、双手接头部高度的球、双手接低于腰部的球和双手接地滚球等方法。下面以双手接胸部高度的球为例介绍双手接球动作要领。动作要领：双眼注视来球方向，双臂向来球方向伸出，十指自然分开；当双手触及球时，手臂顺势引球，将球持于胸腹之间，如图2-10所示。

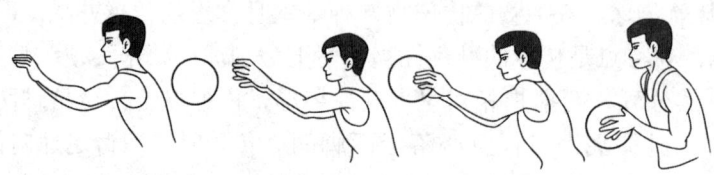

图 2-10　双手胸前接球

（2）单手接球。动作要领（以右手接球为例）：双眼注视来球方向，右臂微屈并伸向来球方向，手掌呈勺形，五指自然分开；当手指触及球时，右臂顺势引球，左手立即帮助右手，双手持球于胸腹间，如图2-11所示。

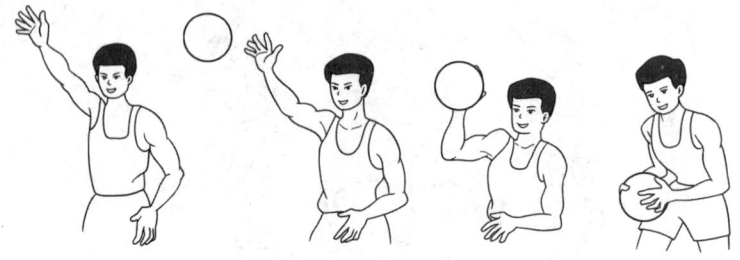

图 2-11　右手接球

3．运球

运球包括高运球、低运球、体前变向换手运球和胯下运球等。

1）高运球

高运球是指篮球反弹的高度在胸腹之间的运球方法，一般用于无防守的快速运球。

动作要领（以右手运球为例）：运球时，微屈膝，上体稍向前倾，目平视；以肘关节为轴，前臂自然屈伸，用右手拍按球的后上方，将球的落点控制在身体的右前方，使球反弹的高度在胸腹之间。

2）低运球

低运球是指篮球反弹的高度在膝关节以下的运球方法。当持球队员接近对方防守队员或对方防守队员来抢球时，持球队员为摆脱防守，常采用低运球方法。

动作要领（以右手运球为例）：运球时，抬头、目视前方，深屈膝，上体前倾，用上体、腿和左臂保护球；同时，右手急促地拍打球，将球反弹的高度控制在膝关节以下。

3）体前变向换手运球

当对方防守队员堵截运球队员的进攻路线，或运球队员运球接近对方防守队员时，运球队员可运用体前变向换手运球的方法摆脱与突破对手。

动作要领（以运球队员右手运球突破对方防守队员左侧为例）：运球队员右手运球，当对方防守队员移动堵截时，运球队员应向右侧加速运球，以吸引对方防守队员偏离正常的防守位置；接着突然变向，用右手拍按球的右后上方，向左侧送拍球，左、右脚先后迅速向左前方跨出，上体左转并前倾探肩，换左手拍按球的后上方，加速运球突破对方防守队员，如图 2-12 所示。

图 2-12　体前变向换手运球

4）胯下运球

动作要领（以右手胯下运球为例）：运球跨步急停后，两脚前后开立，左脚在前，身体重心落于两脚间，右手拍按球的右上方，使球从两腿之间穿过，换左手运球，右脚向左前跨出，即完成一次胯下运球。

4. 投篮

投篮包括原地投篮、行进间投篮、跳起投篮、补篮和扣篮等。下面主要介绍原地投篮与行进间投篮。

1）原地投篮

原地投篮包括双手头上投篮、双手胸前投篮、单手头上投篮和单手肩上投篮。下面以单手肩上投篮为例介绍原地投篮的动作要领。

动作要领（以右手投篮为例）：从双手持球的基本站立姿势开始，左手扶球的左侧，右手持球，右臂屈肘，置球于右肩上；投篮时，两脚掌蹬地，左手离球，右臂向前上方伸直，手腕前屈，食指与中指拨球，将球投出，如图 2-13 所示。

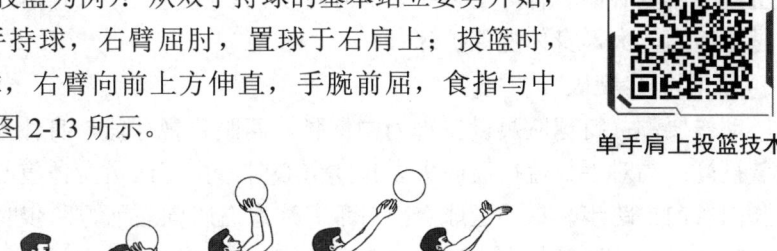

单手肩上投篮技术

图 2-13　原地单手肩上投篮

2）行进间投篮

行进间投篮包括单手肩上投篮、单手低手投篮、双手低手投篮、反手投篮和勾手投篮等。下面以单手低手投篮为例介绍行进间投篮的动作要领。

扫一扫

行进间投篮技术

动作要领（以右手投篮为例）：运球队员结束运球并双手持球的同时，右脚跨出第一步；左脚跨出第二步落地时，前脚掌用力蹬地向前上方起跳，右腿屈膝自然上提；腾空到最高点时，左手离球，右手托球，右臂向前上方伸展，右手将球引至右肩侧上方；接近球篮时，手腕与手指上挑，将球投出，如图2-14所示。

图2-14　行进间单手低手投篮

5．突破

突破是以脚步动作和运球为基础的，是综合运用脚步移动、传接球、运球、投篮的技术。突破是篮球进攻技术中攻击性很强的技术，是个人进攻的手段，同时也是破坏和打乱对手防守的有效方法。本书重点介绍交叉步突破，同侧步突破，以及平行站立，两次假动作再突破的技术方法。

1）交叉步突破

动作要领：稍屈膝，上体稍前倾；左脚迅速向前上半步，以吸引对手偏离正常的防守位置，身体重心偏右脚；左脚向右前方跨步，右腿蹬直，同时拍球击地。交叉步突破的优点是蹬地力量大，身体能保护球。

2）同侧步突破

动作要领：持球队员以左脚为中枢脚，两眼目视球篮，身体重心稍上提，球稍上举，假装投篮；当对手封盖投篮而失去身体重心时，持球队员身体重心下降，左脚用力蹬地，右脚向右前方跨步，右手运球突破对手。注意右脚向右前方跨步时，侧身探肩，右脚落地的同时球触地，以避免走步违例。

3）平行站立，两次假动作再突破

动作要领（以突破对手左侧为例）：两脚平行站立，屈膝；先向左做假动作，再向右做假动作，然后从左侧突破对手。节奏要快，腰腹和腿、踝关节不能放松。做假动作时，身体重心左右移动，而脚不能移动。

（三）基本战术

基本战术是篮球比赛中运动员所运用的攻守方法的总称，主要分为进攻与防守两种战术。其中，进攻战术包括传切配合、掩护配合和突分配合等，防守战术包括换防配合与补防配合等。

1．进攻战术

1）传切配合

传切配合包括一传一切与空切两种配合方式。一传一切是指持球队员传球给同伴后，自己立即切向篮下，接同伴回传的球进行投篮的方法。空切是指无球队员根据球的传递情况，从不同的方向迎球或侧向插入篮下接球的配合方法。

2）掩护配合

掩护配合是指队员用自己的身体为同伴挡住对方的防守队员，使同伴摆脱防守的配合方法。

3）突分配合

突分配合是指持球队员在突破防守后又遇到补防或吸引对手注意力后，及时将球传给同伴，使同伴获得进攻机会的配合方法。

2．防守战术

1）换防配合

换防配合是指防守队员为了破坏对方进攻队员的掩护配合，与同伴及时呼应并交换防守对象的一种配合方法。换防配合是破坏掩护配合的一种方法。

2）补防配合

补防配合是指当防守队员被对方持球队员突破或绕过时，邻近的其他防守队员主动放弃自己防守的对象，去防止对方持球队员进攻的配合方法。

（四）主要学练方法

（1）脚步移动练习：从基本站立姿势开始，听到信号或看到信号后向不同方向起动快跑；慢跑或中速跑中做跨步急停或跳步急停练习；做急停折线跑、急停转身折回跑练习；结合各种移动基本技术做折线跑练习。

（2）传接球练习：两人原地传接球练习，四人或多人原地传接球练习，两人迎面跑动传接球练习。

（3）运球练习：原地运球练习，左右手体前变换运球练习，接力运球练习，根据信号做转身运球练习，一对一攻防运球练习。

（4）投篮练习：原地投篮练习，两人一组做模仿投篮练习，站在罚分线上做正面投篮练习，做行进间肩上投篮和低手投篮练习，做各种距离、角度的投篮练习。

（5）突破技术练习：两人一组，做交叉步和同侧步突破练习；在无人防守的情况下，做各种突破练习。

（五）主要比赛通则

1．比赛方法

篮球比赛由两支球队参加，每支球队派出 5 名队员上场比赛。比赛的目标是在对方球篮得分，并阻止对方在本方球篮得分。比赛时间应由 4 节组成，每节 10 min。在比赛结束时，得分较多的球队是比赛的胜者。若两队比分相同，则举行 5 min 延长赛；若延长赛后比分还是相等，则再次进行 5 min 延长赛，直至决出比赛的胜负。

第 1 节比赛从中圈跳球开始，后 3 节比赛应由拥有球权的球队从中线掷球开始。所有的决胜期球队的进攻方向应与第 4 节相同。在第 1 节和第 2 节（上半时）之间，第 3 节和第 4 节（下半时）之间及每一决胜期之前有 2 min 的休息时间；上半时和下半时之间的休息时间为 15 min。在上半时的任何时间每队可准予 2 次暂停；在下半时的任何时间每队可准予 3 次暂停，以及每一决胜期的任何时间可准予 1 次暂停。

如球队在预定的比赛开始后 15 min 不到场或不能使 5 名队员入场准备比赛应判该队弃权而告负，并判给对方以 20∶0 获胜。如比赛中某队场上队员少于 2 名时，应判该队由于缺少队员而告负，若该队比分领先，则判对方以 2∶0 获胜；若该队比分落后，则以比赛停止时的比分为准。

2．违例及其罚则

违例是指非直接针对对方队员的违反条例规则，但既不属于侵人犯规、违反体育道德的犯规、取消比赛资格的犯规，也不属于技术犯规的违反规则行为。违例行为一般包括：限制区 3 s 违例，防守 5 s 违例，前场违例，进攻 24 s 违例等。

其罚则是将球判给对方队员从最靠近发生违例的地点掷球入界，但正好在篮板后面的地点除外，除非规则另有规定。

违例

3．犯规及其罚则

犯规是指违犯规则，包括与对方队员的非法身体接触及违反体育运动精神的举止，如打手、拉人、阻挡、推人、带球撞人、对人不对球、做出容易或已经造成对方队员身体伤害的动作。每队可被宣判任何数量的犯规，不管罚则是什么，犯规者的每一次犯规都应被记入记录表并相应地被处罚。

对犯规的处罚有失去球权、处以罚球、将犯规队员罚下等。

犯规及其罚则

二、排球

（一）项目起源与场地特征

1．起源

排球运动是指以通过变化击球路线与落点造成对方失误为目的，以得分多少决胜负的一项体育项目,具有技巧性、对抗性和集体性的特点。排球运动起源于美国,于1895年由威廉·摩根创造,在1964年第十八届奥运会上被列为比赛项目。

近年来兴起的软式排球以重量轻、质地软、球速慢、难度低、趣味性强、适合对象广等特点,形成了竞技排球和大众娱乐排球互相关联、互相依托、双轨共存的排球文化格局。从事排球运动,可有效地提高身体素质,提高人体各器官的机能,有助于参与者发展勇敢顽强、机智果断的心理素质和团结互助的精神。

2. 场地特征

排球比赛场地包括比赛场区和无障碍区。比赛场区为18 m×9 m的长方形,如图2-15所示。国际排联组织的世界性大型比赛场地边线外的无障碍区至少宽5 m,端线外至少宽8 m,比赛场区上空的无障碍空间从地面量起至少高12.5 m。比赛场地的地面是浅色的,由木质或合成物质构成。比赛场区和无障碍区为两种不同的颜色,场区上所有的界线为白色,宽为5 cm。

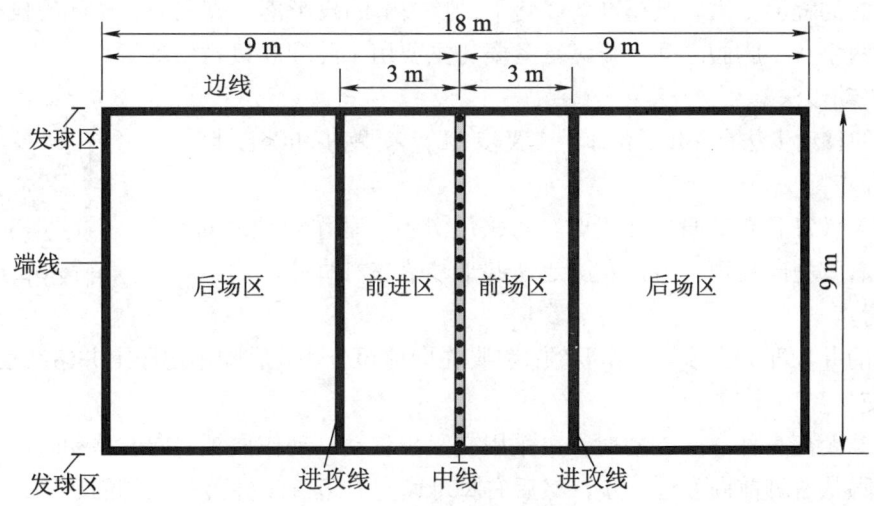

图2-15 排球比赛场地示意图

球网架设在中线上空,高度为2.43 m(男子比赛)或2.24 m(女子比赛)。球网为黑色,宽1 m,长9.5～10 m,网眼直径为10 cm。球网上的两条宽5 cm、长1 m的白色带子为标志带,分别系在球网的两端,垂直于边线。标志杆是有韧性的两根杆子,长1.8 m,直径为10 mm,由玻璃纤维或类似质料制成。两根标志杆分别设置在标志带外沿球网的不同两侧。

(二)主要技术

1. 准备姿势

准备姿势是指运动员为了便于完成各种技术动作而采用的合理的身体姿势。合理的准备姿势既要使身体重心处于相对稳定的状态,又要便于移动和完成各种击球动作,为迅速起动、快速移动及击球

排球常用准备姿势

创造良好的条件。

按照身体重心的高低，准备姿势可分为半蹲准备姿势、稍蹲准备姿势和低蹲准备姿势三种。

1）半蹲准备姿势

两脚左右开立，稍比肩宽，一脚稍前，两脚脚尖稍内收，脚跟稍提起。屈膝，使膝关节的投影落在脚尖前，上体前倾，身体重心靠前。两臂放松自然弯曲，两手置于腹前。全身肌肉放松，两眼注视来球。

2）稍蹲准备姿势

稍蹲准备姿势比半蹲准备姿势的身体重心稍高，其余动作要领相同。稍蹲准备姿势一般用于运动员需要快速起动的情况，如扣球助跑前或对方正在组织进攻时。

3）低蹲准备姿势

与半蹲准备姿势相比，低蹲准备姿势的身体重心更低、更靠前，两脚间的距离更宽，膝关节弯曲的程度更大。低蹲准备姿势下，膝关节的投影落在脚尖前，肩部的投影落在膝关节前，两手置于胸腹之间。低蹲准备姿势主要用于防守和接拦回球等。

2. 移动步法

常用的移动步法有并步、滑步、交叉步、跨步、跑步和综合步等。

1）并步

当来球较高且距离身体较近时，可采用滑步。动作要领：向右滑步时，右脚先向右迈一步，左脚迅速并上，落在右脚的左侧。

排球常用移动步法

2）滑步

连续的并步即为滑步。动作要领：前脚先向前迈一步，后脚迅速跟上并落在前脚之后。

3）交叉步

当来球距离身体 2 m 左右时，可采用交叉步移动。动作要领：向右移动时，上体稍向右转，左脚从右脚前向右迈一步，然后右脚迅速向右迈一步并落在左脚的右侧，同时身体转向来球方向，做好击球前的准备。

4）跨步

当来球较低且距离身体较近时，可采用跨步。动作要领：向移动的方向跨出一大步，同时屈膝，上体前倾，身体重心移至跨步腿上。

5）跑步

采用跑步移动时，两臂要配合摆动，同时应根据来球方向，边跑边转身。

6）综合步

用一种步法不便于完成击球动作时，常用综合步。例如，跑步之后采用滑步、交叉步、跨步等来完成拦网动作。

3. 垫球技术

垫球技术是排球比赛中最基本的技术之一，也是初学者必须掌握的技术之一。学习垫球技术的难点在于使用正确的垫球部位。在学习垫球时只要有耐心，放松脚步，大胆击球，不害怕击球失误，慢慢地就能垫好球。

1）正面双手垫球

正面双手垫球是排球比赛中最基本、应用最多的垫球方法，是指双手在腹前垫击来球的一种垫球方法，是各种垫球技术的基础。下面介绍双手正面垫球技术的动作要领。

准备姿势：采用半蹲准备姿势，两脚前后或左右开立，两膝弯曲，上体前倾，身体重心前移，两臂自然放松置于腹前。

移动：正面双手垫球时通常采用滑步、跨步、跑步等移动步法。

手形：垫球的手形采用叠掌式，即两手掌根靠拢，两手手指重叠合掌互握，两拇指平行，如图 2-16 所示。手腕稍下压，两前臂向外侧旋转形成一个平面。

垫球部位：触球部位在腕关节以上 10 cm 左右小臂内侧平面，如图 2-17 所示。击球的后中下部。

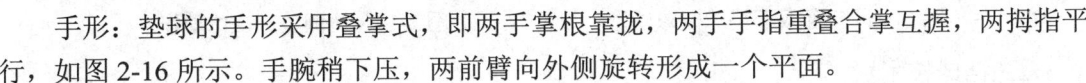

扫一扫

正面双手垫球

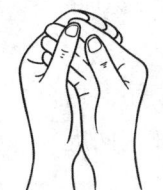

图 2-16 垫球的手形

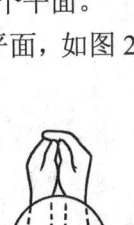

图 2-17 垫球部位

垫球点：垫球点应在腰腹前，离身体一臂远处。

击球动作：判断来球方向，手臂移动到球下，主动迎球，两臂前伸，插到球下，手臂伸直夹紧，向前上方提臂，含胸、压腕，双脚蹬地，伸膝，向前移动身体重心，用全身的协调动作迎击来球，如图 2-18 所示。

手臂与身体夹角：垫出弧度平的球，则夹角小些；垫出弧度高的球，则夹角大些；垫球距网近时，则夹角大些；垫球距网远时，则夹角小些。

2）体侧垫球

当来球到身体两侧，且球速较快，来不及移动身体对准来球时，可用体侧垫球。下面介绍体侧垫球技术的动作要领。

准备姿势：同正面双手垫球。

移动：体侧垫球时，主要用侧跨步、滑步和交叉步等移动步法。

击球部位：手臂的触球部位同正面双手垫球。

击球动作：用跨步或交叉步移动后，身体重心落在来球侧腿上，双手向来球侧伸出。用转腰收腹动作，带动两前臂截击来球，向前垫出，如图 2-19 所示。

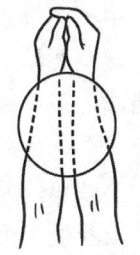

扫一扫

体侧垫球

图 2-18　正面双手垫球击球动作

图 2-19　体侧垫球击球动作

4. 挡球技术

来球在胸部以上，球速较快，不便做垫球动作时采用挡球技术。下面介绍挡球技术的动作要领。

准备姿势：采用稍蹲准备姿势，上体直立，两手放胸前。

移动：挡球时，主要用后退步、向左跨步、向右跨步等移动步法。还可以跳起挡球，但移动距离不会很远。

挡球手形：双手挡球可采用抱拳式和并掌式。抱拳式为两肘屈，一手半握拳，另一手外包，两手外侧朝前；并掌式为两肘屈，两虎口交叉，两手自然张开呈勺形，如图 2-20 所示。

扫一扫

挡球

图 2-20　并掌式挡球

5. 传球技术

传球技术也是排球比赛的基本技术之一，传球技术是用手指、手腕来完成击球的，是组织战术的基础，主要用于衔接防守和进攻。

传球动作多种多样，其基本的动作分为正面传、背传、侧传和跳传四种。下面重点介绍正面双手传球技术的动作要领（见图 2-21）。

准备姿势：采用稍蹲准备姿势，以便于随时移动，上体稍前倾，双手自然放松置于胸前。

移动：传球主要用跑步移动，步法灵活。

击球手形和部位：当手触球时，两手自然张开呈半球形，手腕稍后仰，两拇指相对呈"一"字形或"八"字形，拇指指向自己的额头，用拇指内侧、食指、中指的第一二指节、

扫一扫

传球

无名指和小指的第一指节触球的后中下部,两肘自然分开。

传球点:在额前上方约一球距离处。

传球动作:当球来到额前时,主动迎球,用蹬地、伸膝、伸臂和手指、手腕的协调用力将球传出。

图 2-21　正面双手传球

6．发球技术

发球技术是排球比赛中唯一不受对方和同伴的影响,不需要同伴配合的技术。发球技术的学习难点在于发出好性能的球,因此需要长时间的磨炼。以下发球技术的动作要领全部以右手发球为例。

1)侧面下手发球

侧面下手发球(见图 2-22)可以利用转体力量带动手臂击球,不费力,适用于初学者。下面介绍侧面下手发球技术的动作要领。

准备姿势:左肩对网,两脚左右开立,与肩同宽,两膝微屈,弯腰收腹,上体稍前倾,身体重心落在两脚间,左手持球于腹前。

抛球:左手将球平稳抛起,使抛出的球离手 10~20 cm,距身体一臂远。

击球:右手外展引臂,同时身体重心移至右腿,在左手抛球时,右脚蹬地向左稍转体带动右臂向体前上方摆动,在腹前击球的后中下部。

击球手法:下手发球的击球手法可以是五指并拢用掌根击球,也可半握拳以拳心击球,还可以用虎口击球。

侧面下手发球

图 2-22　侧面下手发球

2）上手大力发球

上手大力发球（见图2-23）是利用转体、收腹力量带动手臂加速挥击，同时利用手腕的推压动作，使发出的球向前旋转飞行的发球技术。这种发球技术需要练习者具备较强的腰腹力量。下面介绍上手大力发球技术的动作要领。

扫一扫
上手大力发球

准备姿势：面对球网，两脚自然开立，两膝微屈，左脚在前，左手持球于体前。

抛球：用抬臂和手掌的平托上送，将球垂直抛起，高于头1 m左右。

挥臂击球：在左手抛球的同时，右臂抬起，屈肘后引，肘与肩平，手指自然张开拉至耳边，上体稍向右侧转动。击球时，右脚蹬地使上体向左转动，同时收腹，挥动手臂，在右肩上方伸直手臂用全手掌击球的中下部。用力顺序为腰带肩、肩带上臂、上臂带前臂、前臂带手腕、手腕带手。

动作要领：击球时，手指自然张开，手腕迅速主动做推压动作，使击出的球呈上旋飞行。

图2-23 上手大力发球

（三）主要学练方法

（1）徒手模仿传球练习。

（2）对墙传球练习，体会手指弹拨球的感觉。

（3）两人一组，进行一抛一传练习。

（4）自抛自传练习。

（5）两人或多人对传练习。

（6）两人一组，近距离隔网对发球练习。

（7）两人一组，远距离隔网对发球练习。

（四）主要比赛通则

排球是一项集体比赛项目，每队由12名队员组成，每队各派6名队员在由球网分开的场地上进行比赛。

1. 比赛方法

比赛的目的是各队遵照规则，将球击过球网，使球落在对方场区的地面上，而防止球落在本方场区的地面上。每队可击球 3 次（拦网触球除外），将球击回对方场区。

比赛由发球开始，发球队员击球使其从网上飞至对方场区，比赛由此连续进行，直至球落地、出界或某一队不能合法地将球击回对方场区。

2．赛制

正式排球比赛采用五局三胜制，胜三局的队胜一场。比赛中，某队胜 1 球，即得 1 分（每球得分制）。接发球队胜 1 球时得 1 分，同时获得发球权，队员按顺时针方向轮转一个位置。每局比赛（决胜局第五局除外）先得 25 分并同时领先对手 2 分的队胜一局，当比分为 24∶24 时，比赛继续进行至某队领先 2 分（如 26∶24、27∶25）为止。决胜局中先得 15 分并同时领先对手 2 分的队获胜，当比分为 14∶14 时，比赛继续进行至某队领先 2 分（如 16∶14、17∶15）为止。

3．犯规及罚则

1）发球犯规

发球犯规包括发球击球时的犯规和发球击球后的犯规。

（1）发球击球时的犯规：发球次序错误；发球队员在击球时或击球起跳时踏及场区（包括端线）或发球区以外的地面；发球队员在第一裁判员鸣哨允许发球后 8 s 内未将球击出；球未被抛起或持球手未清楚地撤离就击球；双手击球或单手将球抛出、推出；将球抛起准备发球却未击球。

（2）发球击球后的犯规：球触及发球队其他队员或球的整体没有从过网区内通过球网的垂直平面；球越过发球掩护的个人或集体（在发球时，某一队员或两名以上队员密集站位或挥臂跳跃、移动遮挡接发球队员，且发出去的球从他或他们上空飞过，则构成个人或集体发球掩护犯规）；界外球。

2）位置错误

排球规则规定，当发球队员击球时，如果场上队员不在其正确位置上，则构成位置错误犯规。下列情况均为位置错误犯规：发球队员击球时，场上其他队员未完全站在本场区内；发球队员击球时，场上队员未按"每一名前排队员至少有一只脚的一部分比同列后排队员的双脚距中线更近"的规定站位；发球队员击球时，场上队员未按"每一名左边（右边）队员至少有一只脚的一部分比同排中间队员的双脚距左（右）边线更近"的规定站位。

3）击球时的犯规

（1）连击犯规：排球比赛时，运动员身体任何部分均可触球，但一名队员（拦网队员除外）连续击球两次或球连续触及其身体的不同部位即为连击犯规。但在第一次击球时，允许队员在同一击球动作中球连续触及其身体的不同部位。

（2）持球犯规：排球运动员在比赛中，身体的任何部位均可触球，但球必须被击出，不得接住或抛出，否则为持球犯规。

（3）四次击球犯规：一个队连续触球四次（拦网除外）为四次击球犯规。队员不论是主动击球还是被动触及，均算该队员击球一次。

4）队员在球网附近的犯规

队员在球网附近的犯规包括过网击球犯规、过中线击球犯规、触网犯规和网下穿越进入对方空间妨碍对方比赛犯规等。

（1）过网击球犯规：对方进攻性击球前或击球时，在对方空间触及球为过网击球犯规。

（2）过中线击球犯规：比赛过程中，队员整只脚、手或身体其他任何部位越过中线并接触对方场区，为过中线击球犯规。

（3）触网犯规：比赛过程中，队员触网或触标志杆不是犯规，但队员在击球时或干扰比赛情况下的触网或触标志杆为犯规。

（4）网下穿越进入对方空间妨碍对方比赛犯规：比赛过程中，在不妨碍比赛的情况下，允许队员在网下穿越进入对方空间。若网下穿越进入对方空间的队员妨碍了对方比赛则为犯规。

5）同时击球

双方队员或同队队员可以同时触球。同队的两名或两名以上队员同时触到球，被计为两次或两次以上击球（拦网除外）。双方队员在网上同时击球后，如果球落入场内，应继续比赛，获得球的一方仍可击球三次。

6）拦网犯规

（1）在对方进攻性击球前或击球时，在对方空间拦网触球为过网拦网犯规。判断过网拦网犯规的依据是进攻队员与拦网队员触球时间的先后。

（2）后排队员或后排自由防守队员完成拦网或参加了完成拦网的集体，为后排队员拦网犯规。

（3）拦对方发过来的球为拦发球犯规。

（4）从标志杆外伸入对方空间拦网并触球为拦网犯规。

三、足球

（一）项目起源与场地特征

1．起源

现代足球运动起源于英国，是在足球场上以将球射入对方球门为目的的直接对抗性竞技运动。足球运动的特点是参加人数多、场地大、比赛时间长、对抗性强、技术多样、战术丰富。足球运动不仅有助于发展参与者的身体素质，提高各器官的机能，还有助于参与者培养勇敢顽强、机智果断、团结互助和遵守行为规范的心理品质，是现代开展最为广泛、影响最大的运动项目之一。

2．场地特征

足球比赛场地通常为长方形，其长为 90～120 m（国际标准为 100～110 m），宽为 45～90 m（国际标准为 64～75 m），如图 2-24 所示。

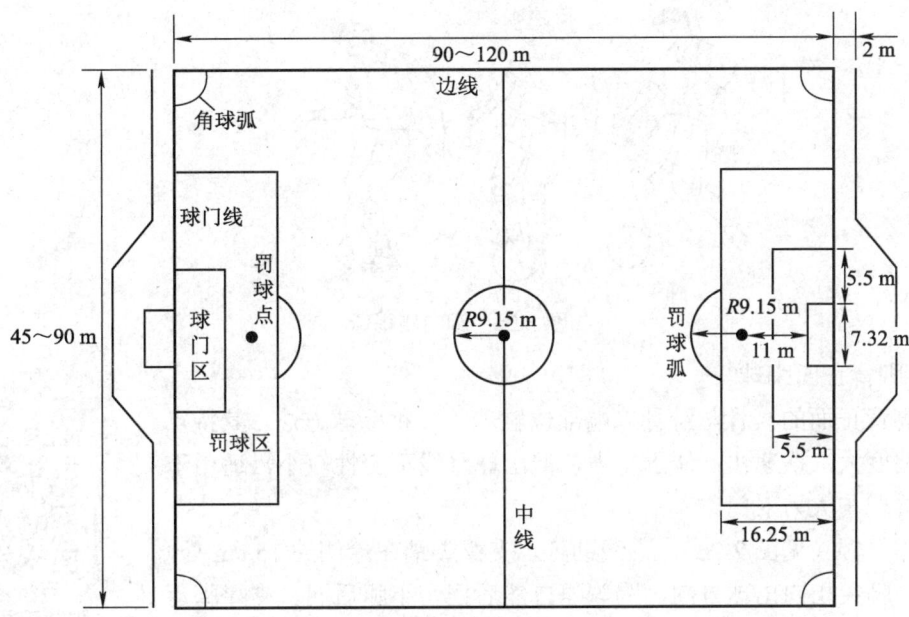

图 2-24　足球比赛场地示意图

（二）主要技术

足球运动的基本技术是指运动员在足球竞赛规则允许的情况下，运用身体的有效部位合理地完成各种动作的总称。足球运动的基本技术包括踢球、接球、头顶球、运球和抢截球等。

1. 踢球

踢球是指运动员有目的地利用脚的某个部位将球踢向既定目标的技术动作，主要用于传球与射门。按击球时脚触球的部位的不同，踢球可以分为脚内侧踢球、脚背正面踢球和脚背内侧踢球等。

1）脚内侧踢球

用脚内侧的跖趾关节、舟骨和跟骨所构成的三角部位触球的一种踢球方法。其特点是触球面积大，可控性强，出球平稳、准确，出球力量较小，适用于短距离传球与射门。

动作要领（见图 2-25）：直线助跑，支撑脚踏在球侧约 15 cm 处，膝微屈，脚尖指向出球方向。支撑脚落地的同时，踢球腿以髋关节为轴由后向前摆动，膝、踝外展，脚跟前送，脚尖稍跷，脚掌与地面平行。小腿加速前摆，脚形固定，用脚内侧部位击球的后中部。击球后，踢球腿随球前摆。

扫一扫

脚内侧踢球

图 2-25 脚内侧踢球

2）脚背正面踢球

用脚背正面的楔骨与趾骨末端部位触球的一种踢球方法。其特点是踢摆幅度大，摆速快，便于发力，但出球路线可变性较小，适用于远距离传球与大力射门。

动作要领（见图 2-26）：直线助跑，支撑脚踏在球侧约 15 cm 处，膝微屈，脚尖指向出球方向，踢球腿自然后摆，小腿后屈。支撑脚落地的同时，踢球腿以髋关节为轴带动小腿前摆。膝关节接近球体上方时，小腿加速前摆，脚背绷直，脚趾扣紧，以脚背正面击球的后中部。击球后，踢球腿顺势前摆。

脚背正面踢球

图 2-26 脚背正面踢球

3）脚背内侧踢球

用脚背内侧的楔骨与趾骨末端部位触球的一种踢球方法。其特点是摆幅大，摆速快，踢球力量大，助跑方向和支撑脚站位灵活，出球方向的可变性较大，适用于中、远距离传球与射门。

动作要领：沿出球方向 45°角斜线助跑，支撑脚踏在球侧后方 20～25 cm 处，膝微屈，脚尖指向出球方向，身体稍倾向支撑脚一侧，踢球腿自然后摆。支撑脚落地的同时，踢球腿以髋关节为轴带动小腿前摆。膝关节接近球体上方时，小腿加速前摆，脚尖外转，脚面绷直，脚趾扣紧，以脚背内侧击球的后中部。击球后，踢球腿顺势前摆。

脚背内侧踢球

2. 接球

接球又称"停球",是指运动员有目的地运用身体的有效部位触球,将运行中的球控制在所需范围内的技术动作。常用的接球方法有脚内侧接球与脚底接球等。

1) 脚内侧接球

脚内侧接球的特点是触球面积大,接球平稳,便于改变球的方向。具体动作要领如下。

(1) 接地滚球时,身体正对来球,支撑腿微屈,接球腿屈膝外转前迎,脚内侧对准来球,并在触球瞬间自然后撤,将球控制在需要的位置上,如图 2-27 所示。

(2) 接反弹球时,支撑脚踏在落球点的侧前方,膝微屈,上体稍前倾,并向停球方向微转。接球腿屈膝上提,膝、踝外转,脚内侧对准球的反弹路线,当球落下反弹至刚离地时,用脚内侧触压球的中上部,如图 2-28 所示。

图 2-27　脚内侧接地滚球

图 2-28　脚内侧接反弹球

2) 脚底接球

脚底接球的特点是动作简单,控球稳定。

动作要领:身体正对来球,支撑脚踏在球的侧后方,膝微屈,接球腿自然屈膝上提,脚尖跷起,用前脚掌触压球的中上部。

3. 头顶球

头顶球是指运动员有目的地用前额将球击向既定目标的技术动作。头顶球包括前额正面顶球与前额侧面顶球。

1) 前额正面顶球

前额正面顶球的特点是触球部位平坦,发力顺畅,易于控制出球方向,使出球平稳有力。

动作要领:身体正对来球,两脚前后开立,膝微屈,上体后仰,身体重心置于后脚,两臂自然张开。当球运行到额前的瞬间,后腿用力蹬地,身体重心前移,迅速向前摆体,微收下颌,用前额正面击球的后中部,如图 2-29 所示。

前额正面顶球

2) 前额侧面顶球

前额侧面顶球的特点是动作突然、能变换出球方向,但因为触球面积小,所以出球力量较小。

动作要领:两脚前后开立,与来球方向同侧的脚在前,两膝微屈,身体重心置于后脚。上体与头部向出球的相反方向倾斜,两臂自然张开。当球运行到体前上方时,后脚用力蹬地,上体迅速向出球方向扭摆,屈体甩头,用前额侧面(见图2-30)击球的后中部。

图2-29 前额正面顶球

图2-30 前额侧面

4. 运球

运球是指运动员在跑动中用脚连续推拨球,使球处于自己控制范围之内的技术动作。常用的运球方法有脚内侧运球、脚背正面运球和脚背外侧运球等。

1) 脚内侧运球

脚内侧运球的特点是易于控制球,但运球速度慢,适用于掩护性运球。

动作要领:运球时,支撑脚踏于球的侧前方,膝微屈,身体重心移至支撑脚,身体略转向运球方向,运球腿屈膝上提,脚尖外转,在向前迈步的过程中用脚内侧推球前进,如图2-31所示。

扫一扫
脚内侧运球

2) 脚背正面运球

脚背正面运球的特点是直线推拨,速度快,但运球路线单一,多用于快速运球前进或前方纵深距离较大时。

动作要领:运球时,身体自然放松,两臂自然摆动,上体稍向前倾,步幅不宜过大;运球脚提起时,膝微屈,脚跟提起,脚尖下指,在向前迈步的过程中用脚背正面推球前进,如图2-32所示。

扫一扫
脚背正面运球

图2-31 脚内侧运球

图2-32 脚背正面运球

3) 脚背外侧运球

脚背外侧运球的特点是具有较强的灵活性与可变性,易于控制运球方向,提高运球速度。脚背外侧运球多用于快速奔跑与向外改变运球方向时。

脚背外侧运球的动作要领与脚背正面运球相似,只是在摆脚时,脚尖稍向内转,用脚背外侧推球前进,如图 2-33 所示。

5．抢截球

抢截球是指在比赛规则允许的范围内,运动员有目的地运用身体的某一部位,将对方控制或传递的球夺过来、踢出去或破坏掉的技术动作。常用的抢截球方法有正面抢球与侧面抢球等。

1）正面抢球

动作要领:两脚前后开立,两膝微屈,身体重心下移,落于两脚之间。在对方控球队员运球脚即将着地或刚刚着地时,抢球队员支撑脚用力蹬地,抢球脚以脚内侧对球,并屈膝向球跨出将球堵截。身体重心随即移至抢球脚,支撑脚前跨将球控制住,如图 2-34 所示。

图 2-33　脚背外侧运球

图 2-34　正面抢球

2）侧面抢球

动作要领:当与对方控球队员平行跑动时,身体重心稍向下移,靠近对手一侧的手臂紧贴身体。当对方控球队员靠近自己一侧的脚离地时,用肘关节以上部位冲撞对方控球队员相应部位,使其失去平衡,趁机将球控制在自己脚下,如图 2-35 所示。

图 2-35　侧面抢球

（三）主要战术

足球运动的基本战术是指在足球比赛中,一方为了战胜对方,根据主客观情况所采取的个人行动与集体配合的方法。基本战术可分为比赛阵形、进攻战术和防守战术三大部分。

攻、守战术中又分别包含个人战术、局部战术和整体战术。

1. 比赛阵形

足球运动的比赛阵形是指为了适应攻、守战术的需要，队员在场上的位置分布与职责分工的基本形式。阵形的序列由后向前依次为守门员、后卫、前卫和前锋。守门员的职责是固定的，一般不列入比赛阵形中。因此，较为常见的比赛阵形有4—2—4、4—3—3、3—5—2和4—4—2等。例如，4—2—4阵形由4名后卫、2名前卫和4名前锋组成。

2. 进攻战术

1）个人进攻战术

个人进攻战术包括：采取有效措施，摆脱对方防守队员；跑到有利位置，接应同伴传球；运球突破对方防线，寻求射门机会。其目的均为进球得分。

2）局部进攻战术

局部进攻中常用"二过一"战术配合。"二过一"战术配合是指两名进攻队员在局部区域通过连续传球与跑位，突破对方一名防守队员的配合。"二过一"战术配合包括斜传直插二过一、直传斜插二过一和跳墙式二过一。

（1）斜传直插二过一是指当对方防守队员逼近正在运球的进攻队员时，进攻队员将球传给同伴，然后直插到对方防守队员身后的空当，接应同伴传球的一种战术配合，如图2-36所示（图中实线为传球方向，虚线为跑动方向，曲线为运球方向，圆形代表进攻队员，三角形代表防守队员，下同）。

（2）直传斜插二过一是指对方进攻队员将球直传给同伴，当对方防守队员逼近控球同伴时，同伴将球传至对方防守队员身后的空当，进攻队员立即斜插入空当，接应同伴传球的一种战术配合，如图2-37所示。

（3）跳墙式二过一是指当对方防守队员逼近正在运球进攻的队员时，进攻队员将球传给同伴，同伴接球后直接将球传至对方防守队员身后的空当，进攻队员快速切入空当，接应同伴传球的一种战术配合，如图2-38所示。

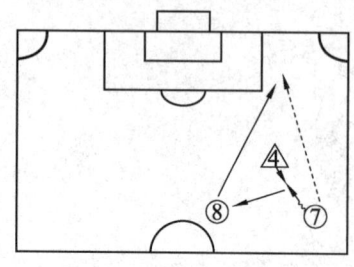
图2-36　斜传直插二过一

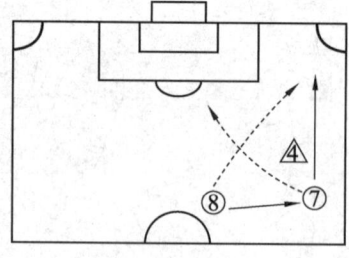
图2-37　直传斜插二过一

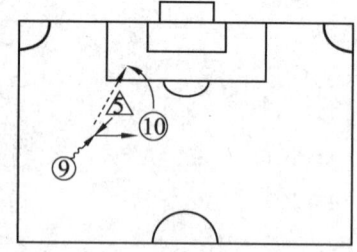
图2-38　跳墙式二过一

3）整体进攻战术

整体进攻战术主要包括边路进攻与中路进攻。

（1）边路进攻是指在对方半场两侧区域发起的进攻。边路进攻可充分利用场地的宽度，拉开对方的防线，使对方边路场区的防守相对薄弱，以便进攻队员利用对方边路的空当突破防线，再通过传中等方式，创造射门机会。

（2）中路进攻是指在对方半场中部发起的进攻。中路进攻的特点是进攻人数多，配合点多，破门机会多，但由于对方中路防守严密，突破难度也较大。

3．防守战术

1）个人防守战术

常用的个人防守战术有选位与盯人等。

（1）选位是指防守队员根据对方进攻队员所处的位置、球门的位置和球所处的位置，选择适当的防守位置的一种防守战术。防守队员选择的位置，一般应在本队球门中心与对方被防守队员之间的连线上。

（2）盯人是指防守队员对进入本方防守区域内的对方队员实施监控，并及时封堵对方队员接球或传球的一种防守战术。

2）局部防守战术

常用的局部防守战术有保护、补位和围抢等。

（1）保护是指一名防守队员在防守对方队员持球进攻时，另一名防守队员在其身后选择适当位置协助其防守的战术配合。

（2）补位是指当一名防守队员的防守出现漏洞时，另一名防守队员及时上前弥补漏洞的战术配合。同伴间的相互补位，可以有效地遏制与破坏对方的进攻。

（3）围抢是指在局部区域内，多名防守队员同时围堵对方控球队员，以达到抢截或破坏对方进攻目的的战术配合。

3）整体防守战术

整体防守战术主要包括盯人防守、区域防守和混合防守等。

（1）盯人防守是指每一名防守队员都有明确的防守对象，对手移动到哪里，就紧跟盯防到哪里的一种战术配合。

（2）区域防守是指每名队员负责一部分的防守区域，并在该区域内盯人防守的一种战术配合。

（3）混合防守是指盯人防守与区域防守相结合的一种防守方法。一般情况下，应对对方的中场组织队员与持球进攻队员采用盯人防守，对其他队员采用区域防守的一种战术配合。

（四）主要学练方法

（1）踢球练习：踢定位球练习，踢地滚球练习，踢空中球或反弹球练习，移动中踢球练习。

（2）头顶球练习：两人一组，原地顶球练习；多人一组，移动顶球练习；多人一组，跳起顶球练习。

（五）主要比赛通则

1. 比赛时间

正式的足球比赛分为上、下两个半场，每半场 45 min，中间休息 15 min。

2. 比赛办法

每队上场 11 名队员，其中包括一名守门员。如果一队的场上队员少于 7 人，则判该队弃权。一场比赛每队最多能换 3 名队员，场外和场上队员未经裁判员许可不能擅自进出场地。比赛时，守门员和其他队员的位置不能随意交换，如需要交换，须经过裁判员同意。

3. 比赛罚则

1）罚球

（1）直接任意球。罚球队员可直接将球射入对方球门得分，故俗称"一脚球"。比赛中，任一方队员故意违反比赛规则中所定的应判罚直接任意球的条款，如恶意踢人、打人、手触球、辱骂他人等，均由对方在犯规地点罚直接任意球。

（2）间接任意球。罚球队员踢出的球必须经其他队员触及后射入对方球门方得分，故俗称"两脚球"。比赛中，任一方队员违反比赛规则中所定的应判罚间接任意球的条款，均由对方在犯规地点罚间接任意球。

无论直接任意球还是间接任意球，防守方都要退出 9.15 m 线以外。如果不按要求退出 9.15 m 线以外，裁判员可出示黄牌。

（3）点球。比赛时，守方队员在本方罚球区内犯规被判罚直接任意球时，均判罚点球。罚点球时，双方队员不能进入禁区。如防守方进入禁区，进球有效，不进则重罚；如进攻方进入禁区，进与不进球均无效，由对方罚任意球。在罚点球时，守门员可以在球门线上左右移动，但不可以向前移动。

2）红、黄牌

足球裁判员在判罚时，根据犯规性质不同可出示红、黄两种不同颜色的牌。对于足球比赛中出现的一些严重犯规，裁判员要出示红、黄牌。对于恶意的犯规或暴力行为，裁判员要出示红牌。故意手球、辱骂他人或同一场比赛同一人得到两张黄牌时，裁判员也要出示红牌。在比赛中，队员如有违反体育道德行为，用语言和行为表示不满，要被出示黄牌。队员连续犯规、故意延误比赛、擅自进出场地，也要被出示黄牌。

3）伤停补时

足球比赛有时根据场上情况在比赛时间上需要补时。补时有时是 1、2 min，最长可达 5、6 min，补时长短由主裁判员决定。造成补时的情况主要有：处理场上受伤者；故意拖延比赛；场内外出现了意外事件。

4）越位

在同伴传球时脚触球的瞬间，在对方半场内，如果同伴的位置与对方最后一名后卫的位置相比更靠近对方底线，同时该队员处于球的前方，这时就判越位。需要说明的是，同伴与对方最后一名后卫处于平行位置时不判越位。

5）暂停比赛

正式足球比赛一般在比赛中不能暂停，只有在极特殊的情况下，如队员受伤或发生意外纠纷才鸣哨暂停。恢复比赛一般是将球踢给哨声前的最后控球方。

6）进球

足球比赛的进球是以球的整体越过球门线为准。

7）计胜方法

（1）进球得分：当球的整体从两球门柱间及横梁下越过球门线，而此球并非由进攻方队员（包括守门员）以手掷入、带入或故意以手臂挡入时，应判为进球得分。

（2）获胜的队：在比赛中进球较多的队为胜者。如两队进球数相等或均未进球，则比赛为平局。

（3）加时赛：比赛规程应说明，若比赛结果为平局，是否采用加时赛或踢点球决出比赛的胜者。

四、气排球

（一）项目起源与场地特征

1. 起源

气排球运动起源于中国，是一项集运动、休闲、娱乐为一体的群众性体育运动项目，其打法和记分方法与竞技排球基本相同。2017 年，国家体育总局排球运动管理中心正式将气排球列入第 13 届全国运动会群众比赛项目。

2. 场地特征

气排球比赛场地由比赛场区和无障碍区组成。比赛场区为长 12 m、宽 6 m 的长方形区域，其四周为无障碍区，无障碍区的宽度为 2～3 m，高度至少有 7 m，如图 2-39 所示。

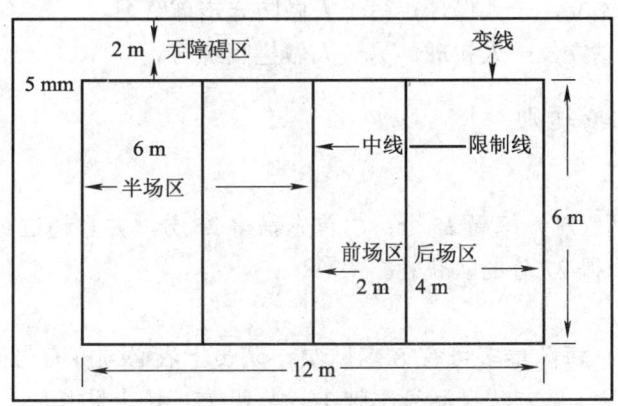

图 2-39　气排球比赛场地示意图

（二）主要技术

气排球的基本技术与室内排球类似，在此不再一一详述，简要介绍发球技术、防守击球技术、进攻技术和拦网技术。

1. 发球技术

气排球由软塑料制成，具有重量轻、体积大的特点。在发球时要对气排球有良好的把握及力量的控制。注意不宜大力跳起发球，否则容易将球发至界外。此外，由于气排球的重量较轻，飞行轨迹并不规则，在发球时可以运用"四两拨千斤"的技巧，利用"飘球"技术，发出质量较高的发球。

2. 防守击球技术

防守击球技术包括"插""捞""托"等。在运用这些技术时，注意要有意识地增大手掌与球的接触面积，这样可以更好地控制球的飞行方向。此外，由于气排球的飞行速度相较于室内排球要慢很多，并且场地也相对较小，所以气排球比赛的防守难度有所下降。

3. 进攻技术

气排球的进攻技术与室内排球大体相同，但气排球可用身体各部位击球，进攻时手脚并用，进攻技术更加丰富。

4. 拦网技术

在气排球比赛中，运动员拦网时不允许手臂过网或下压拦网。这虽然削弱了比赛的对抗性、激烈性，但是降低了运动员受伤的概率。

（三）主要学练方法

（1）做徒手模仿击球练习。

（2）做结合球的练习，如自抛自传练习、垫球练习、多人对传练习等。

（3）做结合脚步移动的垫球练习。

（4）两人隔网站立，一人抛球，另一人做防守击球练习。

（5）两人隔网站立，一人扣球，另一人做拦网练习。

（四）主要比赛通则

1. 赛制

比赛采用三局两胜制，每局 25 分；由首先赢得 25 分，并且超过对方 2 分的队获得本局胜利；决胜局为先得 27 分的队获胜。

2. 比赛办法

（1）上场队员：每队最多可有 8 名队员，队员上衣必须标有号码（1 号至 8 号）。队员身前号码牌 10 cm 见方，身后号码牌 15 cm 见方。场上队长应在上衣胸前有一明显标志。

（2）队员场上位置：双方队员各分为前排三名，后排二名。前排左边为 4 号位，中间为 3 号位，右边为 2 号位；后排左边为 5 号位，右边为 1 号位。每局比赛开始、场上队员必须近位置表排定的次序站位,在该局中不得调换。在新的一局、每个队上场队员的位置可重新安排。

(3) 暂停:每局比赛中,每队可请求 2 次暂停,每次暂停时间为 1 min。只有成死球时,经教练员或场上队长向第二或第一裁判员请求后才准予暂停。第一裁判员鸣哨后,比赛应立即继续进行。某队请求第三次暂停,应予拒绝并提出警告。第一裁判员已鸣哨发球,队员尚未将球发出或在鸣哨的同时请求暂停,均应拒绝,如第二裁判员在此时间错误鸣哨允许暂停,第一裁判员也不得同意,应再次鸣哨发球。

(4) 换人:每局每队最多可替换 6 人次,一下一上为 1 人次。某队换人时应由教练员或场上队长在死球时向第二或第一裁判员提出要求,并说明替换人数和队员的号码。裁判员准许换人时,上场队员应已做好准备并从前场区上场,如队员未做好准备,则判罚该队一次暂停。

3. 比赛罚则

犯规主要包括发球犯规、击球犯规和拦网犯规。若一队犯规,则另一队得 1 分。

1) 发球犯规

(1) 发球次序错误。

(2) 没有遵守发球的规定。

(3) 球触及发球队队员,或球的整体没有从过网区内通过球网的垂直面,球触及场外物体。

(4) 界外球。

(5) 球越过发球掩护的个人或集体。

2) 击球犯规

(1) 持球:击球队员没有将球击出、拍出、挡出,而造成接住、抱住、抛出、扔出球。

(2) 连击:一名队员连续击球两次,或球触及其身体的不同部位时其有两个不同的动作。

(3) 四次击球:一个队连续击球四次。

(4) 借助击球:击球队员在比赛场地内借助同伴或任何物体的支持进行击球。

3) 拦网犯规

(1) 拦网队员过网拦网,在对方进攻性击球的同时或之前触球。

(2) 拦对方的发球。

(3) 拦网时在对方第三次击球前或同时触球。

(4) 后排队员完成拦网或参与完成拦网的集体。

(5) 拦网出界。

(6) 拦网队员从标志杆外进入对方空间拦网。

第三章　运动技术与技能学练（二）
（小球类·操舞与健身健美类·武术与民族民间传统体育类）

大学里开展的小球类运动项目有乒乓球、羽毛球、网球等，操舞与健身健美类运动项目有健美操、瑜伽、健身健美等，武术与民族民间传统体育类运动项目有武术、跆拳道、空手道、剑道等。本章重点介绍乒乓球、羽毛球、网球等小球类运动的主要技术、战术和学练方法，健美操、瑜伽、健身健美运动的主要技术，以及武术与民族民间传统体育类运动的主要技术。

第一节　小球类运动

小球类运动是指以较小的球为工具且参与人数较少的竞技运动的总称。小球类运动的技术和战术复杂、精细、多变，可以培养参与者善学细思、精益求精、拼搏进取等优良品质。本节重点介绍乒乓球、羽毛球和网球运动。

一、乒乓球

（一）项目起源与场地特征

1. 起源

乒乓球运动起源于英国，是一项由两名或两对选手执拍在长方形球台两端隔网交替击球的对抗性竞技运动。因击球时有"乒乓"声，故名"乒乓球"。乒乓球运动的对抗性极强，对运动员的技术、战术、判断反应、移步选位和挥拍击球等要求很高，是从事终身体育锻炼活动的主要项目之一。

2. 场地特征

标准的乒乓球台（见图3-1）由两块台面组成，每块台面的长为137 cm，宽为152.5 cm，球台与地面的距离为76 cm。台面颜色为海蓝色或墨绿色。球台中间球网的长度为183 cm，高度为15.25 cm。乒乓球拍（见图3-2）由底板、胶皮和海绵三部分组成。乒乓球呈白色、黄色或橙色。

图 3-1　乒乓球台　　　　　　图 3-2　乒乓球拍

（二）主要技术

乒乓球技术主要包括握拍法、发球、推挡球、搓球、攻球和弧圈球等技术。

1. 握拍法

1）直握拍方法

拇指第一指节与食指第二指节握住球拍的正面，拍柄压住虎口；中指、无名指和小指自然弯曲斜向并列于球拍背面，中指第一指节顶住球拍的后上部，使球拍保持平稳，如图 3-3 所示。

2）横握拍法

中指、无名指和小指自然地握住拍柄，拇指在球拍正面，轻贴在中指的旁边，食指自然伸直，斜放于球拍的背面，虎口轻微贴拍，如图 3-4 所示。

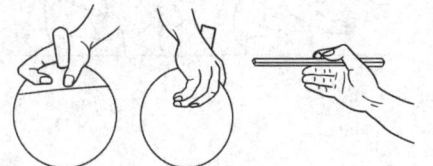
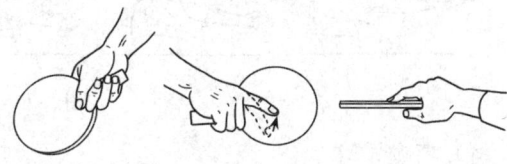

图 3-3　直握拍方法　　　　　　图 3-4　横握拍方法

2. 发球

乒乓球发球技术主要有正手平击发球、反手发轻短球、发下旋球和高抛发球等。

1）正手平击发球

发球员先将乒乓球抛起，拍面稍向前倾，当乒乓球下降至稍高于乒乓球台的球网时，手臂向左前方发力，挥拍击球的中上部，如图 3-5 所示。

正手平击发球

图 3-5　正手平击发球

2）反手发轻短球

手臂先向后上方引拍，当乒乓球下降至比球网稍高时，前臂向前下方轻微用力送出，拍面后仰，触乒乓球中下部并向底部摩擦击球，如图3-6所示。

反手发轻短球

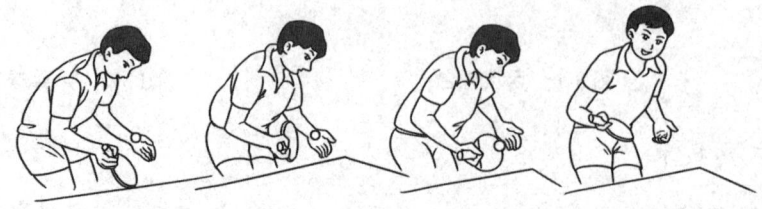

图3-6 反手发轻短球

3）发下旋球

执拍手的上臂带动前臂加速向前下方挥拍，前臂迅速内旋；拍面后仰较大，摩擦乒乓球的底部击球，使乒乓球落下后按顺时针方向旋转。如图3-7所示。

发下旋球

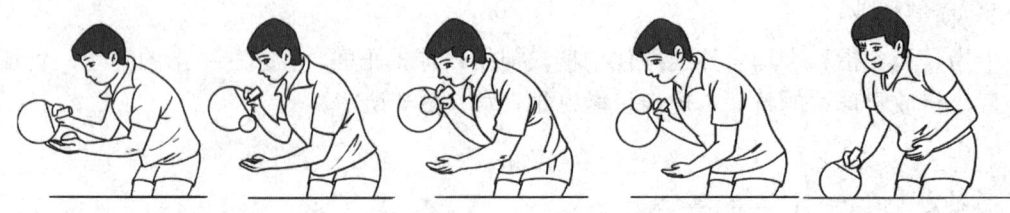

图3-7 发下旋球

4）高抛发球

发球员压低身体重心，手臂摊平，乒乓球置于掌心，先将乒乓球抛至距地面 2～3 m 高的空中，待乒乓球下落至一定高度时，身体稍微向后撤，转腰引拍，再击球。击球后，球的第一落点尽量靠近己方球台的端线。

3．推挡球

推挡球包括挡球、快推、快拨和加力推等多种方法，下面主要介绍挡球与快推的动作要领。

1）挡球

前臂与台面平行，引拍至身体左前侧，球拍呈半横状。前臂与手腕稍向前移动伸向来球，拍面与台面接近垂直，并在来球的上升后期击球的中部，借助来球的反弹力将球挡回。如图3-8所示。

挡球

反手推挡球技术要领

图 3-8　挡球

2）快推

引拍时，肘关节靠近身体右侧，前臂略微外旋。击球时，前臂迅速前伸，食指用力，拇指放松使拍面稍向前倾，在来球的上升期击球的中上部，并配以转腕动作，借力将球推出。如图 3-9 所示。

快推

图 3-9　快推

4．搓球

搓球是近台还击下旋球的一种技术。球拍在体前，上臂前伸，拍面稍向后仰，利用上臂前伸与外旋的力量，将球拍向前下方送出，在来球的下降期摩擦球的中下部，如图 3-10 所示。

搓球

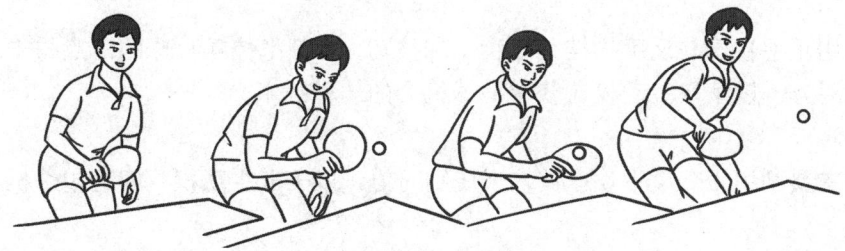

图 3-10　搓球

正手搓球技术要领

5．攻球

当来球将落至台面时，前臂外展，将球拍后引至身体右侧稍后；当来球从台面弹起时，上臂带动前臂向左前上方快速挥动，并配合前臂内旋动作将球拍向前倾，在来球的上升期击球的中上部。如图 3-11 所示。

攻球

图 3-11 攻球

6. 弧圈球

执拍手沉肩垂臂,将球拍引至身体后下方,上臂带动前臂向前上方挥拍,并逐渐加快挥拍速度;拍触球时,右脚蹬地,身体向左侧转动,迅速收缩前臂,发力要以腰、手为主,在来球的下降期击球的中部或中上部,如图 3-12 所示。

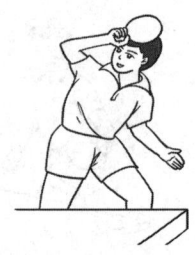

图 3-12 弧圈球

(三)主要战术

乒乓球战术主要有推攻战术,两面攻战术,拉攻战术,拉、扣、吊结合战术,搓攻战术和发球抢攻战术等。

1. 推攻战术

推攻战术是指运用正手攻球与反手推挡等多种击球技巧,合理把控乒乓球的落点与击球节奏来压制和调动对方,以争取主动权,获得赢球机会的一种战术。

2. 两面攻战术

两面攻战术是指主要利用正、反手攻球技术来压制对方,以争取主动权,创造扣杀机会的一种战术。

3. 拉攻战术

拉攻战术是指连续运用正手快拉创造进攻机会,然后以突击与扣杀作为得分手段的一种战术。这种战术是以攻为主的选手对付削球的主要战术。

4. 拉、扣、吊结合战术

拉、扣、吊结合战术是指由拉攻与放短球结合而成的一种战术。主要方法有两种:一种是在拉攻战术的扣杀和突击后放短球。另一种是在拉攻战术中放短球,随后再突击或扣杀。

5. 搓攻战术

搓攻战术是指主要运用"转、低、快、变"的搓球来创造进攻机会，然后采用低突、快点或拉攻等技术展开攻势并连续进攻的一种战术。

6. 发球抢攻战术

发球抢攻战术是指在发球时，通过控制乒乓球的旋转、线路、落点及速度等来增加对方回击的难度，使其出现机会球或降低回球质量，然后抢先进攻，以争取主动权或直接得分的一种战术。

（四）主要学练方法

（1）发球练习：徒手模仿发球练习；对墙发球练习；两人一组，对发球练习。

（2）接发球练习：徒手模仿练习；垂直抛球后，做攻球、搓球练习；两人一组练习。

（3）推挡快拨练习：徒手模仿练习，两人对推练习，一人攻球、一人推挡练习。

（五）主要比赛通则

1. 赛制

乒乓球比赛共设男、女团体赛，男、女单打，男、女双打和混合双打七个项目。单项淘汰赛采用五局三胜制或七局四胜制；团体赛采用循环制，包括五场三胜制、七场四胜制、九场五胜制等。在一局比赛中，先得 11 分的一方为胜方；若双方均为 10 分，先多得 2 分的一方为胜方。一场比赛应连续进行，但在局与局之间，任何一名运动员都有权要求不超过 1 min 的休息时间。

2. 合法发球和击球

1）合法发球

发球员将球几乎垂直地向上抛起，不得使球旋转，使球的上升高度不低于 16 cm。当球从抛起的最高点下降时，方可击球，使球首先触及本方台区，然后越过或绕过球网装置，再触及对方的台区。

2）合法击球

对方发球或还击后，本方必须击球，使球直接越过或绕过球网装置，或触及球网装置后，再触及对方台区。

3. 发球次序

在单打比赛中，首先由发球员合法发球，再由接发球员合法还击，然后两者交替合法还击。在双打比赛中，首先由发球员合法发球，再由接发球员合法还击，然后由发球员的同伴合法还击，再由接发球员的同伴合法还击，此后，运动员按此次序轮流合法还击。

4. 得分

除了被判重发球的回合，在比赛中出现下列情况之一，运动员得 1 分。

（1）对方运动员未能合法发球。

（2）对方运动员未能合法还击。

（3）运动员在发球或还击后，对方运动员在击球前，球触及了除球网装置以外的任何东西。

（4）对方运动员击球后，球越过本方端线而没有触及本方台区。

（5）对方运动员阻挡。

（6）对方运动员连击。

（7）对方运动员用不符合规定的拍面击球。

（8）对方运动员或其穿戴的任何东西使球台移动。

（9）对方运动员或其穿戴的任何东西触及球网装置，包括对方运动员因抛球拍击球时球拍触球网。

（10）对方运动员不执拍手触及比赛台面。

（11）双打时，对方运动员击球次序错误。

（12）执行轮换发球法时，作为接发球运动员完成了13次合法还击。

二、羽毛球

（一）项目起源与场地特征

1. 起源

现代羽毛球运动起源于英国，是一项由两名或两对选手执拍在羽毛球场上隔网交替击球的对抗性竞技运动。羽毛球运动在室内外均可进行，以室内为主，它既是一项竞技性很强的比赛项目，也是一项大众性的体育活动，更是终身体育锻炼活动的主要普及项目之一。

2. 场地特征

羽毛球比赛的场地长度均为 13.4 m，单打场地的宽度为 5.18 m，双打场地的宽度为 6.1 m，中间悬挂长 6.10 m、高 1.55 m 的球网。球场四周 2 m 以内、上空 9 m 以内不得有任何障碍物，如图 3-13 所示。

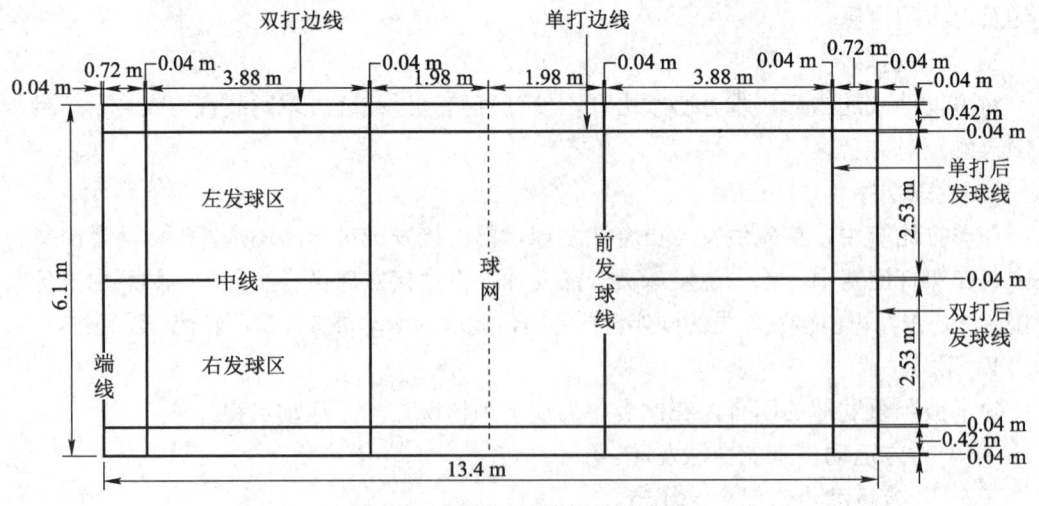

图 3-13　羽毛球比赛场地示意图

（二）主要技术

羽毛球技术主要有发球技术、击球技术、吊球技术、挑球技术和扣球技术等。

1. 发球技术

1）正手发高远球

正手发高远球是指正手击球，把羽毛球发得又高又远，羽毛球飞出的轨迹与地面的夹角大于45°的一种发球方法。

动作要领：右手正手握拍，当羽毛球落到右臂向前下方伸直能够接触到球时，紧握球拍，并利用手腕屈收的力量向前上方用力击球，击球后，右臂顺势向左上方挥动缓冲，如图3-14所示。

扫一扫

正手发高远球

图3-14 正手发高远球

2）正手发平高球

正手发平高球的动作要领与正手发高远球相仿，只是在击球的一刹那，前臂加速带动手腕向前上方挥动，拍面要向前上方倾斜。平高球与高远球的运动轨迹如图3-15所示。

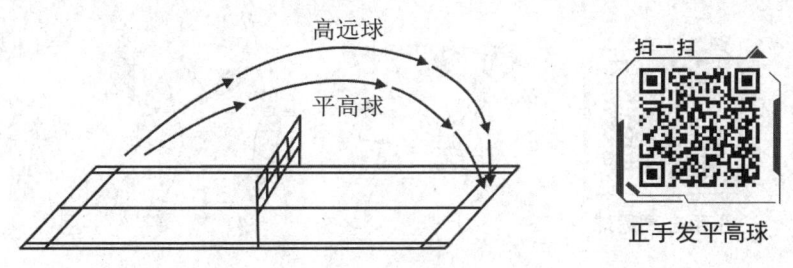

扫一扫

正手发平高球

图3-15 平高球与高远球的运动轨迹

3）发网前球

网前球是指羽毛球刚好越过球网，落在前发球线附近的发球方法。正手发网前球时，上臂动作幅度要小，主要靠前臂带动手腕向前切送，如图3-16所示；反手发网前球时，握拍手（以右手为例）采用反手握拍的方法，屈肘将球拍放在腰腹之间，左手捏住羽毛球，使其位于球拍前侧，发球时以肘关节为轴，挥动前臂带动腕关节，由后向前推送击球，如图 3-17 所示。

图 3-16　正手发网前球

图 3-17　反手发网前球

2．击球技术

1）正手击高远球

羽毛球落至额前上方击球点时，上臂往右上方抬起，前臂自然后摆，手腕尽量后伸；前臂急速内旋，向前上方挥拍，手腕发力击羽毛球的后部，如图 3-18 所示。

图 3-18　正手击高远球

2）正手击平高球

正手击平高球的动作要领与正手击高远球相仿，只是在击球的一刹那，手腕是向前用力而不是向前上方用力。

3. 正手吊球技术

侧身，右脚在前，左脚在后，身体重心在右脚，双手举起，眼睛盯着羽毛球，当羽毛球下落到接近击球点高度时，右腿开始蹬伸，同时，身体由右向左转动，腰腹协调用力，上臂带动前臂，利用伸肘、前臂内旋和屈腕的力量，向前下方轻击来球，如图3-19所示。

图3-19　正手吊球

4. 正手挑球

挑球是指把对方击来的吊球或网前球挑高，回击到对方后场去的一种击球方法。来球时，右脚向球的落点方向跨出，左脚在后，身体重心在右脚，球拍后引，以肘关节为轴，屈臂内旋，握紧球拍，用食指及手腕的力量将羽毛球向前上方击出，如图3-20所示。

正手挑球

图3-20　正手挑球

5. 正手扣杀球

快速后退，向上引拍，在羽毛球开始下落时，靠脚尖蹬地的力量起跳，起跳后，身体后仰，右上臂向右上方摆起，击球时，充分利用腰腹力量，以手臂带动手腕快速将球向下击出，如图3-21所示。

正手扣杀球

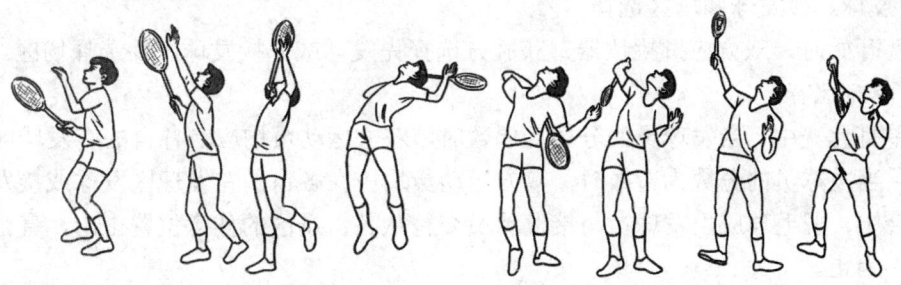

图3-21　正手扣杀球

（三）主要战术

羽毛球战术主要有发球抢攻战术、攻后场战术、攻前场战术和杀上网战术等。

1．发球抢攻战术

发球抢攻战术是指从发球的第一拍起，运用不同的发球方法，争取牵制对方，以攻杀得分的一种战术。这种战术一般以发网前低球结合平快球、平高球为主。

2．攻后场战术

攻后场战术是指通过击平高球、平推球等，将对方紧逼在后发球线处，使其在后发球线两端移动击球，造成对方被动的局面，然后寻找机会进攻的一种战术。

3．攻前场战术

攻前场战术是指通过发网前球或吊球先将对方吸引到球网前，再攻击其后场的一种战术。需要注意的是，采用此战术的前提是自身要有较好的网前击球技术。

4．杀上网战术

杀上网战术是指先在后场以扣杀球配合吊球的方法把对方打过来的高球下压，并将羽毛球的落点控制在场地两条边线附近，致使对方被动回球，然后迅速向前移，以扑、搓、勾、推等技术连续进攻的一种战术。

（四）主要学练方法

（1）发球练习：徒手模仿发球练习；两人一组，做发球练习；不同高度、距离和力量的发球练习。

（2）击球练习：徒手模仿练习；两人一组，一人抛球、一人击球练习；移动击球练习。

（五）主要比赛通则

1．赛制

羽毛球比赛共有男、女团体赛，男、女单打，男、女双打和混合双打七项比赛。一般比赛采用3局2胜，每局21分制，每球得分制。每回合中，取胜的一方加1分，当双方均为20分时，领先对方2分的一方赢得该局比赛。当双方均为29分时，先取得30分的一方赢得该局比赛。一局比赛的获胜方在下一局率先发球。

2．主要规则

1）发球、接发球和场区选择

比赛开始时，双方应掷挑边器，获胜方选择先发球或先接发球，并选择场区。

2）单打比赛

在单打比赛中，当发球员的分数为偶数时，双方运动员均应在各自的右发球区发球或接发球；当发球员的分数为奇数时，双方运动员均应在各自的左发球区发球或接发球。在一个回合中，羽毛球应由发球员与接发球员交替从各自场区的任意位置击出，直至其成为"死球"为止。

在羽毛球比赛中，以下情况为"死球"：羽毛球挂在球网上或者球网的顶部；羽毛球撞球网或网柱后，落在击球方的地面；羽毛球触及地面；裁判判定该球违例或属于重发球。

3）双打比赛

在双打比赛中，当发球员的分数为偶数时，发球方应从右发球区发球；当发球方的分数为奇数时，发球方应从左发球区发球。接发球方上一回合最后一次发球的运动员应在原发球区接发球，其同伴接发球的站位则与其相反。接发球员应是站在发球员斜对角发球区的运动员。发球方每得一分后，原发球员则变换发球区再发球。

每局比赛的发球权必须按如下顺序传递：先由首先发球员从右发球区发球，其次由首先接发球员的同伴从左发球区发球，然后是首先发球员的同伴，接着是首先接发球员，再接着是首先发球员，以此类推。

一局胜方的任意一名运动员可在下一局先发球。一局负方的任意一名运动员可在下一局先接发球。

4）比赛中常见的违例

（1）发球时，在击球的瞬间，发球员的拍杆应指向下方，使整个拍头明显低于发球员的整个握拍手部。否则，将判违例。

（2）发球时，在击球的瞬间，整个球拍应低于发球员的腰部。否则，将判违例。

（3）发球开始后，有不正当的延误击出发球或挥拍动作不连贯，将判违例。

（4）自发球开始至发球结束，发球员或接发球员的两脚都必须有一部分与球场地面接触，不得移动，且双方都必须站在斜对面的发球区内，脚不得触及发球区或接发球区的界线。否则，将判违例。

（5）最初击球点不在球托上或发球时未能击中球，将判违例。最初击球点不在球托上是指发球时，球拍先触及羽毛或同时击中羽毛和球托。

（6）发球时，球没有落在规定的接发球区内，将判违例。例如，发出的球没有落于对角的场区内或不过网，或挂在网上、停在网顶等。

（7）球从网上或网孔穿过、触及天花板或运动员的身体、衣服，将判违例。

（8）球触及球场、其他物体或人，将判违例。

（9）击球点超过网的向上延伸面，即在对方场区上空击球，将判违例。

（10）球拍从网上、网下侵入对方场区，妨碍对方、分散对方注意力、阻挡对方靠近球网的合法击球，将判违例。

（11）同一运动员连续两次挥拍击中球，或双打的同方两名队员连续各击中球一次，将判违例。

（12）球停在球拍上，紧接着被拖带抛出，将判违例。

（13）运动员严重违反或屡次违反比赛的连续性的规定，或行为不端，将判违例。例如，擅自离开比赛场地喝水、擦汗、换球拍、接受场外指导等，故意改变球形、破坏羽毛球，举止无礼等。

5）重发球

（1）重发球时，原回合无效，由原发球员重新发球。

（2）除发球外，球过网后，挂在网上或停在网顶，判重发球。

(3) 发球时，发球员和接发球员同时被判违例，判重发球。

(4) 发球员在接发球员未做好准备时将球发出，判重发球。

(5) 球在飞行时，球托与球的其他部分完全分离，判重发球。

(6) 裁判员对该回合不能作出判决时，将判重发球。

(7) 出现意外情况，判重发球。

3．计分方法

(1) 除非另有规定，一场比赛应以三局两胜定胜负。

(2) 除以下两种情况外，率先得到 21 分的一方赢得当局比赛：① 如果双方比分达到 20∶20，那么获胜一方需要超过对手 2 分才算取胜。② 如果双方比分达到 29∶29，则率先得到 30 分的一方取胜。

(3) 首局获胜的一方在接下来的一局比赛中率先发球。

(4) 一方违例或羽毛球触及该方场区内的地面成"死球"，则另一方胜这一回合并得 1 分。

三、网球

（一）项目起源与场地特征

1．起源

现代网球运动起源于英国，是一项由两名或两对选手执拍在网球场上隔网交替击球的对抗性竞技运动。通过网球运动，参与者不仅可以磨炼意志，还可以拓展交际和陶冶情操。自 20 世纪 80 年代以来，网球运动在全国高校学生中得到迅速的普及和推广，成为终身体育锻炼活动的主要项目之一。

2．场地特征

标准网球比赛场地的占地面积不小于 36.6 m×18.3 m。在这个面积内，有效的网球运动场地呈长方形，其长度为 23.77 m，单打场地的宽度为 8.23 m，双打场地的宽度为 10.97 m，中间横隔球网，球网两侧网柱高 1.07 m，网中央顶端距离地面高 0.914 m，如图 3-22 所示。

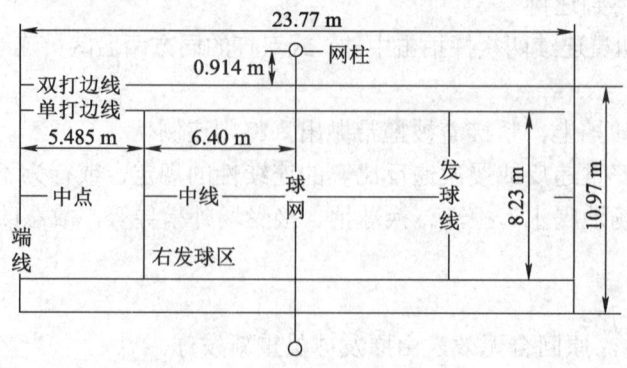

图 3-22　网球比赛场地示意图

（二）主要技术

网球技术主要有握拍法、击球、发球、截击球、高压球、挑高球和放小球等技术。

1．握拍法

现代网球运动中常见的握拍方法有三种，即东方式握拍法、西方式握拍法和大陆式握拍法。

1）东方式握拍法

正手握拍法：左手先握住拍柄，使拍子与地面垂直，然后右手手掌也垂直于地面，在齐腰高的地方握住拍子。手指朝下，大拇指贴在中指旁边，食指稍展开。

反手握拍法：手掌移到拍柄上部，食指关节跨在右斜面上部，拇指放在拍柄左侧面，在击球时起到稳定作用。

2）大陆式握拍法

大陆式握拍法是虎口处于拍柄上平面的握拍方法。采用大陆式握拍法时，正反手击球都无须换握拍。

3）西方式握拍法

西方式握拍法俗称"一把抓"，是虎口处于拍柄右平面的握拍方法。

除上面介绍的握拍法外，还有双手握拍法。每种握拍法各有长处，也各有特点，要根据自身情况、不同的击球技术，选择最适合自己的握拍法。

2．击球

1）正拍击球

来球时，向右侧转体，同时向右后方引拍；右脚向右转与端线平行，左脚向右前方45°方向迈出；在来球距身体 1 m 左右时，以肩关节为轴，借助转腰、转髋及蹬腿的力量，挥动手臂，以拍面的中心击网球的中部。如图 3-23 所示。

图 3-23　正拍击球

2）反拍击球

来球时，向左侧转体，同时向左后方引拍；左脚向左转与端线平行，右脚向左前方45°方向迈出，握拍手腕回勾，肘关节弯曲并贴近身体；击球时，转腰回身，身体重心前移，肘关节外展，由下向上挥拍至身体左前方。如图 3-24 所示。

图 3-24　反拍击球

3. 发球

现代网球运动中，发球是最重要的技术之一。掌握发球技术，既可以直接得分，又可以为进攻创造条件。常见的发球方法有平击发球、切削发球和上旋发球。每一种发球方法都有自己的特点和用途，好的发球在速度、力量、旋转和落点方面有变化，具有相当大的攻击力。本书只介绍前两种发球方法。

1）平击发球

平击发球（见图 3-25）是球速最快的发球方法，也称"炮弹式发球"。采用此种发球方法，不但球速快、威力大，而且反弹低，可以借助高点击球的空中优势直接进攻对方，但命中率比较低。

图 3-25　平击发球

发平击球时的击球点应在身体的右眼前上方，以拍面中心平直对准球，击球的后中上部。前臂"旋内鞭打"，身体充分向上、向前伸展，以获得最高击球点，提高发球命中率。

2）切削发球

切削发球（见图 3-26）是一种以右侧旋转（略带下旋）为主的发球方法，即由球的右上往左下切削击球。采用此种发球方法，不但球速快、威力大，而且命中率高。

图 3-26　切削发球

动作要领：发球时把球抛到右侧斜上方，球拍快速从右侧中上方至左下方挥动。击球部位在球的中部偏右侧，使球产生右侧旋转。

4．截击球

截击球又称"拦网"，是指在来球落地之前将其凌空击回的一种击球方法。打截击球时，后引拍动作幅度不宜过大，击球点应控制在身体前方约一臂处。击球时，手腕固定，紧握球拍，拍面不要转动。

5．高压球

高压球是指在头顶上空用扣杀动作还击来球的方法。击高压球时的握拍方式、动作要领与发球时相仿，稍有不同的是，由于对方击过来的球下落速度比发球时快，所以要以较小的身体动作、较短而直接的后摆收拍动作来完成击球动作。

6．挑高球

挑高球是使网球高高地飞越球网，并落入对方后场区域的方法。当对方上网时，可用挑高球的击球方法迫使对方后退，从而为自己赢得回到场中有利位置的时间。击球时拍面朝上，由后下方向前上方平缓挥拍，击球的中下部。击球时的动作要柔和，但手腕不能放松。

7．放小球

放小球就是将球轻轻击到对方网前的方法。放小球时，拍面打开，动作柔和，击球的下部，使之产生下旋，并加以前推或上托动作，使球以适当的弧线落在对方球场近网处，一般离网不超过 1.5 m。

（三）主要战术

网球比赛战术主要有发球和接发球战术、上网战术和底线战术等。

1．发球和接发球战术

当站在右区发球时，站位应靠近中点，以发直线球迫使对方反手接球；当站在左区发球时，站位可以距中点稍远，这样便于以更大斜线将球发到对方反拍区，同时也能扩大自己正拍防守的区域。

接发球时，站位应尽量在端线内 0.5 m 左右处，最好站在对方可能发球范围的角分线上，这样可以压制对方，并且便于自己上网。

2．上网战术

上网战术是指在发球或接发球后，冲到离网较近的位置，不等对方回击的球落地便进行空中截击或高压的一种战术。上网时，尽可能站在距离球网约 2 m 处。近网进攻威胁性大，封网角度小，防守控制面积大。

3．底线战术

在底线击球时要利用整个场地，可以使用斜线对拉打法大范围调动对方，以争取时间，寻找有利的进攻时机。击球时，应以快速、准确、凶狠的攻势战胜对方。

（四）主要学练方法

（1）握拍练习：握拍转动及挥拍练习，握拍颠球练习。

(2) 击球练习：原地模仿击球练习，击固定球练习，分组进行击球练习。

(3) 发球练习：徒手挥拍发球练习，对墙发球练习。

（五）主要比赛规则

1. 比赛办法

网球比赛有男、女团体赛，男、女单打，男、女双打和混合双打七项比赛。

先发球者从右半场端线后将球发至对方右发球区内，然后双方隔网对击，允许凌空击球或接落地一次球。如击球落网、出界或失误，即判对方得分。每次有两次发球机会，连续两次失误也判对方得分。

2. 发球规则

发球员应站在端线后，中点和边线的假定延长线之间的区域内。每局开始时，从端线后开始发球，发出的球应落在对角的对方发球区有效范围内右区，当得 1 分后，换到左区发球。

3. 得分

发生下列任意一种情况，均判对方得 1 分。

(1) 在球第二次着地前，未能还击过网。

(2) 还击的球触及对方场区界线以外的地面、固定物或其他物体。

(3) 还击空中球失败。

(4) 故意用球拍触球超过一次。

(5) 运动员的身体、球拍在发球期间触及球网。

(6) 过网击球。

(7) 抛拍击球。

(8) 除握在手中的球拍之外，运动员的身体或穿戴的物体触球。

(9) 比赛进行中，运动员故意改变其球拍的形状。

(10) 发球员连续两次发球失误。

(11) 运动员发球或回球时出界。

(12) 接球员在发来的球未着地前用球拍击球，或身体及穿戴物触球。

4. 计分方法

男子单打和双打比赛一般采用五盘三胜制或三盘两胜制，女子单打、双打比赛及男女混合双打比赛多采用三盘两胜制。

(1) 胜 1 局：每胜 1 球得 1 分，先胜 4 分者胜 1 局；双方各得 3 分时为平分。平分后，净胜 2 分为胜 1 局。

(2) 胜 1 盘：一方先胜 6 局并净胜对方两局者为胜 1 盘；当双方各胜 6 局时，应采用决胜局计分制（俗称"抢七"），即先得 7 分并净胜 2 分者获胜。

第二节 操舞与健身健美类运动

操舞与健身健美类运动是指通过身体和操作器械技巧的展示、配以音乐伴奏、以展演为竞赛方式的艺术性体育运动项目,主要有健美操、啦啦操、体育舞蹈、瑜伽、健身健美等项目。操舞与健身健美类运动注重与美育教育有机融合,能够培养学生高尚的审美情趣和乐观向上、自强自信、挑战自我的心理品质。本节主要介绍大学较为广泛开展的健美操、瑜伽和健身健美运动。

一、健美操

(一)项目起源与场地特征

1. 起源

健美操起源于 1968 年,是在音乐伴奏下,以身体练习为基本手段,达到增进健康、塑造形体和休闲娱乐的一项体育活动。根据练习的目的和任务,健美操可分为健身性健美操、竞技性健美操和表演性健美操。

2. 场地特征

赛台高 80～140 cm,其正后方立有背景板;赛台面积不得小于 14 m×14 m。正式健美操比赛的地板面积必须为 12 m×12 m,比赛场地面积为 10 m×10 m,宽度为 5 cm 的标记带圈定比赛场地,标记带是比赛场地的一部分。

(二)主要技术

1. 基本手形

健美操的基本手形有以下几种,如图 3-27 所示。

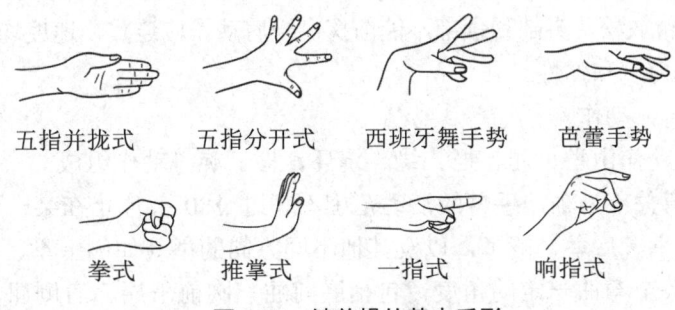

图 3-27 健美操的基本手形

(1)五指并拢式:五指伸直,并拢。
(2)五指分开式:五指用力伸直,充分张开。

（3）西班牙舞手势：手指用力伸直，从小指依次内旋，形成一个扇面。

（4）芭蕾手势：五指微屈，后三指并拢，稍内收，拇指内扣。

（5）拳式：握拳，拇指在外。

（6）推掌式：手掌用力上翘，五指自然弯曲。

（7）一指式：握拳，食指伸直或拇指伸直。

（8）响指式：拇指与中指摩擦，做打响指状，无名指、小指屈握。

2. 身体各部位基本动作

1）头、颈部动作

头、颈部动作由屈、转、绕和绕环等动作组成。

（1）屈：头颈关节弯曲，包括前屈、后屈、左屈和右屈。

（2）转：头颈部绕身体垂直轴转动，包括左转和右转。

（3）绕和绕环：头以颈为轴心做弧形和圆形运动，包括向左绕、向右绕、向左绕环和向右绕环。

动作要求：做各种形式的头部和颈部动作时，速度要慢，上体保持端正，头部和颈部移动的方向要准确，要充分伸展颈部被动肌群。

2）肩部动作

肩部动作由提肩、沉肩、绕肩、肩绕环、振肩等动作组成。

（1）提肩：肩胛骨向上运动，包括单肩提肩、双肩同时提肩和双肩依次提肩。

（2）沉肩：肩胛骨向下运动，包括单肩沉肩、双肩同时沉肩和双肩依次沉肩。

（3）绕肩：以肩关节为轴做小于360°的弧形运动，包括单肩向前、向后绕，双肩同时或依次向前、向后绕。

（4）肩绕环：以肩关节为轴做360°的圆形运动，包括单肩向前、向后绕环，双肩同时向前、向后绕环和双肩依次向前、向后绕环。

（5）振肩：上体固定，肩部急速向前或向后摆动，包括双肩同时前、后振和双肩依次前、后振。

动作要求：提肩时应尽力向上，沉肩时应尽力向下，动作幅度要大且有力；绕肩时，上体不能摆动，双臂放松，头部和颈部不能前探；绕肩动作应连贯，速度均匀，幅度大；振肩动作要有速度、力度和弹性。

3）上肢（手臂）动作

上肢（手臂）动作由举、屈、摆、绕、绕环、振、旋等动作组成。

（1）举：以肩关节为轴，手臂的活动范围不超过180°并停止在某一位置的动作，包括单臂和双臂的前举、后举、侧举，以及其他不同方向的举（如侧上举、侧下举等）。

（2）屈：肘关节弯曲一定的角度，包括胸前屈、胸前平屈、肩侧屈、肩上侧屈、肩下侧屈、肩上前屈、腰间屈和头后屈等，如图3-28所示。

第三章 运动技术与技能学练（二）

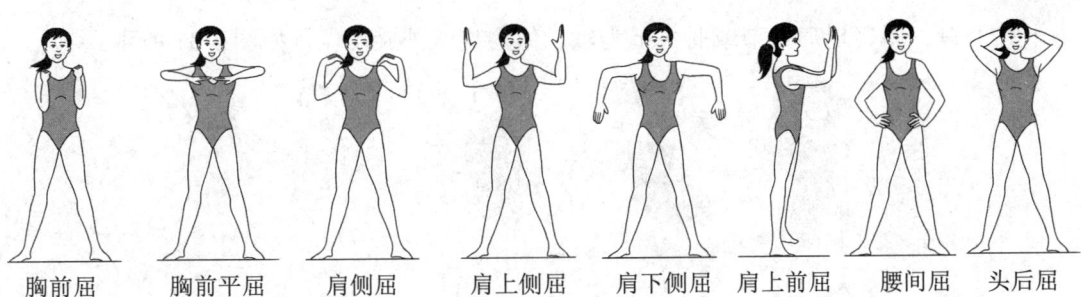

| 胸前屈 | 胸前平屈 | 肩侧屈 | 肩上侧屈 | 肩下侧屈 | 肩上前屈 | 腰间屈 | 头后屈 |

图 3-28　屈臂

（3）摆：手臂以肩关节或肘关节为轴，向身体各个方向做钟摆式运动，包括单臂向前、向后、向左、向右摆和双臂同时或依次向前、向后、向左、向右摆。图 3-29（a）所示为单臂向左、向右摆。

（4）绕：双臂或单臂向内、向外、向前、向后做 180°～360°的弧形运动。图 3-29（b）所示为双臂向内、向外绕。

（5）绕环：双臂或单臂以肩关节为轴，做 360°的圆形运动，包括向前、向后、向内的绕环。图 3-29（c）和图 3-29（d）所示分别为单臂向前、向后绕环和双臂向前、向后绕环。

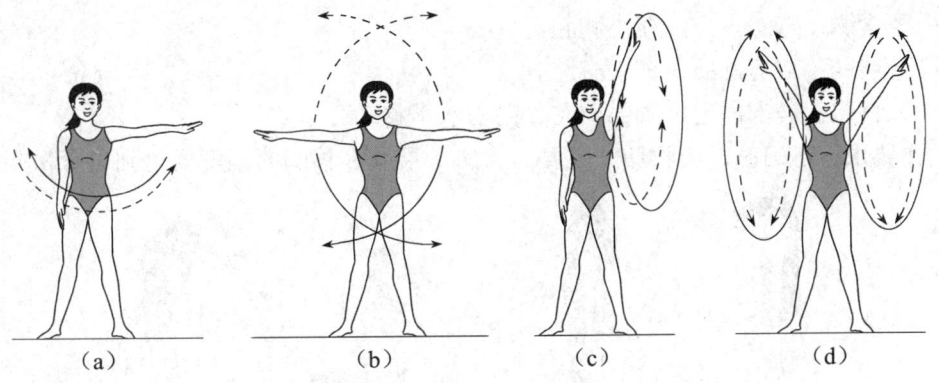

(a)　　　　(b)　　　　(c)　　　　(d)

图 3-29　手臂摆、绕、绕环

（6）振：手臂以肩关节为轴，用力摆至最大幅度，包括侧举后振、上举后振和下举后振，如图 3-30 所示。

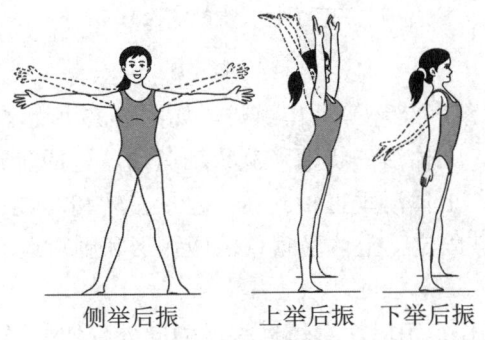

侧举后振　上举后振　下举后振

图 3-30　振臂

（7）旋：手臂以肩关节或肘关节为轴，做内旋或外旋动作，如图3-31所示。

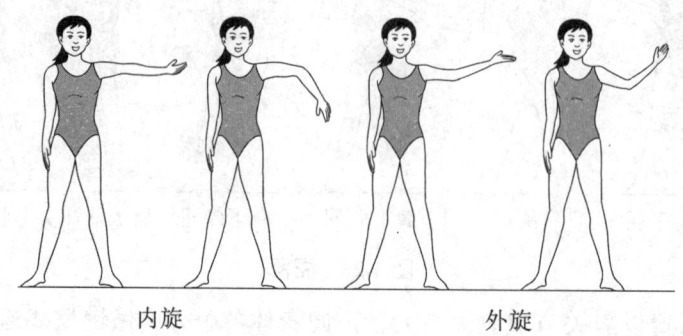

图 3-31　旋臂

动作要求：手臂做举、屈伸动作时，肩要下沉；手臂摆动时，起与落的动作要连贯，手掌的移动路线为弧形；上体挺直，手臂到达的位置应准确，手臂动作的幅度要大，力达身体最远端。

4）胸部动作

胸部动作由含胸、展胸和移胸等动作组成，如图3-32所示。

（1）含胸：双肩内合，缩小胸腔。

（2）展胸：双肩外展，扩大胸腔。

（3）移胸：髋部固定，胸部向左、向右水平移动。

动作要求：练习时，应收腹、立腰。含胸、展胸、移胸的幅度要达到自身极限。

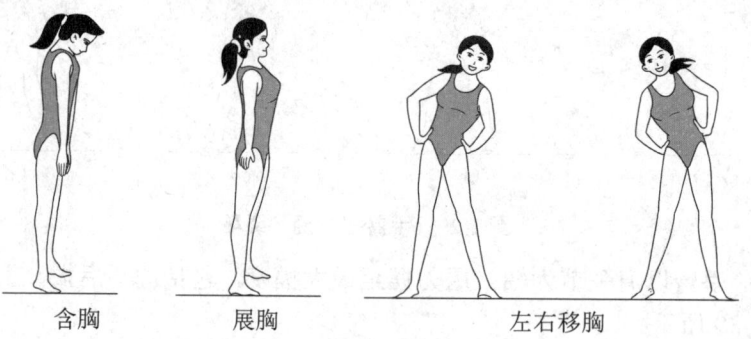

图 3-32　胸部动作

5）腰部动作

腰部动作由屈、转、绕和绕环等动作组成，如图3-33所示。

（1）屈：下肢固定，上体沿矢状轴和额状轴运动，包括前屈、后屈、左屈和右屈。

（2）转：下肢固定，上体沿垂直轴旋转，包括左转和右转。

（3）绕和绕环：下肢固定，上体沿垂直轴做弧形和圆形运动，包括向左绕、向右绕、向左绕环和向右绕环。

动作要求：做腰部动作练习时，身体远端尽力向外延伸，绕环的幅度要大，动作应充分且连贯，速度可放慢；腰部前屈和旋转时，上体应挺直。

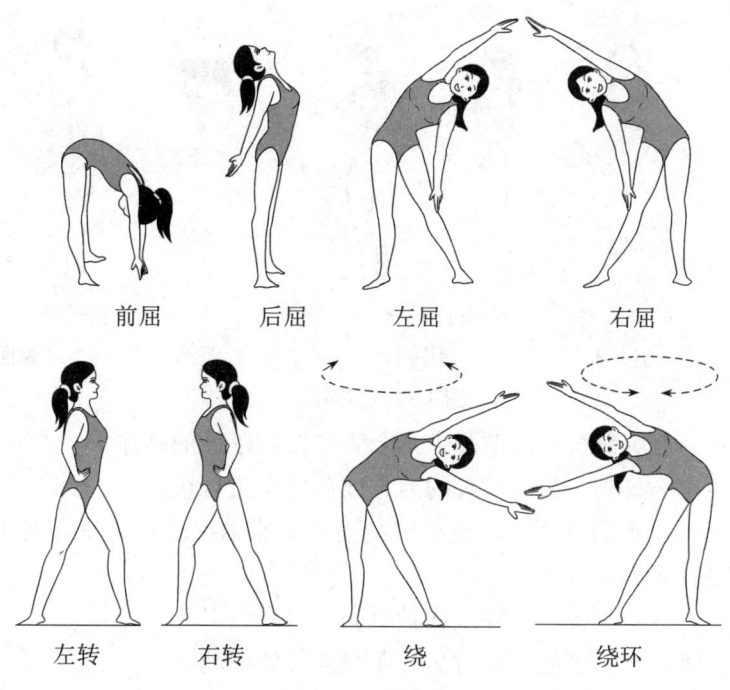

图 3-33　腰部动作

6）髋部动作

髋部动作由顶髋、提髋、绕髋和髋绕环等动作组成，如图 3-34 所示。

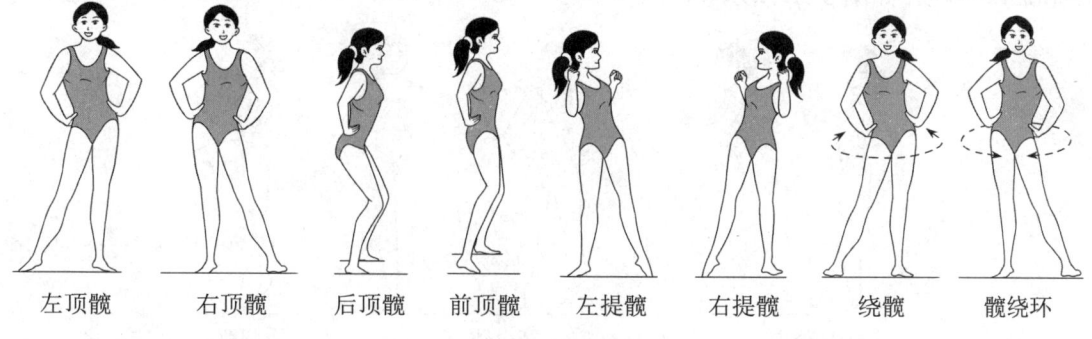

图 3-34　髋部动作

（1）顶髋：髋关节水平移动，包括左顶髋、右顶髋、后顶髋和前顶髋。

（2）提髋：髋关节做向一侧上提的动作，包括左提髋和右提髋。

（3）绕髋和髋绕环：髋关节做弧形、圆形移动，包括向左绕、向右绕、向左绕环和向右绕环。

动作要求：做髋部动作练习时，动作应平稳、柔和、协调，稍带弹性，上体要放松。

7）下肢动作

下肢动作由滚动步、交叉步、跑跳步、并腿跳和侧摆腿跳等动作组成，如图 3-35 所示。

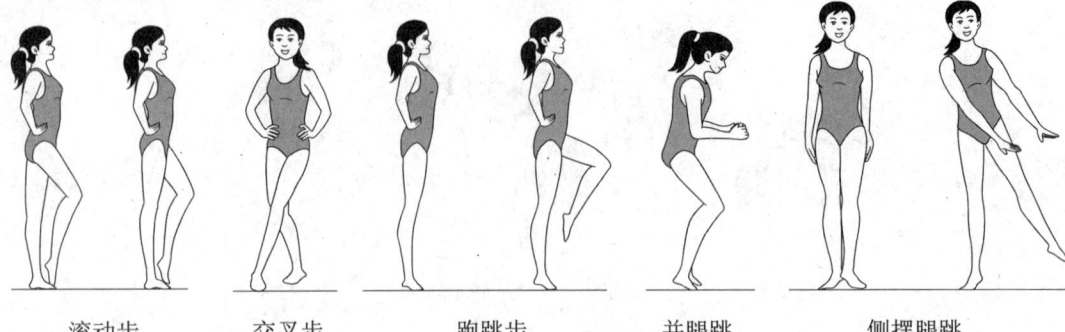

| 滚动步 | 交叉步 | 跑跳步 | 并腿跳 | 侧摆腿跳 |

图 3-35　下肢动作

（1）滚动步：双脚交替做由前脚尖至全脚掌依次落地的动作。

（2）交叉步：一只脚向另一只脚的前方或后方交叉行进。

（3）跑跳步：在跑的过程中，摆动腿高抬，使原本摆动向前变为摆动向上，完成跳起、落下再跳起的动作。

（4）并腿跳：双腿并拢，直膝或屈膝跳。

（5）侧摆腿跳：单腿跳起，同时另一条腿向外侧摆动。

动作要求：跳跃要轻松自如，有弹性，注意呼吸的配合。

3．健美操规则规定的 7 个基本步法

健美操包括以下 7 个基本步法，即踏步、开合跳、吸腿跳、踢腿跳、弓步跳、弹踢腿跳和后踢腿跳，如图 3-36 所示。

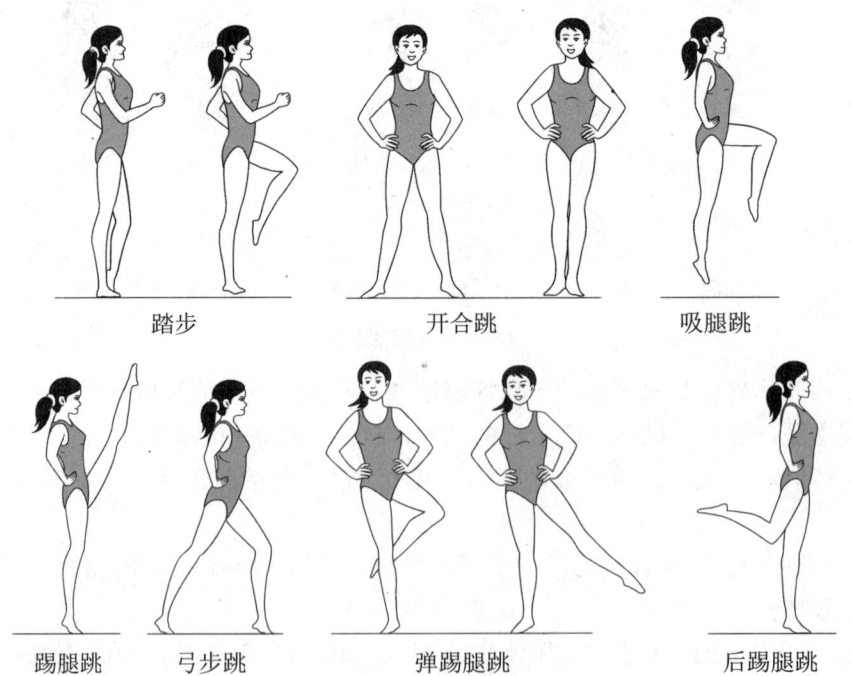

| 踏步 | 开合跳 | 吸腿跳 |

| 踢腿跳 | 弓步跳 | 弹踢腿跳 | 后踢腿跳 |

图 3-36　健美操基本步法

(1) 踏步：双脚交替不间断地做屈膝上提然后踏地的动作，包括脚尖不离地的踏步、脚离地的踏步和高抬腿的大幅度踏步。

(2) 开合跳：并腿跳至开立，分腿跳至并立。

(3) 吸腿跳：单腿跳起时，另一条腿屈膝向前方、向侧方上提。

(4) 踢腿跳：单腿跳起时，另一条腿直腿向前方或侧方踢出，包括小幅度踢腿与大幅度踢腿。

(5) 弓步跳：并腿跳起，落地时形成前（侧、后）弓步。

(6) 弹踢腿跳：单腿跳起时，另一条腿屈膝向前方或侧方弹踢。

(7) 后踢腿跳：双脚交替有短暂腾空过程（类似跑步），跳起时，小腿向后屈。

健美操基本步法的动作要求如下。

(1) 踏步：脚落地时，由脚尖过渡到脚跟着地；屈膝时，髋微收；两臂前后自然摆动。

(2) 开合跳：分腿时，双腿自然外开，膝关节沿脚尖方向弯曲；跳起与落地时，屈膝缓冲。

(3) 吸腿跳：大腿用力上提，小腿自然下垂。

(4) 踢腿跳：踢腿时加速用力，上体保持端正，同时立腰。

(5) 弓步跳：跳成弓步时，要控制好身体重心。

(6) 弹踢腿跳：大腿抬起至一定高度后，小腿自然伸直，膝关节稍加控制。

(7) 后踢腿跳：髋和膝在一条线上，小腿叠于大腿。

（三）主要学练方法

(1) 利用节奏性强的音乐，进行身体各部位基本动作练习，提高动作质量，提升艺术表现力。

(2) 采用从单个动作过渡到组合动作的方式，提高身体协调性、动作规范性和动作衔接的连贯性。发挥学习小组作用，注重团体间的展示比赛。鼓励学生尝试动作创编，提倡制作精彩视频。

(3) 强化力量素质、柔韧素质、灵敏素质的专项体能练习，通过徒手练习、器械练习、游戏等方法，提升专项体能和竞技能力。

(4) 通过观看高水平的操舞类运动比赛，体会本项目的独特魅力与人文价值，熟悉操舞类运动的比赛规则与裁判方法，提高参与和组织比赛的能力。

（四）大众健美操考核评分标准

(1) 90～100分：能熟练掌握动作套路。动作美观，有力度，幅度大，乐感好，表现力好，允许有1～2个小动作的轻微失误。

(2) 80～89分：能熟练掌握动作套路。动作美观，但力度稍差，乐感好，表现力稍差，允许有3～4次动作失误。

(3) 70～79分：能熟练掌握动作套路。动作美观性稍差，力度一般，乐感好，表现

健美操

力一般,动作有 4~5 次小失误。

(4)60~69 分:能熟练掌握动作套路。动作的美观性、合理度较差,乐感较差,小动作失误在 6 个以内。

(5)60 分以下:不能独立掌握动作套路。动作不协调,姿态不规范,动作与音乐不一致。

二、瑜伽

(一)项目起源

瑜伽起源于古印度,是古代印度佛教瑜伽派的修行方法。瑜伽强调控制呼吸、克制感官、静坐沉思等,修行者在冥想中解除精神紧张、修身养性。现代人所称的瑜伽主要是运用一系列古老而易于掌握的技巧,如调身的体位法、调息的呼吸法、调心的冥想法等,达到身体、心灵与精神和谐统一的运动方式。

(二)主要技术

1. 呼吸方法

瑜伽强调呼吸规则和静坐,以缓解精神紧张,达到修身养性的目的。瑜伽的呼吸方法包括胸式呼吸、腹式呼吸和完全式呼吸。练习瑜伽呼吸可以按摩内脏,刺激腺体,达到保健的目的。

1)胸式呼吸

胸式呼吸又称"肋间肌呼吸"。锻炼者可选择以瑜伽坐姿或仰卧姿势作为预备姿势,然后进行练习。胸式呼吸的方法如下。

(1)将双手放在肋骨两侧,不要施加压力,并保持骨盆中立位。

(2)吸气,收缩腹部。在保证腹腔壁内收的前提下,感受两侧肋骨升高并向两侧推出。

(3)呼气,腹腔壁持续内收,感受两侧肋骨回落。

(4)在吸与呼的过程中始终收缩腹部,感受两侧肋骨像一架手风琴那样向两侧扩张和收缩。

做 8 个八拍胸式呼吸动作,1—4 拍吸气,5—8 拍呼气。

2)腹式呼吸

腹式呼吸又称"横膈膜呼吸"。锻炼者可选择以瑜伽坐姿或仰卧姿势作为预备姿势,然后进行练习。腹式呼吸的方法如下。

(1)将双手轻放在肚脐部位,不要施加压力。吸气时,感受气沉肺底,横膈膜下沉使腹内脏器下沉,接着小腹鼓起,双手被小腹抬起。

(2)呼气时,横膈膜缓慢复位,小腹回落。当气将呼尽时双手微向下施压,感受肚脐内收并上提,彻底呼尽肺底残留气体。

做 8 个八拍腹式呼吸动作,1—4 拍吸气,5—8 拍呼气。

第三章　运动技术与技能学练（二）

3）完全式呼吸

完全式呼吸又称"胸腹式呼吸"。锻炼者可选择以瑜伽坐姿或仰卧姿势作为预备姿势，然后进行练习。完全式呼吸的方法如下。

（1）慢慢吸气，腹部鼓起，然后继续吸气至肋骨扩张，锁骨上推，肩稍耸。

（2）慢慢呼气，肩放平，锁骨下移，肋骨回落，肚脐内收上提。

做 8 个八拍完全式呼吸动作，1—4 拍吸气，5—8 拍呼气。

2．坐姿

1）山式坐

坐在地上，双腿并拢向前伸直，后背挺直，头部端正，眼睛平视前方，双臂放于身体两侧，如图 3-37 所示。

2）金刚坐

双膝跪地，双脚脚背平放于地面；双膝、双脚、两小腿靠拢，脚趾朝后，后背挺直，臀部坐于双脚上，如图 3-38 所示。

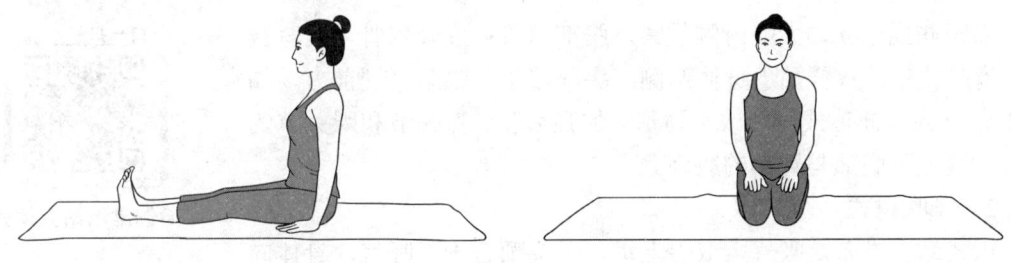

图 3-37　山式坐　　　　　　　图 3-38　金刚坐

3）简易坐

双腿交叉，左脚压在右腿下方，右脚压在左腿下方，后背挺直，收紧下巴，如图 3-39 所示。

4）半莲花坐

坐在地上，双腿向前伸直；屈左腿，左脚放在右大腿上，脚心朝上；屈右腿，右小腿放在左小腿下，如图 3-40 所示。

简易坐

图 3-39　简易坐　　　　　　　图 3-40　半莲花坐

5）英雄坐

双腿屈膝，脚趾向后，小腿在大腿外侧，双膝并拢，臀部坐于双腿之间，后背挺直；

双手掌心向下，放于大腿上，如图 3-41 所示。

6）全莲花坐

坐在地上，双腿向前伸直；屈右腿，右腿放在左大腿上，脚心朝上；屈左腿，左小腿放在右小腿上，左脚放在右大腿上，脚心朝上，如图 3-42 所示。

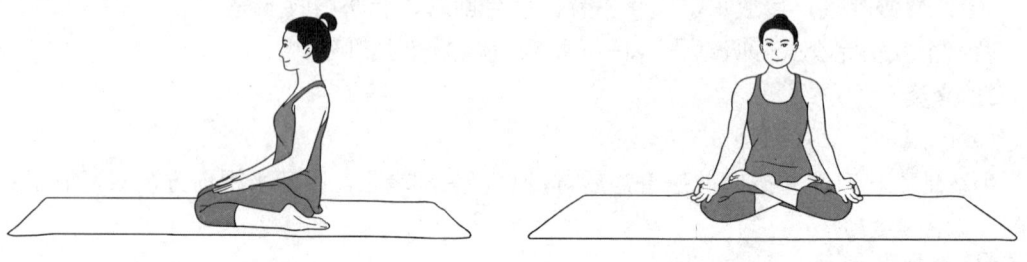

图 3-41　英雄坐　　　　　　　图 3-42　全莲花坐

3．站立体式

1）山式

双脚并拢站立，大腿内侧收紧，腹部内收；展开锁骨，展宽胸部，肩膀放松，双臂贴于身体两侧；头部端正，眼睛平视前方，如图 3-43 所示。此体式可以改善体形，加强大腿、膝关节和踝关节的力量，锻炼下腹部与臀部的肌肉。

瑜伽常用站立体式

2）风吹树式

山式站立准备，吸气，双手上举，于头顶合十；呼气，身体向左侧弯曲，保持数秒，如图 3-44 所示；吸气时身体回正，呼气时双手放下。此体式可以增强肩部、腰部和髋部的灵活性。

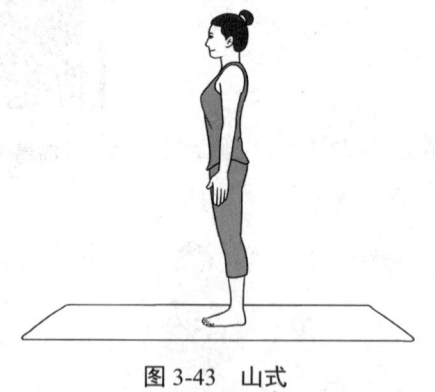

图 3-43　山式　　　　　　　图 3-44　风吹树式

3）摩天式

双脚分开，与肩同宽，脚趾指向正前方；吸气，双手向上伸展，直至头顶交握，翻腕掌心向上；继续吸气，一边伸展脊柱，一边慢慢提起脚跟，身体重心前移，收紧腹部、背部、腿部肌肉，让脚趾支撑住身体，如图 3-45 所示；呼气时身体重心后移，落下脚跟，放下手臂，还原直立。此体式可以减少上臂、肩部和腹部的多余脂肪。

4）幻椅式

山式站立准备，吸气，双手向上举过头顶，双手合十，手肘伸直；呼气，屈膝，臀部向下直至大腿与地面平行，如图 3-46 所示；吸气，恢复山式站立。此体式可以缓解肩部僵硬，纠正腿部不良姿势。

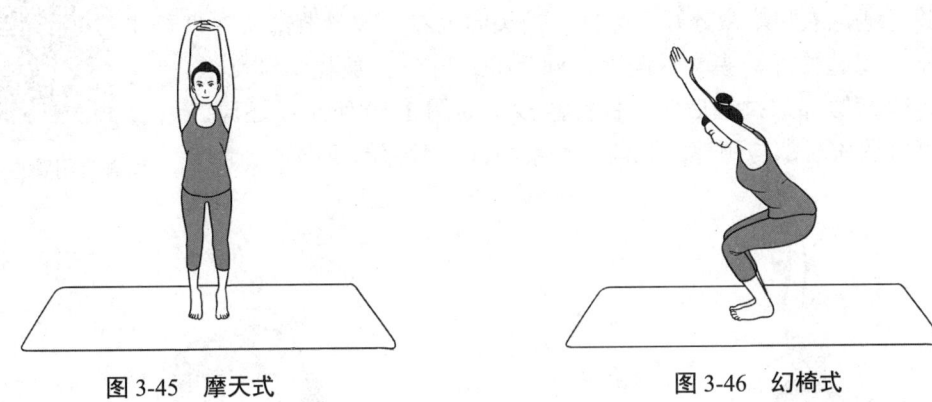

图 3-45　摩天式　　　　　　　　　图 3-46　幻椅式

5）树式

山式站立准备，右腿弯曲，右手抓右脚踝，让右脚贴于左大腿内侧，双臂侧平举，保持平衡；双臂向上伸直，伸展背部，挺起胸部，双手于头顶合十，如图 3-47 所示；恢复山式站立。此体式可以增强双腿与双脚的柔韧性，扩展胸部，美化背部。

6）鸟王式

山式站立准备，屈左膝，右腿绕过左膝叠放在左大腿上，右脚放在左小腿后；右臂屈肘向上，上臂与胸齐平，前臂与地面垂直；左臂屈肘，绕过右肘下方，向上与右手合掌，保持数秒，如图 3-48 所示；恢复山式站立。此体式可以增强指关节、腕关节的灵活性，锻炼手臂肌肉与背部肌肉，消除上臂多余脂肪。

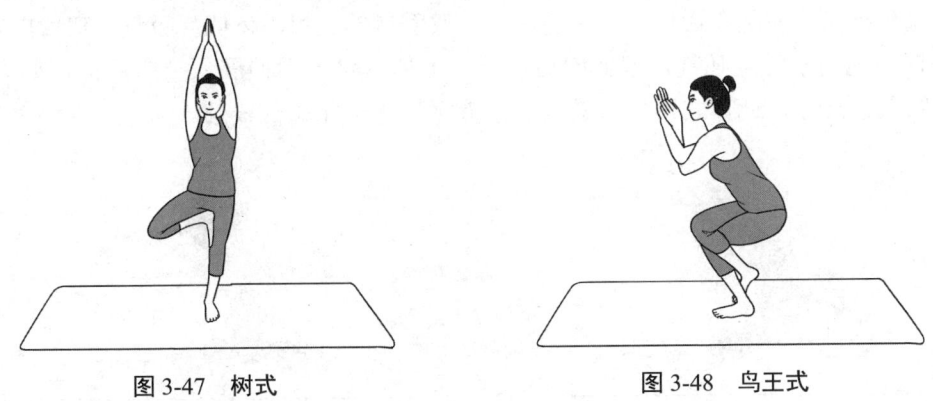

图 3-47　树式　　　　　　　　　图 3-48　鸟王式

7）战士一式

山式站立准备，双脚分开至两个肩宽，双脚在一条直线上，脚尖朝前；吸气，双臂侧平举，掌心向上；呼气，躯干与右脚向外转 90°，左脚向内扣 45°；吸气，双臂向上伸展，双手于头顶合十；呼气，屈右膝，右大腿与地面平行，右小腿与地面垂直，左腿伸直，保持数秒，正常呼吸，如图3-49所示；吸气，伸直右腿，躯干与双腿回正；呼气，恢复山式站立。此体式可以增强足弓、脚踝、大腿的力量，舒缓髋部与肩部。

4. 跪立体式

1）猫伸展式

双膝跪地，双腿略微分开；吸气，抬头向上看，收紧背部肌肉，腰部下压，翘起臀部，头尽量向上、向后仰；呼气，放松颈部，低头含胸，收缩腹部，拱起后背，保持数秒，如图3-50所示；还原。此体式可以放松肩部与颈部的肌肉，收紧腹部与背部的肌肉。

瑜伽常用跪立体式

图3-49　战士一式　　　　　　图3-50　猫伸展式

2）新月式

金刚坐准备，右脚向前跨出一大步，左腿尽量伸直，小腿平放于地上；双手于胸前合十，抬头挺胸，腰背挺直；手臂向后伸直，上体后倒，保持数秒，如图3-51所示；还原。此体式可以伸展大腿肌肉，缓解肌肉紧张，增强脊柱的柔韧性。

3）云雀式

金刚坐准备，左腿向后伸展，右腿弯曲，双手自然支撑于体侧；吸气，双臂向两侧伸展，双臂与地面平行；呼气，双臂向后伸展，上体尽量向后伸展，头向后仰，如图3-52所示；吸气，还原。此体式可以促进全身血液循环，美化颈部线条。

图3-51　新月式　　　　　　图3-52　云雀式

4）骆驼式

双膝跪地，双腿略微分开，双手叉腰；吸气，脊柱向后弯曲，收缩臀部的肌肉；在呼气的同时，把手掌放在脚掌上，颈部向后放松，保持数秒，如图3-53所示；还原。此体式可以伸展腿部、腹部和颈部的肌肉。

图 3-53　骆驼式

三、健身健美

健身运动和健美运动是相互关联、相互促进、相得益彰的两项运动。健身运动是指一般健康人为增强体质而从事的体育锻炼,以有氧运动为主(如晨跑、太极等),主要发展和增强人体内脏器官的功能,特别是心血管系统和呼吸系统的功能,以及力量、耐力素质等。

健美运动是一项徒手或借助哑铃、杠铃、壶铃等器材,采用各种动作方式和有效的方法,来锻炼身体、增强体力、改善体态和陶冶情操的体育活动,它是举重运动的一个分支,也是一个独立的比赛项目。由于它的比赛是健、力、美的比赛,就称为健美比赛。

(一) 项目起源与场地特征

1. 起源

随着人们健康意识的增强,健身运动逐渐兴起并发展起来。19世纪末20世纪初,健身运动开始成为流行的体育活动。在这个时期,体育运动开始受到重视,各种健身操和健身操课程开始出现,并且越来越多的人开始参与体育锻炼。20世纪中叶以后,随着科技和医学的进步,健身运动得到了更多的科学支持和研究。人们开始更加系统地了解人体的运动原理和健康效益,并且出现了更多专业的健身教练和健身中心。近几十年来,随着健康意识的普及和社交媒体的影响,健身运动进一步发展壮大。人们开始追求身体的健美和健康,各种健身运动方式和流派也不断涌现。有氧运动、力量训练、瑜伽等成为大众喜爱的健身方式。

健美运动有着丰富而迷人的历史,可以追溯到古代文明。例如,雕塑作品《大卫》展现了肌肉发达、年轻有力的男子形象。在19世纪,健美运动受到尤金·桑多等人物的欢迎。桑多对对称、比例和肌肉定义的强调为现代健美奠定了基础,他通常被认为是"现代健美之父"。20世纪中叶标志着健美黄金时代的开始,史蒂夫·里夫斯和雷格·帕克等传人激励了许多人将健美作为一种运动和生活方式。

2. 健美比赛场地特征

健美比赛在赛台上进行。赛台必须挂有背幕和配备相应的赛台装置。背幕必须为深色,其高度不得低于6 m,宽度不得少于15 m。赛台上可设置表演台。表演台的长度为9 m,

宽度为 1.5 m，高度为 3 m。赛台和表演台上必须铺浅色地毯。赛台光照必须均匀，且应使用暖色灯。赛台和背幕不得有重影。后场必须配置供运动员热身活动的器材。在称量体重室和运动员的住址必须配置相同式样的标准磅秤（弹簧秤除外）。在丈量身高室和运动员的住址必须配置相同式样的标准量具。

（二）主要技术

本节主要介绍健美运动技术。健美运动中锻炼肌肉的方式多种多样，既有动作组合练习，又有针对身体各个部位肌肉的单项练习。下面主要介绍锻炼身体各个部位肌肉的基本技术。

1．肩部肌群锻炼

1）前平举

重点锻炼部位：三角肌前束。

动作过程：两脚左右开立，与肩同宽，挺胸收腹，双手正握哑铃或杠铃，双臂下垂于腿前；吸气，直臂持铃向上举起至略高于肩，稍停；呼气，直臂徐徐放下还原至腿前，如图3-54所示。

动作要求：上举和下落时，全身保持直立，双臂伸直。

2）侧平举

重点锻炼部位：三角肌中束。

动作过程：两脚左右开立，与肩同宽，双手握哑铃，两臂下垂于身体两侧；吸气，直臂向侧上方举起至略高于肩，稍停；呼气，两臂徐徐放下还原至身体两侧，如图3-55所示。

动作要求：上举和下落时，全身保持直立，不要摇摆弯曲，双臂伸直。

3）俯立侧平举

重点锻炼部位：三角肌后束和上背肌群。

动作过程：两脚左右开立至稍比肩宽，向前屈体90°，双手握哑铃，两臂直垂于肩下；吸气，直臂从两侧平举起哑铃至与地面平行，稍停；呼气，两臂徐徐放下还原至下垂位置，如图3-56所示。

动作要求：练习过程中，上体不要上下摆，腰背保持平直。

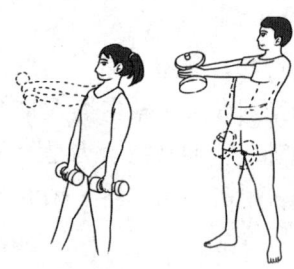

图3-54 前平举

图3-55 侧平举

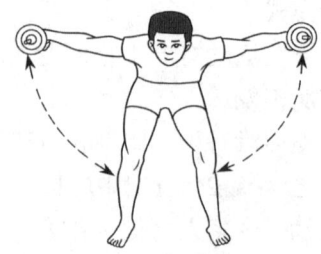

图3-56 俯立侧平举

2. 胸部肌群锻炼

1）仰卧推举

重点锻炼部位：胸大肌、三角肌前束和肱三头肌。

动作过程：仰卧在卧推凳上，屈臂握杠铃置于胸部上方；吸气，将杠铃垂直上举至双臂完全伸直，稍停；呼气，双臂慢慢下落还原，如图3-57所示。

动作要求：上举时，背部、臀部要平贴凳面，两脚用力下踏。

2）仰卧飞鸟

重点锻炼部位：胸大肌外侧的中、下部肌肉群。

动作过程：仰卧在卧推凳上，双手拳心相对持哑铃，双臂向上伸直至与地面垂直，两脚平踏地面；吸气，两手向两侧下落，直到不能更低时为止，保持两肘微屈，稍停；呼气，两臂从两侧向上举至起始位置，如图3-58所示。

动作要求：分臂时，背部肌肉要收紧。

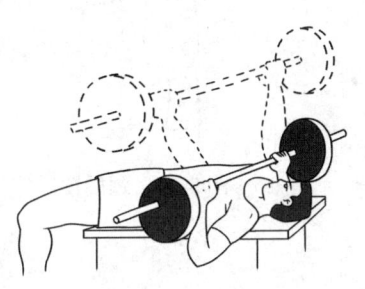
图3-57　仰卧推举

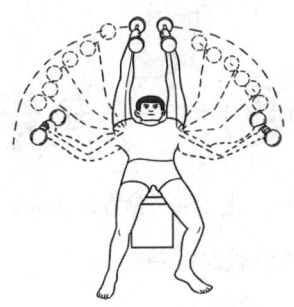
图3-58　仰卧飞鸟

3. 背部肌群锻炼

1）杠铃俯身划船

重点锻炼部位：背阔肌。

动作过程：两脚左右开立，与肩同宽，双手正握杠铃，握距比肩稍宽，双臂完全伸直；微屈膝，使上体前屈45°；双手持杠铃在身前，稍低于膝部；收紧肩胛骨，绷紧上体，将杠铃提至上腹部，稍停；缓缓放下杠铃，恢复起始位置。

动作要求：提拉时，应尽量避免两腿与臀部发力；始终微屈膝，身体角度保持不变；保持后背绷紧。首次尝试时，应使用稍轻的杠铃缓缓提拉。

2）俯卧两头起

重点锻炼部位：竖脊肌。

动作过程：俯卧在垫子上，双臂向头部上方伸直，双腿伸直；吸气时，双臂和双腿同时向上抬离地面，稍停；然后慢慢呼气，放松，恢复起始姿势。

4. 臂部肌群锻炼

1）站立反握弯举

重点锻炼部位：肱二头肌和肘关节屈肌群。

动作过程：两脚左右开立，与肩同宽，双手反握杠铃，双臂下垂；吸气，屈肘，使前臂到能力范围内的最高点，同时收缩肱二头肌，稍停；呼气，肘关节放松，前臂徐徐下落至双臂完全伸直，如图3-59所示。

动作要求：练习时，上臂要紧贴体侧，不要前后移动；身体也不要前后晃动。

2）颈后臂屈伸

重点锻炼部位：肱三头肌和肘关节伸肌群。

动作过程：身体直立，双手正握或反握杠铃，双臂上举伸直；上臂不动，慢慢屈肘，使杠铃下降至头后，稍停；继续保持上臂不动，伸肘，双臂上举还原，如图3-60所示。

动作要求：练习时，肘要高抬，两肘夹紧，不要前后移动。

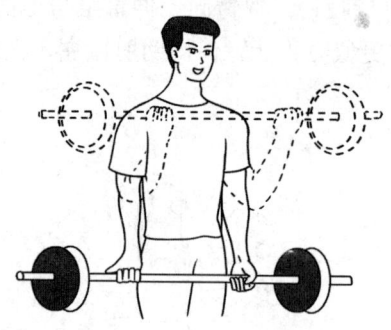 

图3-59　站立反握弯举　　　　　　　　图3-60　颈后臂屈伸

5．腰腹部肌群锻炼

1）仰卧起坐

重点锻炼部位：腹直肌和髂腰肌。

动作过程：仰卧在凳子或斜板上，双足固定，双手在头后交叉抱头；吸气，上体收腹坐起并尽量向前屈；呼气，慢慢还原，如图3-61所示。

2）仰卧转体起坐

重点锻炼部位：腹直肌和腹内外斜肌。

动作过程：仰卧在斜板上，双手抱头，双足固定；上体屈起，同时身体左转或右转至一侧肘部触及异侧腿，如图3-62所示；然后慢慢还原。

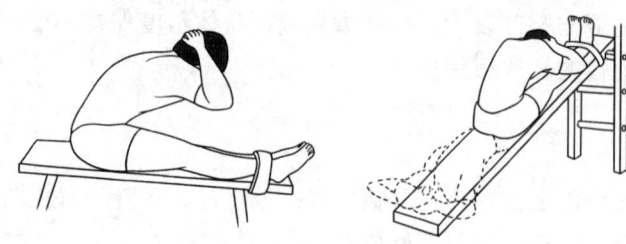

图3-61　仰卧起坐　　　　　　　　图3-62　仰卧转体起坐

6．腿部肌群锻炼

1）负重深蹲

重点锻炼部位：股四头肌和臀大肌。

动作过程：两脚左右开立，与肩同宽，双手宽握杠铃放于颈后肩上；呼气，慢慢下蹲至大腿与地面平行，稍停；吸气，利用大腿股四头肌和臀大肌收缩的力量使身体起立还原，如图 3-63 所示。

动作要求：下蹲时，要挺胸，收腹，收紧腰。

2) 负重提踵

重点锻炼部位：腓肠肌和比目鱼肌。

动作过程：双手宽握杠铃放于颈后肩上，前脚掌站在垫木上，脚跟露在垫木外；吸气，小腿腓肠肌用力上收，提踵稍停，如图 3-64 所示；呼气，还原。

动作要求：脚跟上提和下降时要注意保持身体重心稳定；下降时，要使脚跟低于垫木面。

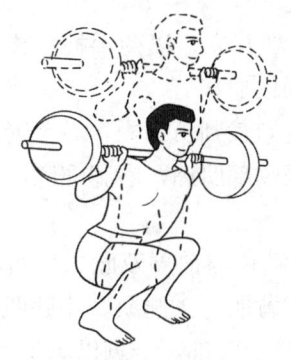

图 3-63　负重深蹲

图 3-64　负重提踵

（三）健美比赛主要通则

1. 比赛项目

健美比赛项目有男子个人、女子个人、男女混合双人、女子双人（国际比赛不设）、集体造型表演（男女比例不限，每队 5~8 人）。

2. 比赛级别

（1）男子按体重分为下列八个级别。

① 羽量级：体重在 60 kg 以下。

② 雏量级：体重在 60.01~65 kg。

③ 轻量级：体重在 65.01~70 kg。

④ 轻中量级：体重在 70.01~75 kg。

⑤ 次中量级：体重在 75.01~80 kg。

⑥ 中量级：体重在 80.01~85 kg。

⑦ 轻重量级：体重在 85.01~90 kg。

⑧ 重量级：体重在 90 kg 以上。

（2）女子按体重分为下列四个级别。

① 雏量级：体重在 48 kg 以下。

② 轻量级：体重 48.01~52 kg。
③ 中量级：体重在 52.01~57 kg。
④ 重量级：体重在 57 kg 以上。
（3）男女混合双人和元老赛不分体重级别。

3. 比赛动作

运动员自然直立，两眼平视，两臂下垂于体侧，两脚左右开立，各部位肌肉不得故意收缩。

1）男子个人的七个规定动作

（1）前展双肱二头肌：面向裁判员直立，两脚自然开立，两臂抬至与肩齐平，屈肘，两手握拳，拳心向下，收缩肱二头肌及全身肌肉。

（2）前展双背阔肌：面向裁判员直立，两脚自然开立，以两手握拳或张开的方式置于低腰部，然后用力伸展背阔肌，同时收缩全身前面的肌肉。

（3）侧展胸部（左右侧不限，以右侧为例）：侧向裁判员站立，右手紧握拳，左手握住右手腕，右臂屈肘使肱二头肌收缩隆起，同时收缩腿部肌肉，右腿屈膝以脚尖点地，挺起胸部。

（4）后展双肱二头肌：背向裁判员直立，手臂动作与前展双肱二头肌相同，一脚以脚尖着地向后支撑，用力收缩手臂及肩部肌肉、上下背肌、大腿肌、小腿肌。

（5）后展双背阔肌：背向裁判员直立，将双手置于腰部，一脚以脚尖着地向后支撑，尽力伸展背阔肌，用力收缩小腿肌。

（6）侧展肱三头肌（左右侧不限，以右侧为例）：侧向裁判员站立，双手置于身后，双手手指互勾或者左手握住右手手腕，右腿屈膝以脚尖着地，用力收缩右手臂展示肱三头肌，并挺起胸部，用力收缩腹肌及大、小腿肌。

（7）前展腹部和腿部：面向裁判员直立，将双手置于头后，一条腿向前伸出，收缩腹部肌肉，身体微向前倾，同时收缩前伸腿的肌肉。

2）女子个人的五个规定动作

（1）前展双肱二头肌：面向裁判员直立，双手上举过头，手臂与躯干之间的夹角为45°，两手张开放松或者握拳，右腿向右方伸直，收缩肱二头肌、腹肌、大腿肌、小腿肌。

（2）侧展胸部（左右不限）：侧向裁判员直立，前腿屈膝脚尖着地，前面的手臂弯曲90°，掌心向上。其他要领与男子侧展胸部要领相同。

（3）后展双肱二头肌：背向裁判员直立，双臂上举过头，手臂与躯干之间的夹角为45°，两手张开放松或者握拳，一条腿向后侧伸出，脚跟提起，收缩肱二头肌、上背肌群、骶棘肌、大腿肌、小腿肌。

（4）侧展肱三头肌：要领与男子侧展肱三头肌要领相同。

（5）前展腹部和腿部：要领与男子前展腹部和腿部要领相同。

3）男女混合双人的五个规定动作

要求与男子个人和女子个人规定动作相同。

4）自由造型

自由造型是运动员通过艺术化及舞台舞蹈化动作，来展示其肌肉发达程度的表演。自由造型运动员应从前、后、左、右四个面来显示体形和肌肉。男子动作数量不得少于 15 个，女子动作数量不得少于 20 个。每个造型应有短暂的停留。

4．比赛时间

（1）自选动作（即自由选型）比赛时间：男子个人、集体造型为 60 s，女子个人为 90 s，男女混合双人、女子双人为 120 s。

（2）其他各项比赛时间：根据裁判长发出的信号开始、转换或结束动作。一般在 1.5 min 左右，最多不超过 2 min。运动员走上比赛台后，自然站立，向裁判员行鞠躬礼。表演结束后，仍应自然站立，向裁判员行鞠躬礼后离开赛台。

5．男子个人评分标准

（1）肌肉标准：评价运动员全身肌群的围度、质量和状态等。

（2）匀称标准：运动员应具有匀称的骨架、端正且比例协调的人体外观，以及美观的肌肉形态等。

（3）造型标准：造型是指运动员通过控制肌肉以展示身体各部分肌群的动作。造型评价标准具体包括：运动员的规定动作规范，造型连贯、流畅，具有艺术感，气质与音乐、动作融为一体，整套动作表现出鲜明的个性等。

（4）皮肤标准：评价运动员全身皮肤的健康情况，如皮肤光洁，肤色均匀，无瘢痕。

6．女子个人评分标准

（1）肌肉标准：肌肉发达，有围度，线条清晰。

（2）匀称标准：四肢比例协调，肌肉分布匀称。

（3）造型标准：动作规范，造型连贯、流畅。

（4）外表标准：五官端庄，发型与脸型和谐，皮肤光洁，肤色均匀。

7．男女混合双人评分标准

男女混合双人评分标准包括：运动员体形与肌肉发展水平协调；肌肉展示的姿势、节奏、幅度、体位和舞台气势等方面协调；能够准确完成规定动作，配合默契；自选动作整齐、一致。

8．集体造型评分标准

集体造型评分标准包括：队形变化连贯，队员精神振作，肌肉发达、体形匀称，表演富有创造性，造型具有整体性和艺术性。

第三节　武术与民族民间传统体育类运动

武术与民族民间传统体育类运动是优秀传统文化的重要组成部分，既可以比赛，也可以展演，主要有武术、跆拳道、空手道、剑道、八段锦、五禽戏等项目。

武术与民族民间传统体育类运动有利于柔韧性、协调性、灵敏性、力量和耐力等体能的专门化练习。通过习练武术等运动项目，不仅可以体会项目的独特魅力，还可以提高对项目的鉴赏能力。

一、武术

（一）项目起源

武术是以技击动作为主要内容，以武术套路、武术格斗、武术功法为主要运动形式，注重内外兼修的中国传统体育项目。武术在我国有着悠久的历史和广泛的群众基础，集健身性、技击性和艺术性于一体，是一项深受人们喜爱的体育项目。

（二）主要技术

1. 手形

拳：四指并拢弯曲且紧握，拇指紧扣食指和中指的第二指节，如图 3-65 所示。

掌：四指并拢伸直，拇指弯曲紧扣于虎口处，如图 3-66 所示。

勾手：五指的第一指节捏拢在一起，然后屈腕，如图 3-67 所示。

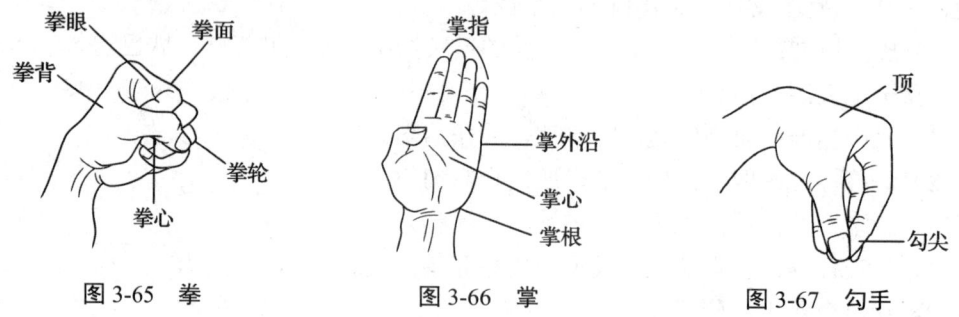

图 3-65　拳　　　　　图 3-66　掌　　　　　图 3-67　勾手

2. 手法

常见的手法有冲拳、推掌和亮掌。

1）冲拳

冲拳分为平拳与立拳两种。平拳拳心向上，立拳拳眼向上。下面以平拳为例介绍冲拳的动作要领。

预备姿势：两脚左右开立，与肩同宽，两拳抱于腰间，拳心向上，肘尖向后。

动作要领：挺胸，收腹，直腰，右拳从腰间猛力冲出，左肘向后牵拉；同时向左转腰，顺肩，内旋臂，力达拳面，臂伸直至与肩齐平；目平视。练习时双手交替进行。

2）推掌

预备姿势：与冲拳相同。

动作要领：右拳变掌，前臂内旋，以掌跟为发力点将手掌向前猛力推出，左肘向后牵拉，同时向左转腰，顺肩，臂伸直至与肩齐平；目平视。练习时双手交替进行。

3）亮掌

预备姿势：与冲拳相同。

动作要领：右拳变掌，经体侧向前、向右、向上画弧，至头部右前方时抖腕亮掌，掌心向前，虎口向下，臂呈弧形。头随右手动作左转，亮掌时，目视左侧。练习时双手交替进行。

3．步法

武术的基本步法包括弓步、马步、虚步、仆步和歇步等。

1）弓步

动作要领：两脚前后开立一大步（步幅为本人脚长的 4～5 倍），前脚脚尖稍内扣，前腿屈膝半蹲（大腿接近水平），膝与脚尖垂直；后腿挺膝伸直，脚尖内扣斜向前方，两脚全脚掌着地；上体正对前方，目平视，双手抱拳于腰间，拳心向上。

2）马步

动作要领：两脚左右开立（宽度约为本人脚长的 3 倍），脚尖正对前方，屈膝半蹲，膝盖不超过脚尖，大腿接近水平；两脚全脚掌着地，身体重心落于两脚之间；双手抱拳于腰间，拳心向上。

3）虚步

动作要领：两脚前后开立，后脚外展45°，后腿屈膝半蹲；前脚脚尖虚点地，稍内扣，脚面绷平；前腿膝微屈，身体重心落于后腿；双手叉腰，目平视。做虚步动作时，左脚在前为左虚步，右脚在前为右虚步。

4）仆步

动作要领（以左仆步为例）：两脚左右开立，右腿屈膝半蹲，大腿与小腿靠紧，臀部接近小腿，右脚全脚掌着地，脚尖和膝关节外展；左腿挺直向左侧伸出，脚尖内扣，全脚掌着地；双手抱拳于腰间，拳心向上，目视左侧。做右仆步时伸右腿，其动作要领与左仆步相仿。

5）歇步

动作要领（以左歇步为例）：双腿交叉靠拢全蹲，左脚在前，全脚掌着地，脚尖外展；右脚前脚掌着地，膝部贴于左腿外侧，臀部坐于右腿接近脚跟处；双手抱拳于腰间，拳心向上；目视左前方。做右歇步时右脚在前，其动作要领与左歇步相仿。

（三）24 式太极拳

24 式太极拳又称"简化太极拳"，它是在杨氏太极拳的基础上，加以简化、改编、整理而成的大众入门普及套路。套路编排遵循由简到繁、先易后难的原则，易学易练，便于掌握，是初学者学习太极拳的基础套路。

24 式太极拳预备势的动作要领如下：身体自然直立，双脚并拢，双腿自然伸直；胸腹放松，两臂垂于双腿外侧，手指微屈；头颈端

24 式太极拳欣赏

正，下颌微收，口闭齿扣，舌抵上腭；精神集中，表情自然，目平视前方。

1. 起势

动作要领：左脚向左迈一步，两脚平行开立，与肩同宽；两臂由身体两侧慢慢向前、向上平举至与肩同高、同宽，掌心向下；双腿慢慢屈膝半蹲，身体重心落于双脚之间，形成马步；同时两掌轻轻下按至腹前，上体舒展、端正，目平视前方，如图3-68所示（图中以虚线表示身体左侧的上下肢动作，以实线表示身体右侧的上下肢动作，下同）。

图3-68 起势

2. 左右野马分鬃

1）分解动作1：左野马分鬃

动作要领（见图3-69）如下。

图3-69 分解动作1：左野马分鬃

（1）上体稍右转，身体重心右移；同时右臂弯曲置于胸前，掌心翻转向下；左手画弧下落，屈肘置于腹前，掌心翻转向上，与右掌相对呈抱球状；左脚收至右脚内侧，脚尖点地，目视右手。

（2）上体左转，左脚向左前方迈出一步，脚跟轻轻着地，身体重心仍在右腿上。

（3）上体继续左转，身体重心前移，左脚全脚掌着地，左腿屈膝，形成左弓步；同时双手手掌前后分开，左手至体前与眼同高，掌心斜向上；右手按至右侧髋部旁，掌心向下，指尖向前；两臂微屈，目视左手。

2）分解动作2：右野马分鬃

动作要领（见图3-70）如下。

（1）身体重心稍后移，屈右膝，左腿伸直，左脚脚尖跷起并外撇45°～60°。

（2）上体左转，身体重心移至左腿，左脚全脚掌着地，左腿前弓，右脚收至左脚内侧，脚尖着地；同时左臂弯曲置于左胸前，掌心翻转向下；右手画弧下落，屈肘置于腹前，掌心翻转向上，与左掌相对呈抱球状；目视左手。

（3）上体稍右转，身体重心仍在左腿上，右脚向右前方迈出一步，脚跟轻轻着地；同时两掌开始前后分开。

（4）上体继续右转，身体重心前移，右脚全脚掌着地，右腿屈膝，形成右弓步；右手至体前与眼同高，掌心斜向上；左手按至左侧髋部旁，掌心向下，指尖向前；两臂微屈，目视右手。

图 3-70　分解动作 2：右野马分鬃

3）分解动作 3：左野马分鬃

其动作要领与"分解动作 2：右野马分鬃"相仿，但方向相反，如图 3-71 所示。

图 3-71　分解动作 3：左野马分鬃

3．白鹤亮翅

动作要领（见图 3-72）如下。

（1）上体稍左转，右脚向前半步，前脚掌轻轻落地，与左脚相距约一脚长；同时左臂弯曲置于胸前，掌心翻转向下；右手画弧下落，屈肘置于腹前，掌心翻转向上，与左掌相对呈抱球状；目视左手。

（2）身体重心后移，右脚全脚掌着地，并向右转体；双手随转体交错分开，右手上举，左手下落；目视右手。

（3）上体转正，左脚稍向前移动，形成左虚步；右手上举，掌心向左后方，左手按于左侧髋部旁，指尖向前；目平视前方。

4. 左右搂膝拗步

1）分解动作1：左搂膝拗步

动作要领（见图3-73）如下。

（1）上体稍左转；右手向下摆至体前，掌心向上；目视右手。

（2）上体右转，左脚收至右脚内侧，脚尖点地；同时两臂交叉摆动，右手由体前经右侧髋部向右后方上举至与头同高，掌心向上；左手由左胸前经头前向右画弧至右肩前，掌心向下；目视右手。

（3）上体稍左转；左脚向左前方迈一步，脚跟轻轻着地；同时右臂屈肘，右手摆至右肩上，虎口对耳，掌心斜向前；左手落于腹前，掌心向下；目视前方。

（4）上体继续左转，身体重心前移，左脚全脚掌着地，左腿屈膝，形成左弓步；同时左手经左膝前向左搂过，按于左腿外侧，指尖向前；右手向前推出，指尖与鼻尖相对，掌心向前，指尖向上；右臂自然伸直，目视右手。

图3-72　白鹤亮翅

图3-73　分解动作1：左搂膝拗步

2）分解动作2：右搂膝拗步

动作要领（见图3-74）如下。

（1）上体左转，身体重心稍后移，左脚脚尖跷起外撇；同时两臂外旋，开始向左摆动；目视右手。

（2）上体继续左转；身体重心前移，左脚全脚掌着地，右脚收至左脚内侧，脚尖点地；同时右手经面前画弧摆至左肩前，掌心向下，左手向左上方画弧上举至与头同高，掌心向上，左臂自然伸直，肘微屈，目视左手。

（3）上体稍右转；右脚向右前方迈一步，脚跟轻轻着地；同时左臂屈肘，左手收至左肩上，虎口对耳，掌心斜向前；右手下落至腹前，掌心向下，肘微屈；目视前方。

（4）上体继续右转，身体重心前移，右脚全脚掌着地，右腿屈膝，形成右弓步；同时右手经右膝前上方向右搂过，按于右腿外侧，指尖向前；左手向前推出，指尖与鼻尖相对，掌心向前，指尖向上；左臂自然伸直，肘微屈；目视左手。

3）分解动作3：左搂膝拗步

其动作要领与"分解动作2：右搂膝拗步"相仿，但方向相反，如图3-75所示。

图 3-74 分解动作 2：右搂膝拗步

图 3-75 分解动作 3：左搂膝拗步

5．手挥琵琶

动作要领（见图 3-76）如下。

（1）右脚向前半步并落于左脚后，与左脚相距约一脚长，脚尖点地；同时右臂稍向前伸，腕关节放松。

（2）上体右转，身体重心后移，右脚全脚掌着地；同时左手向左、向上画弧摆至体前，手臂自然伸直，掌心斜向下；右臂屈肘向左下方画弧并收至胸前，掌心斜向上；目视左手。

（3）上体稍向左转，左脚稍向前移，脚跟着地；同时两臂外旋，屈肘合抱，前后交错；左手与鼻相对，掌心向右；右手与左肘相对，掌心向左；目视左手。

6．左右倒卷肱

1）分解动作 1：右倒卷肱

动作要领（见图 3-77）如下。

（1）上体稍右转；右手随转体向下经腰侧向后上方画弧至掌指与头同高，掌心翻转向上，右臂微屈；左手翻转，掌心向上停于体前；眼睛先随转体向右看，再转向前方看左手。

（2）上体稍左转；左脚提收向后退一步，前脚掌轻轻着地；同时右臂屈肘，右手收至肩上耳侧，掌心斜向下方；左手翻转，掌心向上；目视左手。

（3）上体继续左转，身体重心后移，左脚全脚掌着地；右脚以前脚掌为轴扭直，右腿微屈，形成右虚步；同时右掌推至体前，腕与肩同高，掌心向前；左手向后、向下收至左侧腰部，掌心向上；目视右手。

图 3-76 手挥琵琶

图 3-77 分解动作 1：右倒卷肱

2）分解动作2：左倒卷肱

动作要领（见图3-78）如下。

（1）上体稍左转；左手随转体向左后上方画弧，掌指与头同高，掌心向上，左臂微屈；右手外翻，掌心向上停于体前；眼睛先随转体向左看，再转向前方看右手。

（2）上体稍右转；右脚提收向后退一步，前脚掌轻轻着地；同时左臂屈肘，左手收至肩上耳侧，掌心斜向前下方；右手翻转，掌心向上；目视右手。

（3）上体继续右转，身体重心后移，右脚全脚掌着地；左膝微屈，形成左虚步；同时左掌推至体前，腕与肩同高，掌心向前；右手向后、向下画弧收至右侧腰部，掌心向上；目视左手。

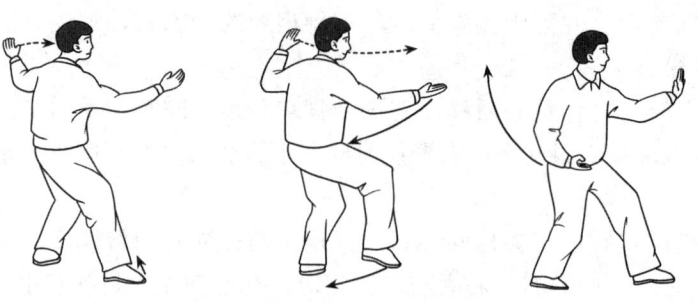

图3-78　分解动作2：左倒卷肱

3）分解动作3：右倒卷肱

其动作要领与"分解动作1：右倒卷肱"相同。

4）分解动作4：左倒卷肱

其动作要领与"分解动作2：左倒卷肱"相同。

7．左揽雀尾

动作要领（见图3-79）如下。

（1）上体稍右转；同时右手由腰侧向右上方画弧至与肩同高，掌心斜向上，右臂微屈；左臂自然置于体前，腕与肩同高，掌心向下；目视左手。

（2）左脚收至右脚内侧，脚尖点地；同时右手屈臂置于右胸前，掌心翻转向下；左手画弧下落，屈肘置于腹前，掌心翻转向上，与右掌相对呈抱球状；目视右手。

（3）上体稍左转，左脚向左前方迈一步，脚跟着地；同时双手开始前后分开；目视前方。

（4）上体继续左转，身体重心前移，左脚全脚掌着地，左腿屈膝，形成左弓步；左臂半屈于体前，腕与肩同高，掌心向内；右手向下画弧按于右侧髋部旁，指尖向前；目视左手。

（5）上体稍左转；左手向左前方伸出，掌心转向下，同时右臂外旋，右手经腹前向上、向前画弧至左前臂内侧，掌心向上；目视左手。

（6）上体右转，身体重心后移，右腿屈膝，左腿自然伸直；同时双手经腹前向下、向右后方画弧；右手举至身体侧后方与头同高，掌心向外；左臂平屈于胸前，掌心向内；

94

头随体转,目视右手。

（7）上体左转,正对前方;同时右臂屈肘,右手收至胸前,搭于左腕内侧,掌心向前;左前臂仍屈收于胸前,掌心向内,指尖向右;目视前方。

（8）身体重心前移,左腿屈膝,形成左弓步;同时右手向体前推送左前臂至与肩同高,两臂撑圆;目视前方。

（9）左手翻转向下,右手经左腕上方向前伸出,掌心向下;随后身体重心后移,右腿屈膝,左腿自然伸直,左脚脚尖跷起,同时双手左右分开至与肩同宽,两臂屈收,双手后引经胸前收至腹前,掌心斜向下;目平视前方。

（10）身体重心前移,左脚全脚掌着地,左腿屈膝,形成左弓步;双手由腹前沿弧线推至体前,两腕与肩同高,两掌心向前,指尖向上;目视前方。

图 3-79　左揽雀尾

8. 右揽雀尾

其动作要领（见图 3-80）与"左揽雀尾"的动作要领相仿,但方向相反。

图 3-80　右揽雀尾

9. 单鞭

动作要领（见图 3-81）如下。

（1）上体左转，身体重心左移，右脚脚尖内扣，左脚脚尖外展；同时左手经头前向左画弧摆至身体左侧，掌心向外；右手经腹前向左画弧摆至左肋前，掌心朝向腹部；视线随左手移动。

（2）上体右转，身体重心右移，右腿屈膝，左腿伸直；同时右手经头前向上、向右画弧摆至右肩前，掌心向内；左手向下、向右画弧摆至腹前，掌心转向内；视线随右手移动。

（3）左脚收至右脚内侧，脚尖点地；同时右手伸向身体右前方，五指捏拢形成勾手，指尖向下，肘微屈，腕与肩平；左手向上画弧至右肩前，掌心向内；目视勾手。

（4）上体左转，左脚向左前方迈出一步，脚跟着地；同时左手经面前向左画弧，掌心向内，目视左手。

（5）上体继续左转，身体重心前移，左脚全脚掌着地，左腿屈膝，形成左弓步；同时左手经头前翻转向前推出，腕与肩平，左肘与左膝上下相对；右勾手举于右后方，腕与肩平；目视左手。

图 3-81　单鞭

10. 云手

动作要领（见图 3-82）如下。

（1）上体右转，身体重心后移；左脚脚尖内扣，右腿屈蹲；同时左手经腹前向下、向右画弧摆至右肩前，掌心向内；右勾手松开变为掌，掌心向外，指尖向上；目视右手。

（2）上体左转，身体重心左移；右脚向左收半步，与左脚平行且相距 10～20 cm，脚尖向前；右脚落地时，前脚掌先着地，随后过渡到全脚掌着地，双腿屈膝半蹲；同时左手经头前向上、向左画弧，掌心渐渐翻转向外至身体左侧与肩同高；右手经腹前向下、向左画弧,掌心渐渐翻转向内至左肩前;视线随左手移动。

(3)上体右转,身体重心右移;左脚向左横跨一步,前脚掌先着地,随后过渡到全脚掌着地,脚尖向前;同时右手经头前向右画弧,掌心逐渐翻转向外至身体右侧与肩同高;左手经腹前向下、向右画弧,掌心逐渐翻转向内至右肩前;视线随右手移动。

(4)与本动作要领中的(2)相同。

(5)与本动作要领中的(3)相同。

(6)与本动作要领中的(2)相同。

图 3-82 云手

11. 单鞭

动作要领(见图 3-83)如下。

(1)上体右转,身体重心移至右腿,左脚脚跟提起;同时右手经头前向右画弧,至右前方时掌心翻转形成勾手;左手经腹前向下、向右画弧至右肩前,掌心转向内;目视勾手。

(2)与第 9 式"单鞭"动作要领中的(4)相同。

(3)与第 9 式"单鞭"动作要领中的(5)相同。

图 3-83 单鞭

12. 高探马

动作要领(见图 3-84)如下。

(1)右脚向前收半步,距左脚约一脚长,前脚掌着地;目视左手。

(2)上体稍右转;身体重心后移,右脚全脚掌着地,右膝弯曲,左脚脚尖点地;同时右勾手松开,两手翻转,掌心向上,两臂前后平举,肘关节微屈,目视左前方。

(3)上体左转,左脚向前移动,形成左虚步;同时右臂屈收,经头右侧向前推出,腕与肩平,掌心向前;左臂屈收,左手收至腹前,掌心向上;目视右手。

13．右蹬脚

动作要领（见图3-85）如下。

（1）左脚提收至右脚内侧；同时右手稍向后收，左手经右手手背向右前方穿出，双手交叉，腕关节相交，左掌心斜向上，右掌心斜向下；目视左手。

（2）上体左转；左脚向左前方迈一步，脚跟着地，脚尖稍外撇；同时左手内旋，双手虎口相合举于头前，双手掌心向外；目视前方。

（3）身体重心前移，左脚全脚掌着地，屈左膝，右腿自然蹬直；同时双手左右分开，掌心向外，两臂外撑；目视前方。

（4）右脚收至左脚内侧，脚尖点地；双手向腹前画弧相交合抱，右手在外，举至胸前；双手掌心向内；目视右前方。

（5）左腿支撑，右腿屈膝上提，右脚脚尖跷起，脚跟用力慢慢向右前上方蹬出；左腿微屈，右腿伸直；两臂展于身体两侧，肘微屈，腕与肩平，两掌心向外；右腿与右臂上下相对；目视右手。

图 3-84　高探马　　　　　　　　　图 3-85　右蹬脚

14．双峰贯耳

动作要领（见图3-86）如下。

（1）右腿屈膝收回，脚尖自然下垂；同时左手经头侧向体前画弧，与右手平行落于右膝上方，双手掌心向上，指尖向前；目视前方。

（2）右脚向右前方上步，脚跟着地，脚尖斜向右前方；同时双手收至腰部两侧，掌心向上。

（3）身体重心前移，右脚全脚掌着地，右腿屈膝，形成右弓步；同时双手握拳经两侧向上、向前画弧摆至头前，两臂半屈呈弧形，双拳平行相对呈钳形，其间距与头同宽，两前臂内旋，双拳拳眼斜向下；目视前方。

15．转身左蹬脚

动作要领（见图3-87）如下。

（1）上体左转，身体重心后移；左腿屈膝，右腿伸直，脚尖内扣；同时双拳变掌，左手经头前向左画弧，两臂微屈举于身体两侧，双手掌心向外；目视左手。

（2）身体重心右移，右腿屈膝，左脚收至右脚内侧，脚尖着地；同时双手向下画弧，于腹前交叉合抱并举至胸前，左手在外，两掌心向内；目视左前方。

（3）右腿支撑，提左膝，左脚脚尖跷起，脚跟用力向左前上方慢慢蹬出；同时两臂内旋，双手掌心向外，左手向左前方画弧，右手向右后方画弧，两臂微屈举于身体两侧；左腿蹬直，与左臂上下相对；目视左手。

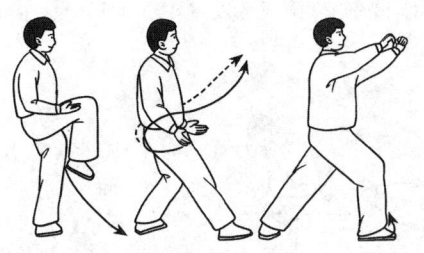

图 3-86　双峰贯耳

图 3-87　转身左蹬脚

16. **左下势独立**

动作要领（见图 3-88）如下。

（1）左腿屈膝收至右腿内侧，脚尖向下；上体右转，右臂稍内合，右手捏拢形成勾手，指尖向下；同时左手经头前画弧摆至右肩前，掌心向右，指尖向上；目视右勾手。

（2）右腿屈膝半蹲，左脚前脚掌着地，沿地面向左伸出，随后全脚掌着地，左腿伸直；左手落于右肋前；目视右勾手。

（3）右腿屈膝全蹲，上体左转，形成左仆步；同时左手经腹前沿左腿内侧向左穿出，掌心向前，指尖向左；目视左手。

（4）身体重心移至左腿，以左脚脚跟为轴，脚尖尽量外撇，左腿屈膝前弓；右脚脚尖内扣，右腿自然蹬直，上体稍向左转并向前起身；同时左手继续前穿并向上举至体前，指尖向上；右勾手内旋，背于身后，指尖向上；目视左手。

（5）上体左转，身体重心前移，右腿屈膝上提，左腿微屈支撑站立，形成左独立步；同时左手下落按于左侧髋部旁，掌心向下；右勾手变掌，经体侧由后下方向前画弧，立掌前挑，掌心向左，与眼同高；右臂半屈呈弧形，肘关节与右膝上下相对；目视右手。

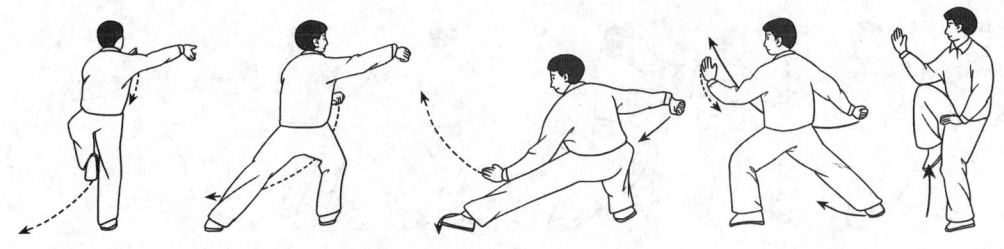

图 3-88　左下势独立

17. **右下势独立**

动作要领（见图 3-89）如下。

（1）右脚落于左脚右前方，前脚掌着地；上体以左脚前脚掌为轴向左转；同时左手变勾手提举于身体左前方，与肩同高；右手经头前向左画弧摆至左肩前，掌心向左；目视

左勾手。

（2）左腿屈膝半蹲，右脚提起至左脚内侧，前脚掌着地，沿地面向右伸出，随后全脚掌着地，右腿伸直；右手落至左肋前，目视左勾手。

第（3）、（4）、（5）步分别与"左下势独立"动作要领的第（3）、（4）、（5）步相仿，但方向相反。

图 3-89　右下势独立

18．左右穿梭

1）分解动作 1：右穿梭

动作要领（见图 3-90）如下。

（1）左脚向左前方落步，脚跟着地，脚尖外撇，上体左转，身体重心随转体落步前移；同时左手内旋，掌心翻转向下；目视左手。

（2）上体继续左转，左脚全脚掌着地，右脚提收于左脚内侧；同时两手掌心相对于左胸前呈抱球状（左手在上，右手在下）；目视左手。

（3）上体右转，右脚向右前方上步，脚跟着地；同时右手向右斜前方画弧，左手下落至左腰间；目视右手。

（4）上体继续右转，身体重心前移，右脚全脚掌着地，右腿屈膝，形成右弓步；同时右手翻转上举，架于右额角前上方，掌心斜向上；左手推至体前，腕与肩平；目视左手。

2）分解动作 2：左穿梭

其动作要领（见图 3-91）与"分解动作 1：右穿梭"相仿，但方向相反。

图 3-90　分解动作 1：右穿梭　　　　图 3-91　分解动作 2：左穿梭

19．海底针

动作要领（见图 3-92）如下。

（1）上体稍右转；右脚向前收半步，前脚掌着地，与左脚前后相距约一脚长；目视前方。

（2）上体右转，身体重心移至右腿，右脚全脚掌着地；右腿屈膝，左脚脚跟提起；同时右手下落经体侧屈臂向后、向上提至耳旁，掌心向左，指尖向前；左手向右画弧下落至腹前，掌心向下，指尖斜向右；目视前方。

（3）上体左转，稍向前倾；左脚稍前移，落地，形成左虚步；同时右手经耳侧斜向前下方插掌，掌心向左，指尖斜向下；左手经左膝前画弧搂过，按至左侧髋部旁；目视右手。

20．闪通臂

动作要领（见图3-93）如下。

（1）上体右转，挺直；右腿屈膝支撑站立，左脚收至右脚内侧；同时右手上提至身前，指尖向前，掌心向左；左手屈臂收举，指尖贴于右腕内侧；目视前方。

（2）左脚向前上步，脚跟着地；双手内旋分开，双手掌心向前；目视前方。

（3）身体重心前移，左脚全脚掌着地，左腿屈膝，形成左弓步；同时左手推至体前，指尖与鼻尖相对；右手撑于头部右上方，掌心斜向上，双手前后分展；目视左手。

图3-92　海底针

图3-93　闪通臂

21．转身搬拦锤

动作要领（见图3-94）如下。

（1）身体重心后移，右腿屈膝，左脚脚尖内扣，身体右转；同时双手向右摆动，右手摆至身体右侧，左手摆至头前，双手掌心向外；目视右手。

（2）身体重心左移，左腿屈膝，右脚以前脚掌为轴扭直；同时右手握拳向下、向左画弧收于腹前，拳心向下；左掌举于左额前上方；目向右平视。

（3）右脚提收至左脚内侧，随后向右前方迈出，脚跟着地，脚尖外撇；同时右拳经胸前向前搬压，拳心向下，与胸同高；左手经右前臂外侧下落，按于左侧髋部旁；目视右拳。

（4）上体右转，身体重心前移，左脚收于右脚内侧；同时右臂内旋，右拳向右画弧至体侧，拳心向下，右臂半屈；左臂外旋，左手经左侧向体前画弧；目视右拳。

（5）右腿屈膝，左脚向前上步，脚跟着地；同时左掌拦至体前与肩同高，掌心向右，指尖斜向上；右拳翻转收至腰间，拳心向上；目视左手。

（6）上体左转，身体重心前移，左脚全脚掌着地，左腿屈膝，形成左弓步；同时右拳自腰间向胸前打出，肘微屈，拳心向左，拳眼向上；左手微收，掌指附于右前臂内侧，掌心向右；目视右拳。

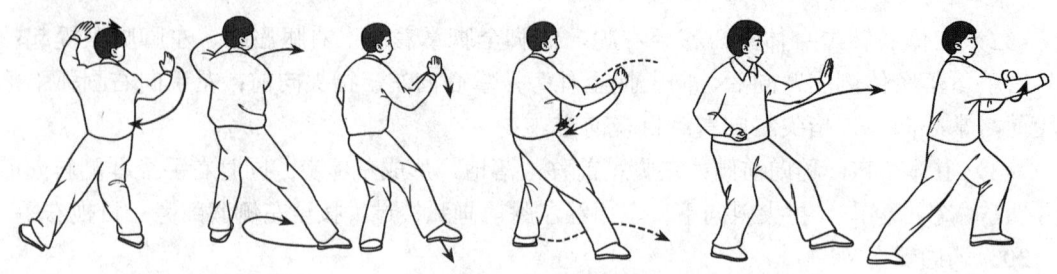

图 3-94　转身搬拦锤

22．如封似闭

动作要领（见图 3-95）如下。

（1）左手翻转，掌心向上，从右前臂下方向前穿出；同时右拳变掌，翻转向上；两手交叉伸举于体前；目视前方。

（2）右腿屈膝，身体重心后移，左脚脚尖跷起；同时两臂屈收，边分边内旋后引，两臂分开至与肩同宽，两手收至胸前，掌心斜向下；目视前方。

（3）身体重心前移，左脚全脚掌着地，左腿屈膝，形成左弓步；同时两掌向下经腹前再向上、向前推出，腕与肩平，掌心向前，掌指向上；目视前方。

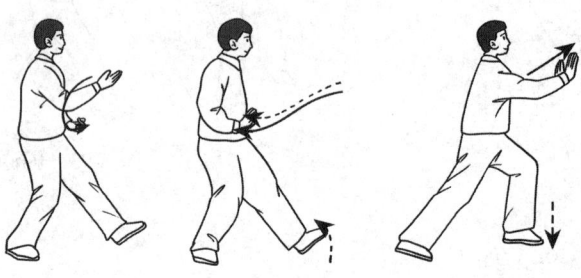

图 3-95　如封似闭

23．十字手

动作要领（见图 3-96）如下。

（1）上体右转，身体重心右移，右腿屈膝，左腿蹬伸，脚跟着地，脚尖内扣；同时右手向右摆至头前；目视右手。

（2）上体继续右转，右腿屈弓，脚尖外撇，左脚全脚掌着地，左腿自然伸直，形成右横裆步；同时右手继续向右画弧，摆至身体右侧，两臂平举于身体两侧，双手掌心向外，指尖斜向上；目视右手。

（3）上体左转，身体重心左移，左腿屈弓，右腿自然伸直，脚尖内扣；同时双手下落画弧交搭于腹前，向上画弧抱于胸前，双手掌心向上（右手在下，左手在上）；目平视前方。

（4）上体转正；右脚向左收回，与左脚相距一肩宽，双脚平行向前；右脚前脚掌先着地，随后过渡到全脚掌着地，双腿慢慢直立，身体重心落于双脚之间；同时双手交叉合抱呈斜十字并与肩同高，掌心向内；目平视前方。

图 3-96　十字手

24．收势

动作要领：两臂内旋，双手翻转，掌心向下，两脚左右分开至与肩同宽；随后两臂慢慢下落并垂于体侧；左脚轻轻提起，并拢于右脚内侧，落地时，左脚前脚掌先着地，随后过渡到全脚掌着地，呈预备姿势，目视前方。

（四）主要学练方法

（1）坚持循序渐进的原则。开展基本功练习，注重技术动作的规范性，注重动作的节奏和连贯性。通过分组练习、领做练习等方法，提高学生的学习专注度和学习效率。

（2）注重创设以民族文化为特色的运动场景，体会武术蕴含的中国传统哲学思想。

（3）加强柔韧性、协调性、灵敏性、力量和耐力等的练习，通过组合配对、游戏等方法，为学生学习基本功和基本技术提供帮助。

（4）重视规则和裁判法的学习，指导学生欣赏与分析精彩赛事，提高其对体育项目的鉴赏能力。

（5）充分理解武术与民族民间传统体育类运动的文化内涵，建立文化自信，厚植爱国主义情怀。

二、跆拳道

（一）项目起源与场地特征

1．起源

跆拳道同中国武术一样都是东方传统体育项目的重要组成部分，具有浓厚的民族特色。跆拳道起源于朝鲜民族，是一项以脚踢为主，手脚并用的技击性运动项目。

1973 年，世界跆拳道联合会成立，同年举行了第一届世界跆拳道锦标赛。2000 年，第二十七届奥运会将跆拳道列为比赛项目。比赛时，两名运动员按照一定的规则，运用踝关节以下脚的任何部位，以及拳正面的食指和中指部分，相互踢踏、击打对手的有效部位，以击打得分多少或击倒对手来判定胜负。

2．场地特征

跆拳道标准比赛场地的面积为 12 m×12 m，场地要平整，无任何障碍物，并铺设具有一定弹性且不易打滑的垫子。根据实际情况，场地可高出地面 40～60 cm。为了安全起见，可以安装使赛台保持平衡的支撑装置，支撑装置与地面所成的夹角不超过 30°。场地中央 8 m×8 m 的区域为比赛区，标记为蓝色；其余部分为警戒区，标记为红色或黄色；划分比赛区与警戒区的线为警戒线，场地最外面的线为边界线。

（二）主要技术

1. 技术特点

1）以腿法为主，拳脚并用

由于比赛的需要、规则的限制和跆拳道攻击方法的特点，跆拳道主要是以腿法攻击对手来得分，拳的得分技术较少，使用拳往往只起到防守、格挡的作用。进攻时则主要是运用腿法攻击对手被护具保护的头部和胸腹部。

2）以击破为测试功力的手段

跆拳道大多是以击碎木板、砖瓦的方法检验练习者的功力程度。这种独特的方法现已成为跆拳道训练、晋级升段、表演比赛的一个主要内容。

3）强调气势，发声扬威

无论是跆拳道品势（由基本的攻防动作编排成的表演套路）还是竞赛跆拳道，都要求在气势上给人以威慑。练习者多以发出洪亮并带有威慑力的声音来显示自己的威力。尤其是在竞赛跆拳道比赛中，运动员可以通过发声来提高自己的斗志，借以在气势上压倒对手。

4）以礼始以礼终，培养良好道德品质

跆拳道倡导"以礼始、以礼终"，并以"礼义廉耻，忍耐克己，百折不屈"为练习宗旨，从而使练习者养成恭敬、谦虚、友好、忍让的态度和互助互学的作风，并培养其坚韧不拔的意志品质。

5）以刚制刚，直来直往

在跆拳道比赛中，运动员使用的技术多是以刚制刚，以直接接触为主，方法比较简练。进攻时，运动员多采用直线型连续进攻，以快速连贯的腿法组合打击对手；防守时，运动员的动作也是以直接的格挡为主，讲究以硬抗硬，以快制快。

2. 主要技术

1）预备姿势

预备姿势是双方开始比赛时的基本站立姿势，便于进攻、防守反击和移动。左脚在前为左势（见图 3-97），右脚在前为右势。

动作要领（以左势为例）：双脚平行开立至与肩同宽，两臂垂于体侧；以左脚掌为轴向左侧转体，前脚掌内扣 45°，双脚脚掌呈斜向的平行线；双脚脚跟离地，两膝略微弯曲，身体上下抖动，体会双腿的弹力，注意膝关节应有一定的弯曲度；双手握拳，拳心相对，左拳与肩同高，右拳与胸口齐平，两臂自然弯曲，置于胸前。

图 3-97　预备姿势

注意事项：全身放松，活动膝关节，随时准备出击或移动。

易犯错误：脚跟没有完全离开地面，膝关节没有弯曲，全身紧张；上体前倾或后仰，双肩一高一低，身体重心偏前或偏后。

2）前踢

前踢（见图 3-98）是最基本的踢法，考验膝关节的快速屈伸能力，对膝关节四周的肌肉有很好的锻炼作用。

动作要领：以左势起，右脚蹬地，屈膝提起，然后送髋、顶髋，小腿快速向前踢出，高于腰部，随后迅速弹回呈折叠状，右脚回落，恢复左势。

图 3-98　前踢

注意事项：腿部要充分折叠，上提右膝时，右膝内侧贴近左大腿内侧，小腿、踝关节放松，保持弹性；送髋时上体后仰，以右膝往前撞为意念，踢对手心窝、下颌部位时，髋关节向正上方送；小腿收回时，仍以膝关节为支点，自然弹回。

易犯错误：直腿踢，直腿落，小腿与大腿没有折叠；提膝时没有贴近左大腿内侧并向正上方提，造成髋关节未能正对前方；不送髋。

3）横踢

横踢（见图 3-99）是跆拳道比赛中使用率、得分率最高的踢法，主要用于攻击对手的头部、胸部、腹部和肋部，其特点是动作幅度小，隐蔽性好，速度快。

动作要领：以左势起，右脚蹬地，将身体重心移至左脚，右腿屈膝上提，双拳置于胸前；左脚前脚掌蹍地内旋，髋关节左转；随后左脚掌继续内旋，右腿向前抬至水平位置，小腿快速向左前横踢，然后收回。

图 3-99　横踢

注意事项：膝关节要夹紧；向正前方提膝；踝关节放松，击打时的着力点是正脚背，击打的感觉是"鞭踢"。

易犯错误：膝关节不夹紧，腿部折叠不充分；上体太直、太靠前，身体重心往下落；踝关节不放松，用脚内侧击打。

4）侧踢

因为侧踢的速度较慢，跆拳道比赛中很少使用侧踢（见图 3-100）。但是在跆拳道品势中，侧踢是不可缺少的一种踢法。

动作要领：以左势起，右脚蹬地，屈膝上提；左脚以脚掌为轴外旋，右腿快速向右侧直线踢出，着力点为脚跟，然后收腿、身体重心回落，恢复预备姿势。

图 3-100　侧踢

注意事项：腿部要折叠充分，膝关节夹紧；头部、肩部、髋关节、膝关节、踝关节和脚形成一条直线；直线踢出，直线收回。

易犯错误：腿部折叠不充分；左脚未及时外旋，未能瞄准攻击目标；收髋、撅臀，小腿没有完全伸展；踢出时身体重心靠后；踢完后不收腿。

5）下劈

下劈（见图 3-101）是以脚掌、脚跟攻击对手的一种踢法，主要用于攻击对手的头部、颈部、面部和锁骨部位。

动作要领：以左势起，右脚蹬地，将身体重心前移至左脚；同时，右腿以髋关节为轴屈膝上提，双手握拳置于胸前，然后充分送髋，上提膝关节至胸部，将右腿直举于体前，右脚过头；接着，以右脚的脚后跟（或脚掌）为着力点劈击对手，随即收回，恢复预备姿势。

图 3-101　下劈

注意事项：腿尽量向高处、向头后举，要向上送髋，向上提身体重心；踝关节放松，脚往前落，要控制落地动作的力度。

易犯错误：举腿高度不够，踝关节紧张；上体后仰，控制不好身体重心和腿部，落地动作太重。

6）后踢

后踢（见图 3-102）是跆拳道比赛中常用的踢法，其特点是力量大，常用于攻击对手的上腹部或反击对手的横踢。

动作要领：以左势起，左脚以脚掌为轴内旋，脚跟正对对手，上体向左后方转，右膝向腹部靠近，大腿与小腿折叠，右腿用力向攻击目标直线蹬出。

图 3-102　后踢

注意事项：上体与腿部要折叠充分；收回小腿时不能转体，以免暴露出空当。

易犯错误：右脚没有起到瞄准作用；上体与腿部折叠不充分，直腿上撩或斜下踩踏；转身时出腿动作不连贯；边转身边出腿，击打路线为弧线；肩部、上体跟着旋转，易被反击。

（三）主要战术

良好的战术水平是以优秀的技术水平为基础的，初学者由于技术水平有限，所以对战术的运用会受到限制。下面介绍几个适合初学者的战术。

1．心理战术

初学者可以在比赛前利用情绪、动作、表情等威慑对手，在比赛中用气势压倒对手，利用规则允许的各种手段干扰对手的情绪，给对手造成心理压力，从而发挥自己的优势，战胜对手。

2．体力战术

初学者可以在比赛中先消耗对手体力，再利用自身体力优势压制对手。需要注意的是，初学者若要使用该战术，则应加强体力训练和耐力训练。

3．防守反击战术

初学者应全面掌握进攻技术和防守技术，并根据自己的优势和对手的劣势灵活变通，在防守的基础上伺机反击，从而取胜。

4．假动作战术

初学者可以用逼真的假动作或假象吸引对手的注意力，诱使对手露出破绽，然后抓住机会对其进行猛烈攻击，从而取得胜利。

（四）主要学练方法

（1）对镜练习是一种自我模仿练习。通过对镜练习，练习者可纠正错误，掌握正确的基本动作，体会各种攻防动作的路线、方向、力点。

（2）喂靶练习是同伴持手靶或脚靶不断变化方向和位置，练习者迅速反应并进行击打的一种练习方法。喂靶练习可有效地提高练习者的反应速度、应变能力和攻防动作的准确性，使其熟练掌握击打动作并应对各种情况。

（3）沙袋练习是一种重要的练习方法。沙袋练习不仅可以提高练习者的击打速度和力量，还可以提高练习者的承受能力、距离感和动作的准确性等。

（4）攻守练习是两人一组，运用各种进攻和防守技术进行格斗的练习方法。攻守练习可使练习者熟练掌握各种进攻和防守动作并应对不同情况，从而增加练习者的实践经验。

（五）主要比赛通则

1．比赛分级

跆拳道比赛由品势、搏击、功力检验三部分内容组成，比赛项目分男子和女子不同级别。其中，男子比赛项目分为58公斤以下级、68公斤级、80公斤级和80公斤以上级，女子比赛项目分为49公斤以下级、57公斤级、67公斤级和67公斤以上级。

2．有效得分

运用正确的技术、击打正确的得分部位、打击力量强是判定得分有效的依据。击中对手躯干计1分，用旋转踢技术击中对手躯干计2分；击中对手头部计3分，用旋转踢技术击中对手头部计 4 分；一方每被判 2 次"警告"或 1 次"扣分"，另一方得 1 分。

3．犯规行为

在比赛中，犯规行为的判罚分为警告和扣分两种。

1）警告

判罚警告的犯规行为包括以下几项。

（1）接触行为：抓住对手；搂抱对手；推对手；用躯干贴靠对手。

（2）消极行为：逃避或拖延比赛；双脚越出边界线；转身背对对手，逃避进攻；故意倒地；假装受伤。

（3）攻击行为：用膝部顶撞对手；故意攻击对手裆部；故意蹬踏对手的腿和脚；用掌或拳击打对手的面部。

（4）不当行为：教练员或运动员示意得分或扣分；教练员或运动员有不文明语言或不得体行为；比赛中，教练员离开规定位置。

2）扣分

判罚扣分的犯规行为包括以下几项。

（1）接触行为：抓住对手进攻的脚，故意将其绊倒或用手推倒对手。

（2）攻击行为：在主裁判员发出"分开"口令后攻击对手；攻击已倒地的对手；故意击打对手后脑或后背；用拳重击对手头部。

（3）不当行为：教练员或运动员有过激语言或行为。

三、空手道

（一）项目起源与场地特征

1．起源

空手道是日本的一种拳术，源于中国少林寺的技击，是一项不使用器械，利用身体各个部位进行徒手格斗的竞技活动。1970 年世界空手道组织联盟成立，同年举行了第一届世界空手道锦标赛。2020 年东京奥运会上，空手道被列为比赛项目。

空手道具有很强的实战技击性，可以使练习者增强身体素质和掌握实用的防身技术。此外，空手道强调自我超越、坚韧不拔的信念，可以使练习者逐渐形成谦虚、忍让、友好的品质。

2．场地特征

空手道比赛场地是边长为 8 m（由场地外缘量起）的正方形场地（见图 3-103），需要铺设专业的垫子，四周需要增设 1 m 的安全区。场地四周应有 2 m 的安全区域。采用赛台时，每边的安全区应再增设 1 m。

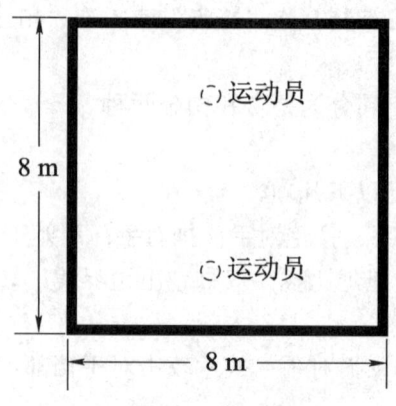

图 3-103　空手道比赛场地

（二）主要技术

1. 空手道基本礼仪

1）站立礼

两脚跟并拢，两脚尖成 60°角，两手轻放在两侧，手心向里，立腰拔背，目视前方；上体前倾 30°，鞠躬，头与躯干保持在一条直线上，目视斜前方；鞠躬 1 s 后，恢复站立姿势。

2）坐姿礼

两脚跟并拢，两脚尖成 60°角，两手轻放在两侧，手心向里，立腰拔背，目视前方；左脚往后一小步，前脚掌着地，然后屈膝下蹲，左、右膝依次着地，两膝分开，右脚前脚掌着地；两脚脚尖放平，脚背朝下，收膝后坐，两脚拇趾并在一起，臀部坐在两脚脚跟上，两手虎口向内收放于两大腿上；左、右手依次放在膝前，虎口斜向内，背部挺直，屈肘，微低头，行礼，臀部不要离开脚跟，如图 3-104 所示；恢复站立姿势。

图 3-104　坐姿礼

2. 空手道组手主要技术

1）前手上段拳

动作要领：格斗式准备；身体重心前移，左脚向前落步；同时左手握拳，向上段击打，目视前方（见图3-105）；左手在腰的转动下快速收回；同时右手进行防守；恢复格斗式。

要点：进攻时一定要保持手臂伸直，不能弯曲，击打时发声并发力。收拳一定要快，同时注意保持进攻势头和警惕性。

2）后手中段拳

动作要领：格斗式准备；身体重心前移，左脚向前上步；同时右手从右腰间伸出并向前击打，左手放于左侧并进行防守，目视前方（见图3-106）；右手在腰的转动下快速收回；同时左手进行防守；恢复格斗式。

要点：中段击打的动作要到位。容易犯的错误有后脚蹬地的力度不够、转腰的力度不够、不会转腰、击打的力度不够。

图3-105　前手上段拳

图3-106　后手中段拳

3）后手上段拳

动作要领：格斗式准备；身体重心前移，右脚向前上步的同时转腰送髋、送肩，右手向上段击打，目视前方（见图3-107）；快速收回右手；同时左手注意防守；恢复格斗式。

要点：后手上段拳与后手中段拳相似，只是拳的击打部位在上段。

4）后腿中段踢

动作要领：格斗式准备；左脚外展，同时右腿提膝；接着转髋，右腿画弧向前侧方踢出，力达脚背（见图3-108）；恢复格斗式。

要点：后腿中段踢的动作要连贯、有力度，收腿要快，不能有恶意击伤对手的行为。

图3-107　后手上段拳

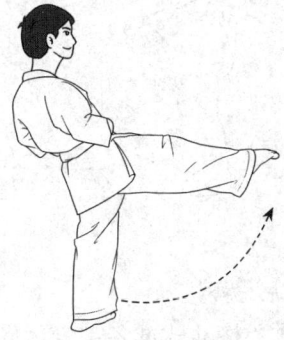

图3-108　后腿中段踢

5）后腿上段踢

动作要领：格斗式准备；左脚外展，同时提膝转髋，右腿画弧朝对手头部侧面踢出（见图 3-109）；转身恢复格斗式。

要点：上段踢的力度不可太大，不能有重击对手的行为。

6）勾踢（挂踢）

动作要领：格斗式准备；支撑腿外展，同时击打腿提膝，转向斜侧；击打腿经变向画弧并使用脚前掌进行后摆折叠式击打（见图 3-110）；击打后小腿收回，恢复格斗式。

要点：勾踢击打的时候，击打腿一定要向前伸出去，踢出去之后要快速收回。击打力度一定要适中，不能重击对手。做完动作之后，一定要做好自我防守并保持警戒心，不能让对手有可乘之机。

图 3-109　后腿上段踢

图 3-110　勾踢

7）后旋踢

动作要领：格斗式准备；身体向后转 180°，同时转头，眼睛从肩上方向后看，两腿呈交叉式，接着后腿提膝抬腿进行勾踢击打（见图 3-111）；恢复格斗式。

要点：后旋踢的时候，注意保持身体重心的稳定性，要准确击打目标，力度要适中。

图 3-111　后旋踢

8）转身后踢

动作要领：格斗式准备；身体向后转 180°，同时转头锁肩，眼睛从肩上方向后看，接着后腿提膝进行直线蹬踢（见图 3-112）；踢完之后快速收腿，恢复格斗式。

要点：后踢的时候，转身幅度不要太大，身体重心要稳，蹬腿时腿迅速发力，踢出时腿要伸直，转身与踢腿动作要一气呵成。

图 3-112　转身后踢

9）拂足摔

动作要领：格斗式准备；右手向前抓住对手前手衣袖；后脚、前脚依次上步；右手向右后拉，同时右脚向左斜前方扫击对手前脚脚踝处，使对手倒地，接着快速使用左手击打对手中段或上段部位；击打完成后，快速收拳，并保持警戒心。

要点：摔法要多加练习，才能运用自如。

10）截腿摔

动作要领：格斗式准备；当对手使用后腿进行踢击时，单手或双手抱住对手的进攻腿；接着迅速上步，通过旋转或拂足的方式把对手摔倒；在对手倒地的瞬间，使用拳法击打对手身体得分部位；击打后快速收拳，并保持警戒心。

要点：抓抱到对手腿部后迅速上步，手部和腿部协调发力，破坏对手的身体稳定性。

11）别腿摔

动作要领：格斗式准备；当对手使用前手进行上段击打时，躲过对手的进攻，用前手抓住对手的衣领，同时把前脚伸到对手的前腿后方；前手向前方用力，同时前腿向后方用力，破坏对手的身体稳定性，使对手摔倒；对手摔倒后，用后手击打对手身体得分部位；击打后快速收拳，并保持警戒心。

要点：别腿摔时，先抓住对手的衣领再迅速上步，手部和腿部协调发力，破坏对手的身体稳定性。

3．空手道基本站姿

（1）闭足立：两脚、两腿并拢，两腿伸直。

（2）结立（立正站立）：两脚跟靠拢，两脚尖成 60°角，两腿并拢、伸直。

（3）平行立：从结立姿势开始，两脚跟向外移动到两脚平行的状态。

闭足立、结立、平行立

（4）外"八"字立：从结立姿势开始，两脚跟分开至与肩同宽，两脚尖成60°角。

（5）内"八"字立：两脚分开，两脚尖轻微内扣，沉腰，使膝盖与足尖在一条直线上，两脚跟的距离与肩同宽。

（6）骑马立：两脚分开并平行，两脚间的距离约为自身脚长的3倍，两膝弯曲并向两侧外展，膝关节尽量与大脚趾垂直，身体重心位于两腿间。

（7）四股立：两脚尖外展，两脚之间的距离约为70 cm，两腿屈膝，大腿平行于地面。

（8）"L"字立：前脚正对前方，前脚跟与后脚跟紧贴在一起，后脚外展约45°。

外"八"字立、内"八"字立

骑马立、四股立、"L"字立

（9）基本立：从结立姿势开始，一脚向前上步，脚尖稍内扣，小腿垂直于地面；后脚脚掌着地，两脚之间的距离约为小腿的长度。

（10）前屈立：两脚之间的距离约为肩宽的两倍，前腿弯曲，后腿伸直，两脚尖内扣。前腿小腿与地面垂直，身体重心位于两腿间。

（11）后屈立：两脚之间的距离约为肩宽的两倍，前脚脚尖点地，后腿弯曲，后脚外展约90°，两脚跟在一条直线上，身体重心位于两腿间。

（12）猫足立：后脚外展约45°，后腿屈膝，前脚脚掌着地，髋关节内收，身体重心位于两腿间。

（13）交叉立：前腿弯曲，全脚掌着地，膝盖与脚尖在一条直线上，后脚脚跟抬起，膝盖弯曲，紧靠在前腿膝关节后，前脚脚跟与后脚脚尖在一条水平线上。

（14）三站立：前脚的脚尖内扣，后脚的脚尖朝向正前方，沉腰，使膝盖与脚尖在一条直线上，前脚脚跟与后脚脚尖保持在同一水平线上，两脚前后距离约为小腿的长度。双膝内扣，提收肛门。

（15）鹭足立：单腿微屈或伸直支撑，另一腿膝关节抬起并弯曲，使脚背扣于支撑腿膝关节后，脚背绷直。

基本立、前屈立、后屈立

猫足立、交叉立

三站立、鹭足立

4. 空手道基本手技

1）平行立冲拳

动作要领：两脚平行站立；两手握拳自然下垂于身体两侧；目视前方。左手抬起做中段冲拳准备；右拳收到右肋间，拳心向上。右拳内旋向对手的胸口冲拳，拳心向下，拳面的着力点在食指、中指的第三关节处；同时，左臂收于左肋间，略微拧腰，把左肘肘尖向后顶，与右拳一前一后，产生一种对拉张力，使右拳的冲击力更大。如此左、右拳交替练习，提高冲拳的速度和力度。

2）平行立下格挡

动作要领：两脚平行站立，上体端正；左拳收抱于右肩上方，拳心向里，拳眼向上。右拳向下置于腹部前，拳心向下，拳眼向左。左拳内旋，从右肩斜向下画弧格挡至身体左侧前下方，拳心斜向里，拳眼向右；同时右拳快速收回抱于右肋间。右手格挡时，动作同上，手臂动作左右相反，左、右臂交替练习。

3）平行立中段内格挡

动作要领：两脚平行站立，上体端正；两手握拳自然下垂于身体两侧，目视前方。右拳上提置于右肩上，拳心向左；左拳收于左肋间，拳心向上。右臂以肩关节为轴，斜向下从外向内画弧，右臂快速内旋，格挡至身体中线稍偏左一点，用手臂内侧部位格挡对手的攻击。此时右拳拳心向里，拳眼向右。左臂内格挡动作与右臂内格挡动作相同，左、右臂交替练习。

4）平行立中段外格挡

动作要领：两脚平行站立，上体端正，目视前方；两手握拳自然下垂于身体两侧；左臂上抬至体侧前方，肘部弯曲约 90°，拳心向里，拳眼向左；右拳上提至左肋下，拳心向下，拳眼向里。右前臂以肘关节为轴外旋，经左臂下方向前用手臂内侧等部位格挡对手的进攻。此时右臂肘尖向下，拳心向里；同时，左臂经右臂上方回撤置于左腰侧，拳心向上，拳眼向左。左臂外格挡与右臂外格挡动作相同，左、右臂交替练习。

 平行立冲拳
 平行立下格挡
 平行立中段内格挡
 平行立中段外格挡

5）平行立上格挡

动作要领：两脚平行站立，上体端正，目视前方；两手握拳自然下垂于身体两侧；左拳向胸前伸出，拳心向里，拳眼向上；右拳从右腰侧旋转向前伸出，在胸前与左臂交叉；左拳在内，右拳在外，身体朝正前方；目视前方。左拳外旋回撤抱于左腰上方，拳心向上；右拳内旋经面部前斜向头上方架挡，拳心向前，拳眼斜向下；目视

 平行立上格挡

前方。左拳上格挡时动作要求与右拳上格挡相同，左、右拳交替练习。

6）平行立手刀格挡

动作要领：两脚平行站立，上体端正，目视前方；两手握拳自然下垂于身体两侧；左手刀收于右肩前方，掌心向里，掌指斜向上。左手刀外旋从右肩前向前画弧格挡至身体左侧前方，手刀斜向前；同时右手刀快速收回贴靠在胸口处。右手格挡时，动作同上，左、右手交替练习。

平行立手刀格挡

（三）主要学练方法

（1）打吊纸。将普通报纸裁成 16 开或大 32 开，两角穿绳吊起，悬空与胸同高。用正拳或手刀击之，拳到纸破（破洞）、掌到纸断（断口平齐）为成功。成功后换更薄的纸进行练习，直到用极薄的拷贝纸、绵纸等也能达到上述效果。

（2）打吊板。练习初期可固定吊板两边，发力顺畅之后可以将木板悬空进行练习。

（3）打浮板。让木板漂浮在水中，这时很难找到着力点，如果用蛮力会使水花四溅，所以想要打断漂浮在水中的木板需要很强的爆发力（寸劲）。

（4）打蜡烛。用正拳或手刀凌空击烛，控制好距离，以拳风或掌风扑灭烛火。

（5）拍沙袋。练习初期可以在沙袋中放绿豆之类的谷物；也可以在沙袋中放适量的花椒，以起到活血化瘀的功效。

（四）主要比赛通则

1．比赛时间

（1）时长：成年男子和女子组比赛中，每回合的时长为 3 min；青（少）年男子和女子组比赛中，每回合的时长为 2 min。

（2）计时：每回合比赛的计时从主裁给出"开始"的信号开始，主裁喊"停止"时应停止计时。计时员应以清晰可辨的铃声或蜂鸣器为信号，提示"还有 15 s"和"时间到"。

（3）休息：在两场连续的比赛中间，选手将被给予与常规比赛时长相同的休息时间。如果选手需要更换不同颜色的护具，休息时间将会被延长至 5 min。

2．选手着装要求

（1）道服：空手道练习者一般穿纯白、无条纹、无绳边的道服。系上腰带后上衣的下摆应遮盖臀部，下摆的长度不超过大腿的四分之三；袖子不能长过手腕，不得短于前臂的一半，袖子不能卷起；裤子的长度不超过踝关节，不短于小腿的三分之二，同时裤腿也不能卷起。

（2）腰带系法：取出腰带，两手虎口相对，握住腰带中点的两端，使中点对准腹前中点约肚脐的位置；两手握住腰带向身后滑动并使腰带重叠，右手持腰带在下，左手持腰带在上，双手交换抓腰带，双手向前继续滑行并把腰带的两端拉到身体前方；左边腰带的一端往中点处重叠并压住腰带的中点，右边腰带压住左边腰带，然后换手，左手持外层腰带的一端从上往下穿过两层腰带，双手拉紧腰带并调整好松紧度；两手翻转腰带在腹前交叉并打结，然后用力拉紧，整理打结处，使腰带两端下垂的长度一致。

3．比赛主要规则

1）裁判

每场比赛的裁判小组包括一名主裁、四名边裁和一名赛事监督。

2）得分

（1）有效（1分），任何冲拳技术施加于站立状态下的对手7个有效得分部位中的任何一个部位而得分。

（2）有技（2分），使用踢技击中对手中段部位而得分。中段部位包括腹部、胸部、背部和胸腹侧面。

（3）一本（3分），使用踢技击中对手上段部位而得分，或使用任何一个有效的得分技术施加于被摔倒选手而得分。上段部位包括面部、头部和颈部。

3）得分标准

主要从良好的姿态、竞技态度、技术应用、警戒心、把握时机、合适的距离和正确的得分部位等方面进行评判。

4）判定胜负的标准

（1）率先取得8分的净胜分者获胜。

（2）比赛时间结束时，取得的分数高于对手者获胜。

（3）平分情况下获得"先得分优势"（选手在主裁叫停比赛前且对手没有得分之前得分）者获胜；平分且取消"先得分优势"情况下，以裁判小组的判定结果为准。

（4）因对手犯规、失格、弃权而获胜。

（5）在团体赛或循环赛中，当某一对选手在回合结束后，双方得分相同或都没有得分，且双方选手均没有获得"先得分优势"的情况下，主裁才会宣布平局。

（6）在团体赛中，如果双方获胜回合数及总分皆相同，就需要再进行一回合附加赛来决定胜负。附加赛胜负的判定结果也将决定团体赛的胜负；在团体赛中，当一方率先取得了足够获得比赛胜利的回合数或分数时，该方即为胜方，不需要继续完成未进行的回合；当红、蓝双方在一场比赛中同时因犯规被判取消资格时，下一轮比赛的对手将会因为轮空而获胜（无须宣布比赛结果）；若双方均被判取消资格的情况出现在奖牌赛中，这时将以判定结果或"先得分优势"来决定获胜方。

5）犯规行为

（1）过度接触，无论是否作用在有效的得分部位或接触喉部。

（2）攻击对手的手臂、腿部、裆部、关节或脚背部位。

（3）以开掌技术攻击对手的面部。

（4）危险的或被禁止的摔技。

（5）假装受伤或夸大伤情。

（6）非对手原因，踩到比赛场地界外。

（7）不顾自己安危，做出可能让自己被对手击中而受伤的行为，或没有采取足够的自我保护措施。

（8）通过逃避比赛的方式让对手没有机会得分。

（9）消极，没有与对手交手的意图（不能在比赛还剩不到 15 s 内判罚）。

（10）搂抱、扭拌、推搡对手，或与对手贴胸站靠，但没有试图施展得分技术或摔技。

（11）在截获对手施展踢技的腿后，不以施展摔技为目的，用双手抓住对手。

（12）用一只手抓住对手的手臂或道服，不立即试图施展得分技术或摔技。

（13）施展无法控制的、有可能伤害到对手的攻击技术。

（14）试图以头部、膝部或手肘攻击对手。

（15）与对手交谈，挑逗对手，不服从主裁的命令，或做出其他有违礼节的行为。

6) 警告和处罚

（1）忠告：用于选手初次犯规且程度轻微的情况。

（2）警告提醒：用于选手第二次犯规且程度较轻的情况。

（3）警告：用于选手第三次犯规且程度较轻的情况，或犯规程度还不到被判"犯规注意"的情况。

（4）犯规注意：这是取消比赛资格前的一次犯规警告，用于选手在该回合比赛中已被判过三次犯规，或者选手的犯规程度虽严重但还不到被判"犯规"的情况。

（5）犯规：这是取消比赛资格的处罚，用于选手的犯规程度非常严重或在该回合比赛中已被判处过一次"犯规注意"的情况。在团体赛中，犯规者的得分将会被清零，而对手将会得到 8 分。

（6）失格：这是取消选手参与整个赛事的资格的处罚。如果选手不服从主裁命令，行为恶劣，做出有损空手道荣誉的行为，或做出其他被认为有违竞赛规则和精神的行为，将被处以失格的处罚。在团体赛中，犯规者的得分将会被清零，而对手将会得到 8 分。

四、剑道

（一）项目起源与场地特征

1. 起源

剑道是日本传统的竞技性器械武术，深受中日传统文化的影响，并体现出对抗性、修身性、哲理性等特征。剑道是一种全身运动，讲究心神合一、修身养性，重视传统礼仪与规则，注重精神修炼，练习剑道能达到内外兼修的目的。

2. 场地特征

剑道比赛场地是边长为 9~11 m 的正方形场地（见图 3-113），可以使用木地板，也可以使用有弹性的榻榻米。场地的一侧通常设有武具架，用于存放比赛者的刀剑、面具、胸甲、护手等防护装备。

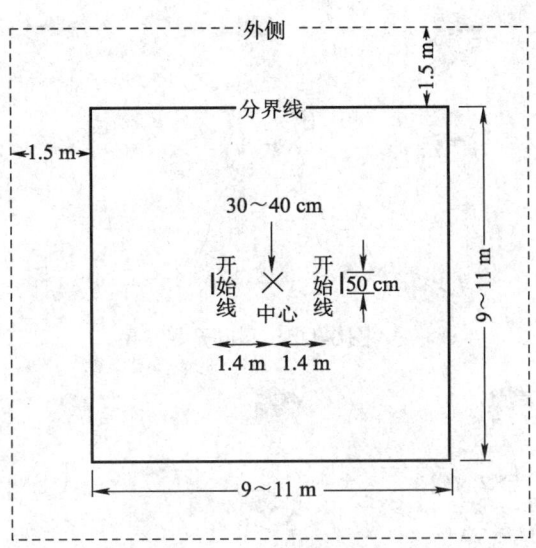

图 3-113　剑道比赛场地

（二）主要技术

1．基本步法

（1）送足。送足可用于任何方向的快速移动。以向前送足为例，自然站立，右脚在前，左脚在后；左脚跟微微抬起，右脚向前迈步，左脚跟上，注意左脚不能超过右脚，如图 3-114 所示。

图 3-114　向前送足

（2）开足。开足常用于斜向或侧向转动身体以攻击或防御对手。以斜向开足为例，自然站立，右脚在前，左脚在后；左脚跟微微抬起，右脚向前、向左画弧落至左前方，左脚跟上，注意左脚不能超过右脚，如图 3-115 所示。

（3）继足。继足俗称"偷步"，用于向前移动或从远距离击打对手的情况。自然站立，右脚在前，左脚在后；左脚移动到接近右脚但不超过右脚的位置，右脚向前移动，如图 3-116 所示。

图 3-115　斜向开足

图 3-116　继足

2．基本技术

（1）击面。自然站立，右脚在前，左脚在后；向前送足的同时，腰背部发力；向上举剑，力达剑尖，击中对手的头部，如图 3-117 所示。

（2）击手。自然站立，右脚在前，左脚在后；向前送足的同时，腰背部发力；向上举剑，力达剑尖，击中对手的手腕，如图 3-118 所示。

（3）击胴。自然站立，右脚在前，左脚在后；向前送足的同时，腰背部发力；向上举剑，力达剑尖，击中对手的躯干，如图 3-119 所示。

（4）刺技。自然站立，右脚在前，左脚在后；向前送足的同时，剑尖直指对手的喉部，如图 3-120 所示。

图 3-117　击面　　　图 3-118　击手　　　图 3-119　击胴　　　图 3-120　刺技

练习时，要特别注意保护对手，以免使其受伤。

第三章　运动技术与技能学练（二）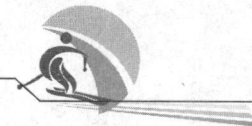

（三）主要战术

剑道战术主要有先发制人、格挡还击、突然变化、节奏控制、侧身避让、固守防线、持久战术、战术配合和心理战等。

（1）先发制人：在对手采取行动之前迅速出击，通过快速的进攻来制造压力。

（2）格挡还击：利用有效的防御技术挡住对手的进攻，等待对手露出破绽后迅速进行反击。

（3）突然变化：在比赛中突然改变动作、姿势或战术，使对手难以预测和应对。

（4）节奏控制：通过改变进攻和防守的节奏来迷惑对手。

（5）侧身避让：通过侧身的躲避动作来避开对手的攻击，同时准备反击。

（6）固守防线：在比赛中采取坚守防线的策略，通过有效的格挡和防守来抵挡对手的攻击。

（7）持久战术：通过保持稳健的防御来避免被击中，逐渐消耗对手的体力。

（8）战术配合：在团队比赛中，通过与队友的默契配合，制订并执行有效的集体战术。

（9）心理战：利用心理战术来影响对手的思维和情绪，以获得心理上的优势。

剑道的实践是一门综合性的武道，要求剑道者具备高超的技术和灵活的战术。在剑道比赛中，剑道者需要根据对手的动作和反应不断调整战术，以取得最终的胜利。

（四）主要学练方法

（1）"等公交"训练法：利用等公交或是其余碎片化的时间进行训练的方法，目的是提高左足的爆发力和速度。练习时，保持剑道步，身体重心落在左足，小腿肌肉收缩，身体微微提起。

（2）"撞墙"训练法：利用墙或者柱子进行练习的方法，目的是寻找丹田用力的感觉。练习时，保持腰背挺直，举剑，击墙，然后归位，重复练习。

（3）振足训练法：举剑，在振足的同时挥剑，注意控制身体重心（一步即停），然后归位。振足训练法的重点在于保持腰背挺直，右脚不要抬太高，左脚要迅速跟上，不要刻意跺脚。

（五）主要比赛通则

剑道比赛有一套明确的规则和裁判标准，这些规则旨在确保比赛的公平性、安全性和体育精神。

（1）比赛服装：参赛选手需要穿着正式的剑道服和防护具（如面具、护手、护胸等）。裁判和其他工作人员也有特定的服装。

（2）武器：比赛中使用的武器为竹刀和木剑。竹刀通常由四根竹片组成，外包裹着橡胶，并使用麻绳绑定。

（3）比赛得分：比赛得分是根据击中对手身体的部位和采用的技术来判定的。典型的得分部位包括头部、手腕、胸部和腹部。

（4）击打判定：裁判会根据击打部位、技术的准确性和动作的流畅性来判断是否有效击中。击打必须具有精确性、控制性和速度。

（5）无效击打：不正确的击打姿势、太过用力、击打部位不准确等情况可能导致无效击打。

（6）裁判的角色：比赛中有多名裁判，包括一名主裁判和其他副裁判。主裁判负责判定主要得分，而副裁判负责裁决争议。

（7）比赛时间：比赛通常规定回合数或持续时间。在比赛结束后，得分较高的选手或团队获胜。

（8）比赛礼仪：剑道比赛非常注重礼仪，包括比赛前的敬礼、比赛过程中的规范行为，以及比赛结束后的礼节。

五、五禽戏

（一）项目起源

五禽戏于东汉末年由名医华佗首创，是通过模仿虎、鹿、熊、猿、鸟的动作和姿态进行健身的一种运动。2011年5月23日，五禽戏被列入第三批国家级非物质文化遗产名录。

（二）健身价值

五禽戏属于中等强度的有氧运动，坚持习练对增加肌肉力量、提高平衡能力、促进血液循环、增强心肺功能、提高注意力等具有积极作用。

（三）主要技术

1. 预备势

双脚自然站立，双肘自然下垂、外扩，两掌慢慢向内翻转，并缓缓下按于腹前，目视前方，调息凝神，如图3-121所示。重复做两次上述动作。

2. 虎戏

虎戏共两式，包括虎举和虎扑。

虎举（见图3-122）：接预备势。双手上提至肩前，然后十指伸开，上举至头的上方，双手十指弯曲呈"虎爪"，目视双手；双手外旋握拳，拳心相对，目视双拳。

虎扑（见图3-123）：接虎举动作。双手下按，拳心向下；双手向上、向前画弧，同时上半身前俯，挺胸、塌腰，头微抬，目视前方；双腿伸膝、凸髋、挺腹、后仰，同时双手顺着体侧自下向上提至胸侧；左腿屈膝提起，双手上举；左腿向前迈出一步，双手下按，呈左虚步。向相反方向重复做一次上述动作。

图 3-121　预备势

图 3-122　虎举

图 3-123　虎扑

3．鹿戏

鹿戏共两式，包括鹿抵和鹿奔。

鹿抵（见图 3-124）：双腿微屈，身体重心移至右腿，左脚向前迈步，同时身体右转，双手握空拳，两臂向右侧摆起，约与肩齐平，目视双拳；身体重心向前移，右腿蹬直，身体左转，两掌呈"鹿角"，并向上、向左、向右画弧，掌心向外，左臂屈肘抵靠于左腰侧，右臂举至头前，目视右脚跟。向相反方向重复做一次上述动作。

鹿奔（见图 3-125）：接鹿抵动作。左脚向前迈一步，屈膝，呈左弓步，同时双手握空拳，向上、向前画弧至体前，与肩齐平，目视前方；身体重心后移，左膝挺直，右腿屈膝，低头、收腹、弓背，两臂随之内旋，双拳拳背相对、前伸，拳变"鹿角"。向相反方向重复做一次上述动作。

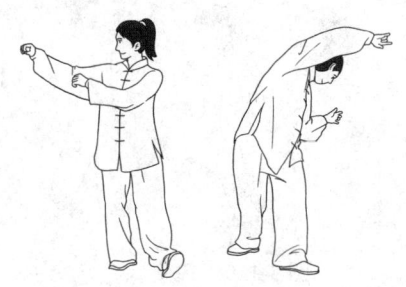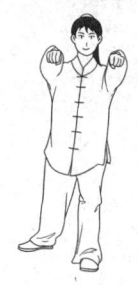

图 3-124　鹿抵　　　　　　　　　图 3-125　鹿奔

4. 熊戏

熊戏共两式，包括熊运和熊晃。

熊运（见图3-126）：双手握空拳，形成"熊掌"，拳眼相对，垂于下腹部，目视双手；以腰、腹为轴，上半身按顺时针方向摇晃，双拳随之经右肋部、上腹部、左肋部、下腹部画圆，两眼随身体摇晃而环视。向相反方向重复做一次上述动作。

熊晃（见图3-127）：接熊运动作。身体重心向右移，左腿屈膝、抬起，双手握空拳，变"熊掌"，目视左前方；左脚向前迈步，右腿伸直，身体向右转，右拳摆至体后。向相反方向重复做一次上述动作。

图3-126　熊运

图3-127　熊晃

5. 猿戏

猿戏共两式，包括猿提和猿摘。

猿提（见图3-128）：双手置于体前，屈腕捏拢手指形成"猿钩"；双手上提至与胸齐平，双肩耸起，收腹、提肛，同时双脚脚跟提起，头向左转动；之后头转正，双肩下沉，掌心向下，目视前方。向相反方向重复做一次上述动作。

猿摘（见图3-129）：接猿提动作。左脚后退一步，脚尖点地，左臂屈肘，左掌变"猿钩"收至腰侧，右掌向右前方摆起；屈膝下蹲呈右丁步，同时，右掌向下经腹前向上画弧至头部左侧，目视右前方；右掌内旋下按，右脚向右前方迈出一大步，右掌向右上方画弧变"猿钩"，左掌向上伸举，屈腕呈勾手，做采摘状；身体重心后移，左腿屈膝下蹲，右脚收至左脚内侧，呈右丁步，同时左臂屈肘，手掌呈托桃状，右掌下划至左肘下捧托。向相反方向重复做一次上述动作。

图3-128　猿提

图3-129　猿摘

6. 鸟戏

鸟戏共两式，包括鸟伸和鸟飞。

鸟伸（见图3-130）：双腿微屈膝下蹲，双手叠于腹前；双手保持交叠向上举至头前上方，掌心向下，指尖水平向前，身体随之微前倾，提肩、缩颈、收腹、塌腰，目视前下方；双手下按至腹前；右腿蹬直，左腿伸直后向后抬起，同时双手左右分开，手掌变"鸟翅"，并向体侧后方摆起，掌心向上，抬头、伸颈、挺胸、塌腰，目视前方。向相反方向重复做一次上述动作。

鸟飞（见图3-131）：接鸟伸动作。双腿微屈，双手手掌呈"鸟翅"合于腹前，掌心向上；右腿伸直，左腿屈膝抬起，脚尖指向地面，两臂呈展翅状，沿体侧向上平举，稍高于肩，掌心向下；左脚落于右脚旁，脚尖点地，双手合于腹前；右腿伸直，左腿屈膝抬起，脚尖指向地面，双手举至头顶，两臂尽量伸直，掌背相对，指尖朝上，目视前方。向相反方向重复做一次上述动作。

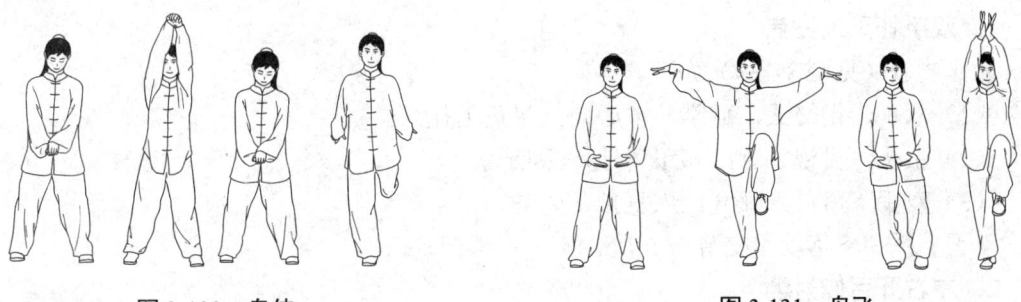

图3-130 鸟伸　　　　　　　　图3-131 鸟飞

7. 收势

引气归元（见图3-132）：双手上举至头顶，掌心向下，目视双手；双手缓慢下按至腹前，再抬至与脐齐平，掌心向上，双手合拢，虎口交叉、叠掌；呼吸调匀，意守丹田；双手在胸前搓掌至热，贴面部，上下摩擦，浴面数次；双手下落，垂于体侧，恢复预备势。

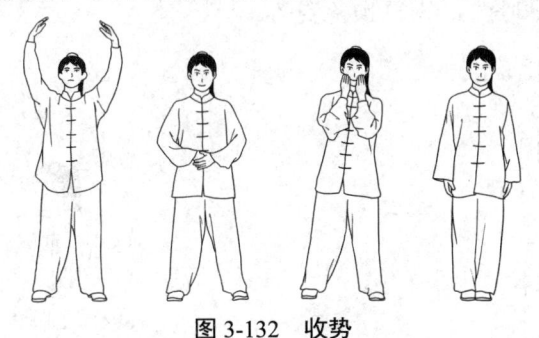

图3-132 收势

六、八段锦

（一）项目起源

八段锦的起源可追溯至宋代之前，在明清时期逐渐发展完善，是历代养生家和习练者的智慧结晶。

（二）健身价值

八段锦动静相兼、松静自然，柔和缓慢、圆活连贯，适用于不同人群的健身锻炼。长期习练八段锦有助于改善呼吸系统、神经系统及循环系统的功能，增强细胞免疫功能和机体抗衰老能力，改善心理健康。

（三）主要技术

八段锦有文八段和武八段之分。前者为坐式，后者为立式，并有歌曲口诀流传于世。本书以武八段为例，介绍八段锦的练习方法。

预备姿势：自然站立，双脚分开至与肩同宽，两臂下垂，两眼平视前方。略微下蹲，两臂微屈，掌心向内，指尖相对。

1. 双手托天理三焦

动作要领（见图3-133）如下。

（1）双手十指交叉，翻掌，掌心向上尽量上托。

（2）抬头，目视手背，脚跟离地，深吸气。

（3）双手下落，深呼气，恢复预备姿势。

双手上托和下落动作交替做6次。

2. 左右开弓似射雕

动作要领（见图3-134）如下。

（1）双脚分立，下蹲呈骑马式，双手在胸前交叉，掌心向内。

（2）左臂向左侧伸直，左手拇指和食指伸直，其余手指握紧，两眼直视左手。右手半握拳，拳眼向上，如拉弓状由左胸前慢慢拉至右胸前，深吸气。

（3）双手回落，深呼气，恢复预备姿势。

左右手交替做6次。

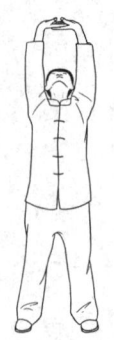

图3-133　双手托天理三焦

图3-134　左右开弓似射雕

3. 调理脾胃须单举

动作要领（见图 3-135）如下。

（1）自然站立，两臂弯曲，掌心向上，指尖相对。

（2）右手翻掌，掌心向上托，同时左手翻掌，掌心向下压，深吸气。

（3）手掌回落，深呼气，恢复预备姿势。

左右手交替做 6 次。

4. 五劳七伤往后瞧

动作要领（见图 3-136）如下。

（1）自然站立，略微下蹲，双手下按，指尖向前，掌心向下。

（2）手掌外旋，掌心向外，头慢慢向左转，目视左后方。

（3）手掌回落，恢复预备姿势。

左右侧交替做 6 次。

图 3-135　调理脾胃须单举

图 3-136　五劳七伤往后瞧

5. 摇头摆尾去心火

动作要领（见图 3-137）如下。

（1）双脚分立，双手上托，掌心朝上。

（2）下蹲呈骑马式，双手下落，放在两膝上。

（3）上体右倾，从右至左绕环，再从左至右绕环。

上述动作重复做 6 次。

6. 双手攀足固肾腰

动作要领（见图 3-138）如下。

（1）双脚分立，双手上举，掌心相对。

（2）双手下落，从胸前绕至体后，手背紧挨身体下滑至臀部。

（3）向前弯腰，同时翻掌下按，掌心向下，手指翘起，双手手掌尽量按向脚背。

（4）恢复预备姿势。

上述动作重复做 6 次。

图 3-137 摇头摆尾去心火

图 3-138 双手攀足固肾腰

7. 攒拳怒目增气力

动作要领（见图 3-139）如下。

（1）双脚分立，下蹲呈骑马式，双手握拳放在腰部两侧。

（2）左拳向左前方用力击出，拳眼朝上。手掌展开，手腕绕环，然后握拳收回。左右手交替做 6 次。

8. 背后七颠百病消

动作要领（见图 3-140）如下。

（1）自然站立，双脚并拢，两臂自然垂于体侧。

（2）双脚踮起，脚跟慢慢离地，趾尖着力，两膝伸直，深吸气。

（3）恢复预备姿势，深呼气。

上述动作重复做 6 次。

练习八段锦时的呼吸方法为吸气时收腹、提肛，呼气时松腹、松肛。注意呼吸要与动作相配合，起吸落呼，开吸合呼，蓄吸发呼，在动作停顿时可适当屏气。

图 3-139 攒拳怒目增气力

图 3-140 背后七颠百病消

第四章 运动技术与技能学练（三）
（游泳·冰雪类·传统体育拓展类）

目前在大学开展的游泳运动项目主要有竞技游泳、实用游泳等；冰雪类运动项目主要有速度滑冰、滑雪等，以及类冰雪运动轮滑；传统体育拓展类运动项目主要有射箭、极限飞盘、跳绳等。

第一节 游泳运动

游泳运动以有氧运动为主，对发展学生的力量、耐力、速度、灵敏性、柔韧性等具有积极效果，同时对培养学生的水上生存和救护技能具有积极意义。

一、竞技游泳

（一）项目起源与场地特征

1. 项目起源

游泳运动是人们在长期生活实践中产生和发展的，是指人体在水中运用腿、臂、躯干、头部动作，按照一定要求，周而复始地重复或游进。随着游泳运动的发展，游泳运动可细分为实用游泳、花样游泳、潜泳和竞技游泳四大类，如图4-1所示。

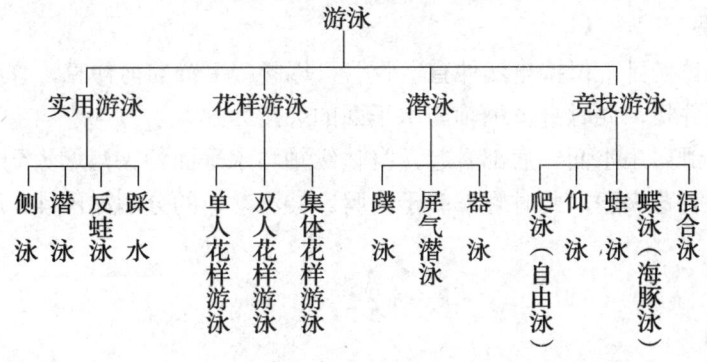

图 4-1 游泳运动的分类

2. 场地特征

游泳池是人们进行游泳运动的场所，根据水温可分为一般游泳池和温水游泳池。标准游泳池长 50 m、宽 21 m（奥运会和世界锦标赛要求宽度为 25 m），水深大于 1.8 m，如图 4-2 所示。出发台应居中设在各泳道中心线上，台面尺寸为 50 cm×50 cm，台面临水面前缘应高出水面 50～70 cm，台面倾向水面不应超过 10°。两泳道间有分道线，分道线用浮标线分挂在池壁两端。池底和池端壁应设泳道中心线，中心线为深色标志线。

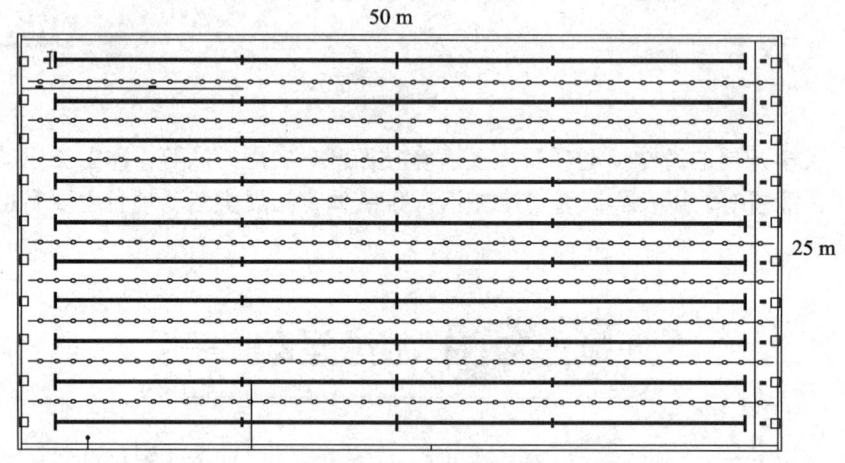

图 4-2　标准游泳池

（二）主要技术

本书重点介绍普及性较广的蛙泳技术和自由泳技术。

1. 蛙泳技术

蛙泳也称"俯泳"，因游进时，人俯卧在水面上，两臂对称向侧面划水，两腿对称向侧后方蹬夹水，与青蛙游水动作相仿，所以称为蛙泳。

蛙泳有很多优点，包括游泳者容易掌握呼吸节奏，游动声音小，容易观察和判断游动方向，每个动作周期结束后有短暂的滑行放松时间，等等。

蛙泳技术

1）身体姿势

蛙泳时，身体俯卧，保持自然伸直，收腹，塌腰；手臂向前伸直，掌心向下；头置于两臂之间；双腿并拢，此时身体纵轴与水平面的夹角为 5°。

吸气时，下颌露出水面，肩部升起，身体纵轴与水平面的夹角增大到 15°。吸气后，头没入水中，提臀蹬夹腿，此时臀部高于肩膀。蛙泳动作的分解如图 4-3 所示。

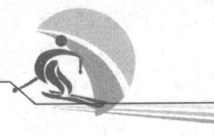

图 4-3 蛙泳动作的分解

2）腿部动作

腿部动作是推动身体前进的主要动力，分为收腿、翻脚、蹬夹腿和滑行四个阶段。

（1）收腿：屈膝、屈髋，由大腿带动小腿前收，同时两膝逐渐分开，两脚脚后跟尽量向臀部靠近，使两脚和小腿在大腿的正面投影截面内，大腿与躯干的夹角为120°～130°。

（2）翻脚：当收腿动作接近完成时，脚仍向臀部靠近，两膝内扣，两脚外转，脚尖向外，使脚和小腿内侧对准蹬水方向，小腿离开大腿的投影截面，如图4-4所示。翻脚结束时，两脚之间的距离大于两膝之间的距离。

（3）蹬夹腿：翻脚后，大腿发力向后蹬出，通过伸髋、伸膝、伸踝，以大腿、小腿的内侧和脚掌快速地做弧形蹬夹动作。蹬夹腿时，两膝间的距离应保持不变。

（4）滑行：蹬夹腿结束后，身体借助蹬夹腿产生的推进力向前滑行，此时双腿并拢，收腹塌腰，身体呈流线型，以减少阻力。

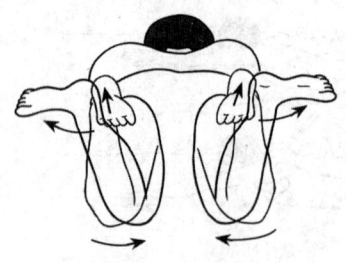

图 4-4　翻脚

3）臂部动作

臂部动作分为抓水、划水、收手和伸臂四个阶段。

（1）抓水：由两臂前伸滑行开始，两肩稍内旋，掌心转向斜下方对准划水方向，稍勾腕，准备划水。

（2）划水：划水开始，两臂慢慢分开，当两臂之间的夹角为 40°～45°时，手臂向外旋转屈肘，形成屈臂高肘划水，之后向两侧及后下方划水，直至两臂之间的夹角为 120°时，划水结束，准备收手。肘关节弯曲的角度随着划水的进行不断减小，到划水即将结束时，肘关节弯曲的角度约为 90°。

（3）收手：当两臂之间的夹角为 120°时，靠肘伸肩。手臂开始向里、向上运动，掌心由向后转为向内，收到头部下方。收手动作要迅速、流畅。收手结束时，肘关节低于手，上臂与前臂之间的夹角为锐角。

（4）伸臂：两臂从头下同时向前伸出、伸直，掌心由向内转为向下。伸臂结束时，两臂恢复滑行姿势。

4）臂、腿和呼吸的配合技术

常见的臂、腿和呼吸的配合技术是两臂做抓水和划水动作时抬头吸气，腿自然伸直，收手的同时收腿，手开始向前伸。收腿结束后翻脚，当伸臂动作进行到 2/3 时，做蹬夹腿动作，然后滑行吐气。

2. 自由泳技术

自由泳又称"爬泳"，其特点是动作结构合理、省力，是速度较快的游泳姿势之一。

1）身体姿势

自由泳时，身体俯卧在水面呈流线型，背部和臀部的肌肉保持适当的紧张度，在游进中保持头部平稳，躯干围绕身体纵轴有节奏地自然转动 35°～45°，如图 4-5 所示。

2）腿部动作

自由泳时，腿主要起平衡作用，腿部动作可以帮助保持身体稳定和协调双臂做有力的划水。腿部动作要领为两腿自然并拢，脚稍内旋，踝关节放松，以髋关节为轴，由大腿带动小腿和脚掌，两腿上下交替打水，两脚尖上下距离为 30～40 cm，膝关节弯曲约 160°，如图 4-6 所示。

第四章 运动技术与技能学练（三）

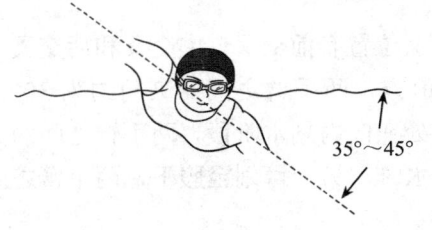

图 4-5 身体姿势

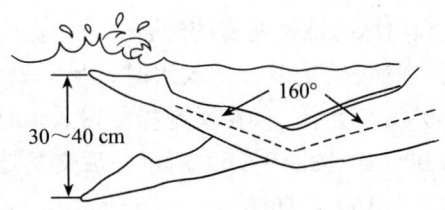

图 4-6 腿部动作

3）臂部动作

臂部动作能产生推动身体前进的动力，分为入水、抱水、划水、出水和空中移臂五个阶段。

（1）入水：手的入水点一般在身体纵轴和肩关节的前方延长线之间。入水时手指自然伸直并拢，臂内旋，使肘关节抬高处于最高点，掌心斜向外下方，使手指先入水，然后是前臂入水，最后是上臂入水。

（2）抱水：入水后，在向下移臂的过程中，手掌从向斜外下方转向斜内后方并开始屈腕、屈肘，使肘高于手，以便能迅速过渡到较好的划水位置。抱水结束时，手掌接近垂直于水面，肘关节弯曲约150°，整个手臂像抱着一个大圆球似的，为划水做准备。

（3）划水：划水是发挥最大推进作用的主要阶段，其动作过程可分为拉水和推水两个阶段。紧接抱水阶段进入拉水阶段，这时要保持抬肘，并使上臂内旋。同时继续屈肘，使划水动作形成合理的动作方向和路线。手臂拉水至肩的垂直平面后，即进入推水阶段，这时肘关节弯曲约100°。上臂要保持内旋姿势，带动前臂，用力向后推水。同时，肩部后移，以加长有效的划水路线。向后推水有一个从屈臂到伸臂的加速过程，手掌沿着从内向外、从下向上的动作路线加速划至大腿旁。在整个划水动作过程中，手的运动轨迹呈"S"形，如图4-7所示。

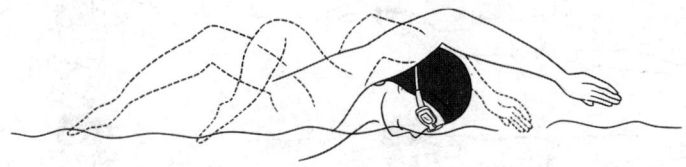

图 4-7 划水

（4）出水：划水结束后，掌心转向大腿，出水时小指向上，手臂放松，微屈肘。由上臂带动肘部向外上方提拉，将前臂和手带出水面，掌心转向后上方。出水动作必须迅速、连贯、柔和、自然。

（5）空中移臂：紧接出水阶段进入空中移臂阶段。移臂时，肘高于手，由肘带动前臂和手向上、向前移动，准备入水，动作应柔和、连贯，如图4-8所示。

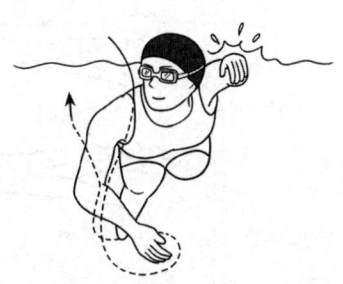

图 4-8 空中移臂

133

4）两臂配合

自由泳时注意两臂的配合。自由泳时两臂的交叉位置有前交叉、中交叉和后交叉三种类型。前交叉是指一臂入水时，另一臂前摆至肩前方，两手臂之间的夹角约为30°，如图4-9（a）所示。中交叉是指一臂入水时，另一臂处在向内划水阶段，两手臂之间的夹角约为90°，如图4-9（b）所示。后交叉是指一臂入水时，另一臂划至腹下，两手臂之间的夹角约为150°，如图4-9（c）所示。

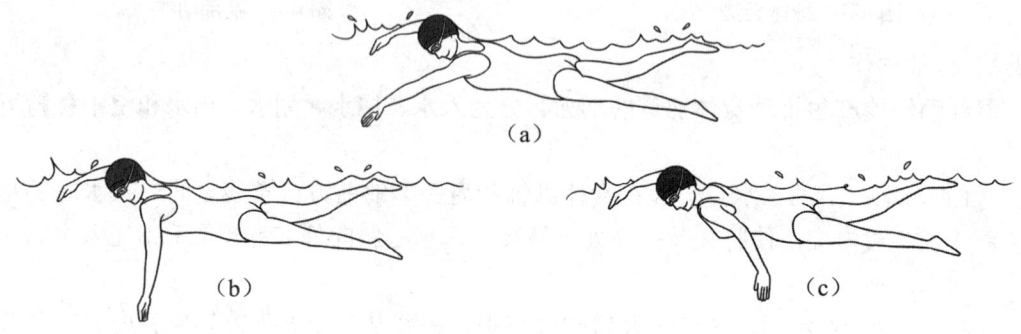

图4-9 自由泳时两臂的配合

5）臂、腿和呼吸的配合技术

以向右转头呼吸为例。右臂入水后，鼻子开始慢慢呼气，右臂划水至肩下，增大呼气量。右臂出水的同时，向右侧转头并开始张嘴吸气，右臂进行空中移臂的同时，头部转正还原。在右臂入水前，有一个短暂的闭气过程，右臂入水，再开始下一个呼气过程，如图4-10所示。

自由泳时的腿、臂和呼吸动作多采用"6∶2∶1"的配合方式，即呼吸1次、划臂2次、打腿6次，这种配合方法易保持平衡和协调。

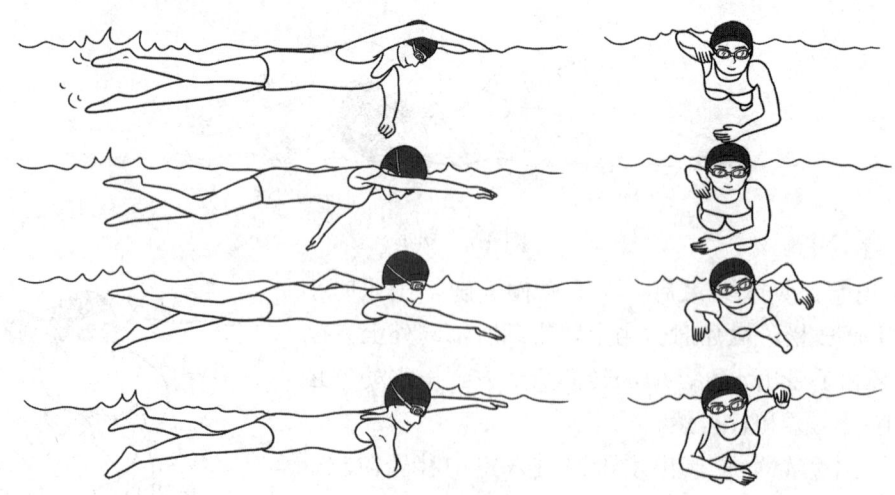

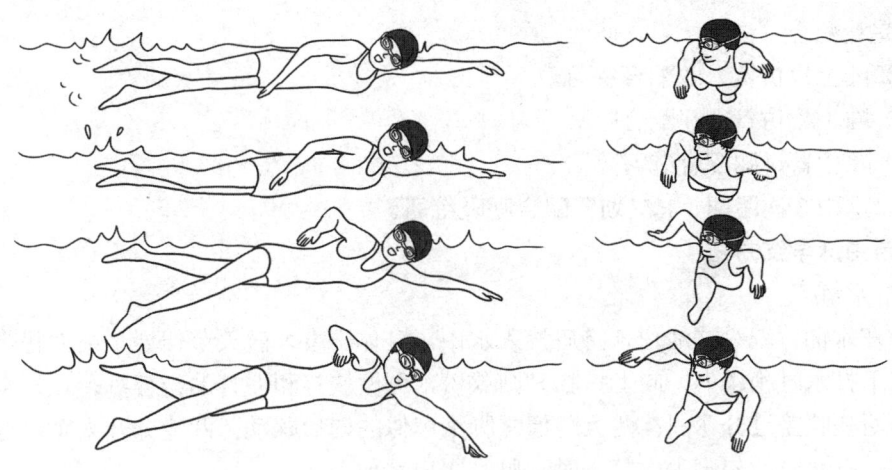

图 4-10　自由泳臂、腿和呼吸的配合技术分解

（三）主要学练方法

1. 蛙泳学练方法

1）换气技巧练习

（1）水中闭气：手扶池壁或同伴的手蹲下，将头没入水中，闭气，一段时间后站起。若头部感到不适，则应终止练习。出水后，用口吸气，调整呼吸。注意入水后要睁开眼睛。

（2）水中吐气：手扶池壁或同伴的手蹲下，将头没入水中，缓慢吐气，一段时间后缓缓站起。注意不可断断续续地吐气，否则容易呛水。

（3）韵律呼吸：指有规律、有节奏地呼吸。在水中用口（鼻）吐气，出水后用口吸气。可以配合双手压水的动作进行韵律呼吸练习：首先双手向前伸直并拢，蹲下，入水吐气；然后双手向两侧平举，站起，出水吸气。

2）腿上动作练习

（1）陆上模仿练习。坐在池边，身体后倾，双手支撑身体，练习蹬腿；然后趴在池边进行蹬腿练习。

（2）水中蹬腿练习。双手扶住池边，将肩部没入水中练习蹬腿。练习一段时间后，可以将头没入水中闭气，通常一次闭气配合 3～5 次蹬腿练习。

（3）扶板蹬壁滑行加蹬腿练习。

（4）蹬壁滑行加蹬腿练习。

3）手上动作练习

（1）陆上模仿练习。

（2）水中练习。水中练习的前提是水的高度低于胸部、高于腰部，如水的高度不合适，可以双人配合，一人扶着另一人的腰部练习。

4）臂和呼吸的配合

手臂向外划，抬头吸气；手臂向内划，闭气；手臂前伸，低头吐气。

5) 完整配合

(1) 陆上模仿臂、腿配合练习。

(2) 陆上模仿臂、腿配合呼吸练习。

(3) 水中臂、腿配合练习。

(4) 水中3次蹬腿、1次划臂配合呼吸练习。

2. 自由泳学练方法

1) 打水练习

俯卧在水面,双手扶池边,将肩没入水中,身体平直,髋关节伸展,由大腿带动小腿打水。向下打水时稍用力,向上抬腿时则放松,可做快打和慢打的交替练习。打水时易犯的错误:两腿膝盖过分弯曲;两大腿像踩脚踏车似的向后踩动;两腿分开太宽,打水不能发挥作用;打水时,勾脚尖;打水时,脚掌露出水面。

2) 陆上模仿练习

坐在池边,上体稍后仰,脚面伸直,脚踝放松,做直腿和屈腿的打水练习,打水幅度为30~40 cm。

3) 水中划臂练习

两腿并拢,上体前倾,使肩没入水中,划臂时要用力,移臂时放松。可以先单臂练习,然后过渡到双臂练习,也可以做划臂和呼吸的配合练习。

4) 水中滑行打水练习

吸气后蹬壁,腰背保持适当张力,身体呈流线型,滑行后开始打水。

5) 水中配合练习

蹬壁滑行后,在双腿打水的基础上做双臂的划水练习,然后配合呼吸练习。

(四) 主要比赛通则

1. 比赛出发

(1) 蛙泳、自由泳比赛必须从出发台起跳出发。当总裁判发出长哨音信号后,运动员应站到出发台上。当发令员发出"各就位"的口令后,运动员应至少有一只脚在出发台的前缘做好出发准备。当所有运动员都处于静止状态时,发令员发出出发信号。

游泳比赛片段

(2) 在奥运会、世界锦标赛及其他国际泳联的比赛中,"各就位"的口令必须用英语发出,出发信号必须使用多个扩音器发出。在每个出发台设置一个扩音器。

(3) 任何运动员如在出发信号发出前出发,应取消其比赛资格或录取资格。如果在出发信号发出后发现运动员抢码犯规,比赛应继续进行,在该组比赛结束后取消犯规运动员的录取资格。如果在出发信号发出前发现运动员抢码犯规,则不再发出发信号,但要将其他运动员召集回来,再次组织出发。

2. 蛙泳比赛规则

（1）出发和每次转身后，从第一次手臂动作开始，身体应保持俯卧姿势，任何时候不允许呈仰卧姿势。比赛全程中每个动作周期应按照一次划水和一次蹬腿的顺序进行。

（2）两臂的所有动作应在同一水平面上同时进行，不得有交替动作。

（3）两手应同时在水面、水下或水上由胸前伸出。除转身前最后一个动作、转身过程中和终点触壁前的最后一个动作外，两肘不得露出水面。除出发和每次转身后的第一次划水动作外，两手向后划水不得超过臀线。

（4）在每个完整动作周期内，运动员头的某一部分应露出水面。只有在出发和每次转身后，运动员可做一次手臂向后划至腿部的动作，但在第二次划臂至最宽点并在两手向内划水前，头必须露出水面。当身体完全没入水中时，允许做一次海豚式打水动作，之后做蹬水动作。在此之后腿部的所有动作应在同一水平面内同时进行，不得有交替动作。

（5）在蹬腿产生推进力的过程中，两脚必须做外翻动作，不允许做剪夹、上下交替打水或向下的海豚式打水动作。只要不接着做向下的海豚式打腿动作，允许两脚露出水面。

（6）在每次转身和达到终点时，两手应在水面、水上或水下同时触壁，触壁前的最后一次划水动作结束后，头可以潜入水中，但在触壁前的一个完整或不完整的配合动作中，头的某一部分应露出水面。

3. 自由泳比赛规则

（1）自由泳意味着比赛中可采用任何泳式。但在个人混合泳及混合泳接力赛中，自由泳是指除蝶、仰、蛙以外的泳式。

（2）转身和到达终点时，必须用身体某一部位触池壁。

（3）在整个游程中运动员身体的一部分必须露出水面，在转身过程中允许运动员完全潜入水中，但在出发和每次转身后潜泳距离不得超过 15 m，在 15 m 时运动员的头必须已经露出水面。

二、实用游泳

实用游泳是指在日常生活、军事活动、水上作业时具有实用价值的游泳，主要有侧泳、潜泳、反蛙泳、踩水等游泳姿势，可用于武装泅渡、水上救护等。本书重点介绍踩水、反蛙泳和侧泳的技术及学练方法。

（一）主要技术

1. 踩水技术

踩水是身体直立在水中、头部露出水面的一种游泳姿势，一般用于持物过河、水上侦察、水上救护等。踩水时，两腿同时做类似蛙泳的向下蹬水动作，两臂在胸前做横向划水动作，也可采用两腿交替蹬踩和两臂上下压水的方式，如图 4-11 所示。

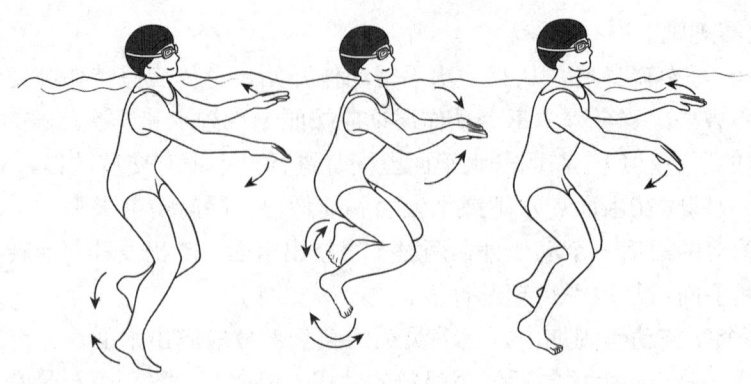

图 4-11 踩水

1）身体姿势

身体在水中接近于直立，头部始终在水外，下颌接近水平面。

2）腿部动作

（1）两腿交替蹬夹水。一腿蹬夹水时先屈膝，小腿和脚向外翻，然后膝向里扣压，用小腿内侧向内侧下方蹬夹水，当腿尚未蹬直时往后上方收小腿，收腿同时另一腿开始做蹬夹水的动作，两腿交替进行。脚的蹬水路线及回收路线呈弧形。

（2）同蛙泳一样蹬夹水。蹬夹水时先屈膝，小腿和脚向外翻，然后两膝向里扣压，用小腿和脚内侧向侧下方蹬夹水，当两腿还未完全蹬直时收腿，动作要连贯。

3）臂部动作

（1）两臂弯曲，手和前臂在胸前做向外、向内的摸水动作，手臂动作不宜过大。

（2）向外摸水时掌心稍向外，向内摸水时掌心稍向内，手掌要有压水的感觉。两手摸水路线呈弧形。

4）臂、腿和呼吸的配合

（1）腿和臂的动作配合要连贯，一般是两腿各蹬夹 1 次水或是两腿同时蹬夹 1 次水，两臂做 1 次摸水动作。

（2）两腿交替蹬夹水时，两臂交替上下压水。两腿同时蹬夹水时，两臂同时向外摸水。

（3）随腿、臂的动作节奏自然地呼吸。

2．反蛙泳技术

反蛙泳是身体仰卧在水上，两臂在体侧同时向后划水，两腿同时向后蹬夹水的一种游泳姿势，常用于水中拖带溺水者。反蛙泳由于嘴鼻露在水面上，可以随着动作自然呼吸，所以它比较容易学。游进时，身体仰卧于水面，两腿做类似蛙泳的蹬水动作，两臂同时沿体侧向后划水，一次划臂配合一次蹬腿，使身体前进，如图 4-12 所示。

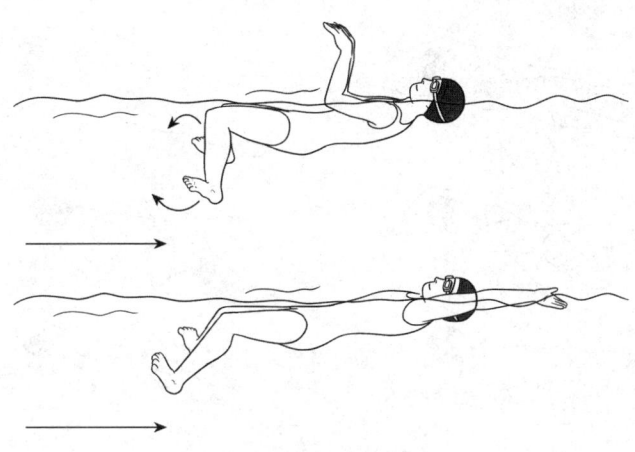

图 4-12　反蛙泳

1）身体姿势

仰卧于水中，身体自然伸直，脸露出水面。

2）腿部动作

（1）反蛙泳的腿部动作和蛙泳基本相似，只是身体姿势不同，两腿蹬夹腿时不能露出水面。收腿时，膝关节向两侧打开。

（2）收腿结束时，两膝略宽于肩，脚和小腿内侧向后对准蹬水方向。然后大腿发力，用小腿和脚向侧后方蹬夹水。

3）臂部动作

（1）两臂自然伸直，同时在肩前入水，接着屈臂，掌心向后，让上臂和前臂对准划水方向用力向后划水。

（2）划水结束后，两臂停留在大腿旁，使身体向前滑行。

（3）然后两臂自然放松，再从空中向前移臂。

4）臂、腿和呼吸的配合

（1）两臂划水结束时开始吸气，两臂划水时呼气。

（2）腿蹬水与臂划水的动作分开进行，也可以同时进行。

3．侧泳技术

侧泳因游进时身体侧卧而得名，一般用于武装泅渡、水上救护、水中拖带物品等。游进时，身体侧卧于水中（左侧卧或右侧卧），两臂做交替划水动作，两腿做剪式蹬夹动作，如图 4-13 所示。侧泳技术有手出水面和手不出水面两种，这里只介绍手出水面的技术。

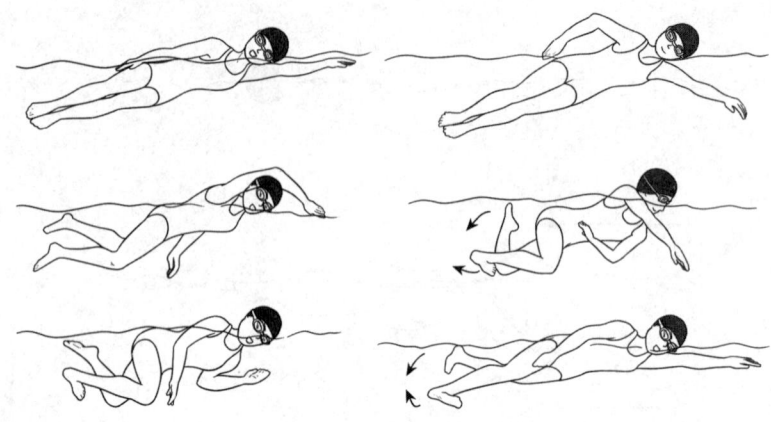

图 4-13 侧泳

1)身体姿势

（1）身体侧卧于水中，稍向胸侧方向倾斜，头的下半部浸入水中，形成一臂前伸、一臂放体侧的侧斜姿势。

（2）游进时，两臂轮流划水，两腿做剪式蹬夹动作，身体与前进方向之间的夹角为锐角。

2)腿部动作

（1）收腿：上侧腿屈膝前收，当大腿收到与躯干之间的夹角约为90°时，下侧腿屈膝使脚尽量靠近臀部。

（2）翻脚：上侧腿勾脚尖，脚掌向后对水，下侧腿绷脚尖，脚背和小腿前面向后对水。

（3）蹬剪水：大腿发力，上侧腿脚掌做弧形蹬夹水动作，同时下侧腿由大腿带动小腿，用小腿、脚背向后侧方蹬水，使两腿形成弧形蹬剪水动作。

3)臂部动作

侧泳的两臂是交替划水，所以动作是不一样的。

（1）上侧臂的动作：上侧臂的动作分为入水、抱水、划水、出水、移臂五个阶段。移臂后，在头前上方，按照手、前臂、肘、上臂的顺序插入水中。入水后，伸肩、稍屈肘，然后向后划水，划至肩垂直面时，前臂和手掌积极向后做推水动作，至腿侧后出水。出水时，肘先出水，手臂放松、屈臂前移。

（2）下侧臂的动作：下侧臂的动作分为前伸、抱水、划水、收手四个阶段。臂前伸，掌心向下，在靠近胸侧斜下方进行向后划水动作。向后划水至腰腹时，屈肘、收手，使掌心贴近身体，然后迅速前伸。前伸时，手掌由内旋转至掌心向下。

4)臂、腿和呼吸的配合

（1）下侧臂前伸，上侧臂靠近腿侧时，开始吸气。上侧臂提出水面前移，下侧臂向后划水，闭气。

（2）下侧臂划水结束，上体向胸侧转动，接着上侧臂入水，继续闭气。上侧臂做划水动作，下侧臂做前伸动作，两腿做蹬剪水动作，开始吐气。

（3）完整侧泳动作配合时，两臂各划水 1 次，两腿蹬夹水 1 次，呼吸 1 次。

（二）主要学练方法

1．踩水学练方法

（1）水中漂浮：仰卧于水面，两腿蹬水来维持身体平衡。

（2）使用浮具：可以使用救生衣或浮板等浮具，专注于踩水动作练习。

（3）专业指导：寻求专业游泳教练的指导，以便获得个性化的建议，提高踩水技巧。

（4）观看视频：观看游泳教学视频，理解正确的踩水姿势和动作。

2．反蛙泳学练方法

（1）双手抱浮板或者扶池边，等身体浮起来后再松手。注意浮起来后，只有头部露出水面。

（2）为了避免呛水，可以在两腿向后蹬夹水时吸气。

（3）反蛙泳练习时必须有一个参照物，以免游偏或者撞到旁边的人、物。

3．侧泳学练方法

（1）基础练习：在浅水区域进行练习，重点体会正确的手臂和腿部动作，逐渐提高姿势的稳定性和舒适度。

（2）姿势调整：在练习过程中，游泳者可能需要不断调整姿势和动作，以找到最适合自己的姿势。游泳者可以尝试微调手臂的位置和运动轨迹，调整腿部的角度和推进力度，以及改变身体旋转的程度，找到最适合自己的侧泳姿势。

（3）专业指导：如果有条件，在学习侧泳的过程中，最好寻求专业教练的指导。教练可以提供个性化的指导和反馈，帮助游泳者纠正错误姿势，并提供更高效的训练方法。

（4）观看视频：通过观看专业游泳选手的侧泳比赛视频，游泳者可以更好地理解姿势和动作，从而改进自己的侧泳技术。

第二节　冰雪类运动

冰雪类运动指在冰上与雪地进行的各种运动项目，主要有高山滑雪、单板滑雪、花样滑冰、速度滑冰、冰壶和冰球等项目，以及旱地冰球、旱地冰壶、旱地滑雪、旱地轮滑等类冰雪运动项目。冰雪类运动是一种全身性的运动，不仅可以锻炼学生的肌肉力量、协调性、平衡感和反应能力等身体素质，还可以增强学生的心肺功能，提高免疫力，有利于学生的身体健康。此外，冰雪类运动可以培养学生的勇敢、坚韧和团队合作等精神品质，有利于学生的心理健康。

本节主要介绍速度滑冰、滑雪和轮滑运动的主要技术和学练方法。

一、速度滑冰

（一）项目起源与场地特征

1. 起源

速度滑冰是一项历史悠久的冰上运动，可追溯到远古新石器时代，当时生活在寒冷地带的人们用骨制冰上器具在冰封的江河湖泊上滑冰。最早的速度滑冰比赛出现于 1676 年，是在荷兰的运河上举行的。19 世纪末，滑冰运动从欧洲传入我国，逐渐成为大众所喜爱的运动项目。

1892 年，国际滑冰联盟成立。1893 年起，世界速度滑冰全能锦标赛定期举行。1924 年，男子速度滑冰被列为第一届冬季奥运会比赛项目。1960 年，女子速度滑冰被列为第八届冬季奥运会比赛项目。

滑冰比赛片段

2. 场地特征

速度滑冰比赛在周长 400 m 的跑道（见图 4-14）上进行。跑道是由两条直线和两条弧线连接而成，分为内、外两道，道宽 5 m。内跑道的内圈半径为 25 m，外跑道的内圈半径为 30 m。跑道之间设有跑道分界线。

图 4-14 速度滑冰的跑道

（二）主要技术

速度滑冰的基本技术主要包括直线滑行、转弯滑行和冰上停止等。

1. 直线滑行

1）基本姿势

动作要领（见图 4-15）：两腿并拢，两腿屈膝下蹲，膝关节尽量前弓，以缩小小腿与地面的夹角，呈深蹲姿势。上体前倾，身体重心落于两脚间，肩稍高于臀部，头稍抬起，目视前方，两手互握置于背后。

第四章 运动技术与技能学练（三）

图 4-15　基本姿势

2）冰上站立和蹲起练习

动作要领：在冰上自然站立，两脚左右开立至与肩同宽，两脚尖外展，两刀刃呈外"八"字形，然后两腿弯曲，膝前弓，身体重心落于两脚间，上体稍前倾，肩稍高于臀部，呈半蹲姿势。做蹲起练习时，两脚平行站立，身体由半蹲转为深蹲，身体重心保持在两脚间，同时两臂向侧前方伸展，以协助身体保持平衡。

3）冰上原地踏步练习

动作要领：踏步前，身体自然站立，两脚左右开立至与肩同宽，身体重心落于两脚间。身体重心移至右脚，左脚抬起，踝关节放松，刀尖自然下垂。左脚落下，身体重心移至左脚，右脚抬起。两脚交替练习。随着熟练程度的提高，初学者可逐渐提高腿抬起的高度。

4）原地移动身体重心练习

动作要领：身体呈半蹲姿势，双手互握置于背后，身体重心移至左脚，正刃支撑身体，右脚侧伸，内刃着冰。接着右脚正刃着冰支撑身体，身体重心移至右脚，左脚侧伸，内刃着冰。两脚交替练习。

5）冰上外"八"字走练习

动作要领：行走前，两刀刃平行支撑身体自然站立，两脚左右开立至与肩同宽，两刀尖外展，两刀刃呈外"八"字形，身体重心落于两脚间。一只脚向前迈步，落地时脚尖外展，另一只脚用冰刀内刃向后蹬冰，身体重心移至前脚。待身体重心完全落于前脚，再抬起后脚向前迈出。两脚交替进行，向前移动。

6）单脚蹬冰双脚滑行练习

动作要领（见图 4-16）：滑行前上体挺直，目视正前方，两脚左右开立至与肩同宽，两刀刃平行支撑身体自然站立。滑行时两膝微屈，一只脚用内刃向外侧蹬冰，同时将身体重心移至支撑脚，蹬冰脚在蹬冰后迅速向支撑脚靠拢，身体重心落回两脚间，双脚向前滑行。两臂随滑行前后交替摆动，以协助身体保持平衡。当速度下降时，再用另一只脚蹬冰滑行。两脚交替蹬地，向前滑行。

图 4-16　单脚蹬冰双脚滑行

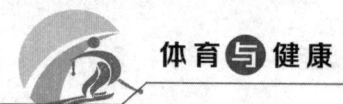

7）单脚蹬冰单脚滑行练习

动作要领（见图 4-17）：滑行前的姿势与单脚蹬冰双脚滑行的姿势相同。滑行时，一只脚用内刃向外侧蹬冰，另一脚用正刃向前滑行，同时身体前倾，身体重心移至支撑脚。蹬冰脚在蹬冰后迅速向支撑脚靠拢，身体呈半蹲姿势。接着支撑脚蹬冰并在蹬冰后迅速向另一只脚靠拢，身体呈半蹲姿势。两臂随滑行前后交替摆动，以协助身体保持平衡。

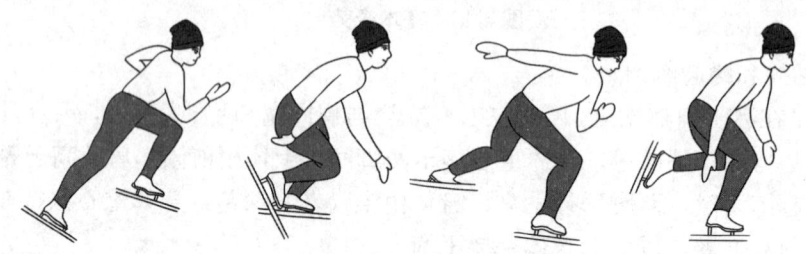

图 4-17　单脚蹬冰单脚滑行

2. 转弯滑行

1）原地向左移动练习

动作要领：两脚左右开立至与肩同宽，以两刀刃平行支撑，身体呈半蹲姿势，身体重心移至右脚，呈开始移动姿势。移动时，左脚向左跨出半步，同时身体重心移至左脚，右脚迅速向左脚靠拢。身体重心移至右脚，左脚继续向左跨步。

2）原地向左交叉步练习

动作要领：两脚左右开立至与肩同宽，以两刀刃平行支撑，身体呈半蹲姿势，身体重心落于左脚，右腿向右侧挺直伸出，呈开始移动姿势。移动时，右脚向左脚的左前方迈一大步。当右脚冰刀着冰时，身体重心由左脚移至右脚，同时左脚向身体右后方蹬直。左腿收回并向左侧迈出大半步。身体重心移至左脚，右脚继续向左迈步移动。

3）左脚支撑右脚连续蹬冰转弯滑行练习

动作要领（见图 4-18）：滑行过程中身体呈半蹲姿势，身体重心落于左脚。左脚冰刀稍向左转，外刃着冰，同时身体左倾且肩内转，右脚冰刀内刃向外侧连续蹬冰，在任意半径的圆弧上转弯滑行。双手随滑行前后交替摆动或互握置于背后。

图 4-18　左脚支撑右脚连续蹬冰转弯滑行

3. 冰上停止

冰上停止技术主要包括"八"字停止法和转体内外刃停止法等。

1)"八"字停止法

动作要领：滑行时上体前倾，两膝微屈内扣，身体重心下降，同时两刀跟外展使两刀刃呈"八"字形，用两刀内刃切压冰面，直到滑行停止。

2) 转体内外刃停止法

动作要领：滑行中两腿并拢，两刀刃平行，身体向左（右）转体 90°，同时身体重心下降，身体向左（右）倾斜，随后用右刀内刃、左刀外刃（左刀内刃、右刀外刃）逐渐用力压切冰面，直到滑行停止。

（三）主要学练方法

（1）站稳脚步：两脚分开，与肩同宽，将身体重心放在两脚间，这样可以保持身体平衡。同时，膝盖微微弯曲，保持膝盖与脚尖对齐。两手可以放在身侧或轻轻叉腰，帮助保持平衡。在站立时，可以尝试轻轻前后晃动身体来找到平衡点。

（2）缓慢起步：站在冰面上，缓慢向前滑动。注意保持身体平衡，不要急于加速，在适应冰面的摩擦力后可以尝试缓慢加速。

（3）学会转弯：学会通过身体向内或向外倾斜来控制转弯的方向。身体向内倾斜，将身体重心转移到内侧的脚上，同时轻轻抬起外侧的脚，以实现向内转弯。身体向外倾斜，将身体重心转移到外侧的脚上，同时轻轻抬起内侧的脚，以实现向外转弯。在练习转弯时，可以先以较慢的速度转弯，然后逐渐加快速度。

（4）学习停步：停步可以帮助练习者控制速度和方向。向左转体停步时，右脚放在前面，左脚放在后面；向右转体停步时，左脚放在前面，右脚放在后面。在停步时保持身体的平衡和稳定是非常重要的，可以尝试轻轻调整双脚的位置来找到平衡点。

（5）练习倒滑：倒滑可以帮助练习者掌握平衡。向后滑动时，保持身体重心向后，双脚向后滑行，手臂自然摆动。倒滑时，注意保持身体的平衡。可以先以较慢的速度进行倒滑练习，然后逐渐加快速度。

（6）增强腿部力量：腿部力量可以帮助练习者更快地加速和更好地控制方向。练习者可以通过练习深蹲、踢腿等动作来增强腿部力量。练习时，姿势要正确，避免受伤。练习者也可以在专业人士的指导下进行相关的力量训练和滑冰训练，以增强腿部力量和提高技巧水平。

（7）练习跳跃：跳跃动作可以帮助练习者展示自己的技巧和创造力。练习者需要学会一些基本的跳跃动作，如前跳、后跳、侧跳等。跳跃时需要掌握正确的姿势和技巧，以避免受伤或不安全的情况发生。练习者也可以尝试在专业人士的指导下进行跳跃动作的练习，以确保安全和提高技巧水平。

二、滑雪

（一）项目起源与场地特征

1. 起源

滑雪运动是指滑雪者借助滑雪板和其他器具在雪地上进行各种滑行的竞技运动。比赛项目有高山滑雪、越野滑雪、跳台滑雪、花样滑雪、北欧两项、滑板滑雪、速度滑雪等。19 世纪初，滑雪运动因新式滑雪板出现开始盛行。1910 年，世界滑雪委员会成立。1924 年，在世界滑雪委员会的基础上，国际滑雪联合会成立。中国于 20 世纪 20 年代开始开展此项运动。

滑雪运动

2. 场地特征

室外滑雪场地面积不小于 6000 m²，室内滑雪场地面积不小于 3000 m²。大众滑雪道的坡度原则上应限制在 30°之内；滑雪道中的过渡雪道、引道、连接道最窄处不少于 2.5 m；滑雪道的停止区须开阔平缓，室外滑雪道终点停止区面积应不小于 1000 m²，室内滑雪道终点停止区面积应不小于 50 m²；终点停止区末端必要时应加装安全防护设施；滑雪道雪量厚度不小于 30 cm；滑雪道雪面平整压实，无冰状物、裸露土石和树根等障碍物，雪层表面不得形成光状冰面。

（二）主要技术

在滑雪运动中，雪坡一般分为五种：级缓坡（坡度为 5°以下）、缓坡（坡度为 5°及以上、10°以下）、中坡（坡度为 10°及以上、20°以下）、陡坡（坡度为 20°及以上、30°以下）和综合坡（含有多种不同坡度）。

1. 级缓坡上的滑行

在级缓坡上，滑雪者可通过雪上行走、推进滑行和蹬冰式滑行等，了解雪质，体会滑雪板、滑雪鞋的特点，逐步体会、适应滑行的感觉，并找到平衡感。

1）雪上行走

滑雪者穿上滑雪鞋、固定好滑雪板后，可以进行雪上行走的练习。雪上行走是指用滑雪板摩擦雪面向前滑走，给人一种边走、边滑、边用滑雪杖支撑着前进的感觉，如图 4-19 所示。

图 4-19　雪上行走

动作要领：在雪上行走时，滑雪者保持上体直立，身体重心适当前移，边滑边走。滑雪板不离开雪面。如同做摆臂动作一样，依次用两根滑雪杖支撑推进，注意不是用两根滑雪杖同时推进。滑雪杖支撑雪面的位置应平行于对侧脚的脚后跟，向前迈脚时身体重心要随之前移。

2）推进滑行

滑雪者既可在平地上推进滑行，又可在缓坡上推进滑行。推进滑行时，双板平行，双腿稍分开，稍屈膝，用双杖同时支撑前进，如图4-20所示。

图4-20　推进滑行

动作要领：保持稍屈膝，上体前倾，双杖同时向前摆动，杖尖在身体侧前方着雪。上体加大前倾幅度，双臂用力向后用滑雪杖支撑。肘臂伸直，使滑雪杖充分后撑，身体重心下降，保持滑行姿势，快速前进。收起滑雪杖时身体重心上升，准备第二次撑杖。

3）蹬冰式滑行

动作要领：上体稍前倾，膝关节微屈，双板平行，与肩同宽，两臂自然弯曲，使杖尖在身体侧后方着雪。左侧滑雪板与前进方向之间的夹角为45°，左脚用力向侧后方蹬出。左脚蹬伸结束后，抬脚使滑雪板离开雪面，身体重心落于右腿，向前方滑行，同时将左脚收回。右脚蹬伸动作与左脚相同。练习时注意身体重心一定要落在蹬动腿，随着向侧后方的蹬伸，身体重心逐渐移到另一侧腿。

2．登坡

登坡是指滑雪者穿着滑雪板登上山坡的技术动作，滑雪者可根据自身技术水平、雪质、坡度的大小等情况的不同而采用不同的登坡方法。

1）双板平行登坡（阶梯式登坡）

双板平行登坡适用于登各种坡面。滑雪者侧对登坡路线站立，用滑雪杖协助登坡，如图4-21所示。

图4-21　双板平行登坡（阶梯式登坡）

动作要领：迈步时保持双板平行，步幅不要太大，身体重心随双板向上移动，可用滑雪杖协助支撑。用山上侧滑雪板外刃刻住雪面后，身体重心落于山上侧腿，接着山下侧腿向山上侧腿靠拢，并用滑雪板内刃刻住雪面，再进行第二步的登行。

2）"八"字形登坡

"八"字形登坡适用于登缓坡、中坡。滑雪者面对登坡方向站立，使两块滑雪板呈倒"八"字形、立刃状态，垂直向上登行，如图4-22所示。

图4-22　"八"字形登坡

动作要领：面对山坡站立，用双板内刃刻住雪面，身体前倾，向前上方迈步，移动滑雪板。步幅不宜过大，防止板尾交叉。可用迈出腿一侧的滑雪杖协助支撑。向上登坡时，注意身体重心的移动。

3．原地变向

原地变向是指滑雪者在平地或坡面上改变方向。原地变向的方法有很多，下面主要介绍难度较低的板头、板尾展开变向和180°变向。

1）板头、板尾展开变向

板头展开变向和板尾展开变向合称"原地踏步变向"，适用于较平坦的雪面上的变向。这两种变向方法很相近，如图4-23所示。

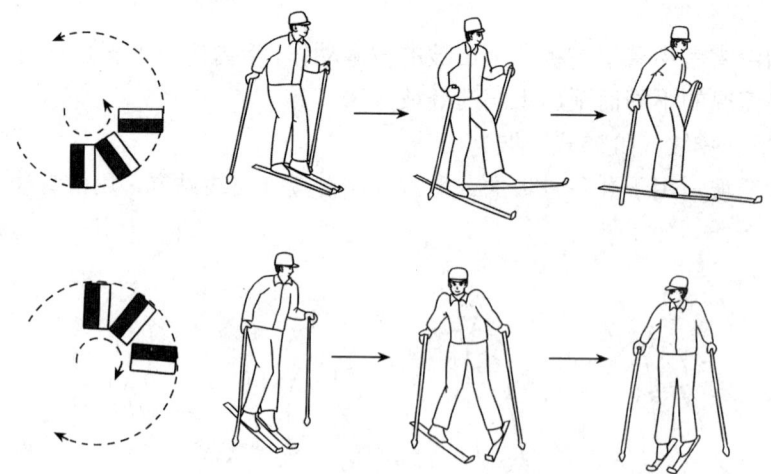

图4-23　板头展开变向和板尾展开变向

动作要领：无论是板头展开变向还是板尾展开变向，滑雪者都要注意滑雪杖支撑的位置。板头展开变向时，滑雪杖支撑的位置应在体后；而板尾展开变向时，滑雪杖支撑的位置应在体前。滑雪板展开距离不易过大。在展开滑雪板时，滑雪者要将身体重心落于支撑腿。

2）180°变向

180°变向多用于中坡和陡坡上的变向。因一次变向可转180°，所以该技术的特点是变向速度快，具有相当大的实用价值，如图4-24所示。

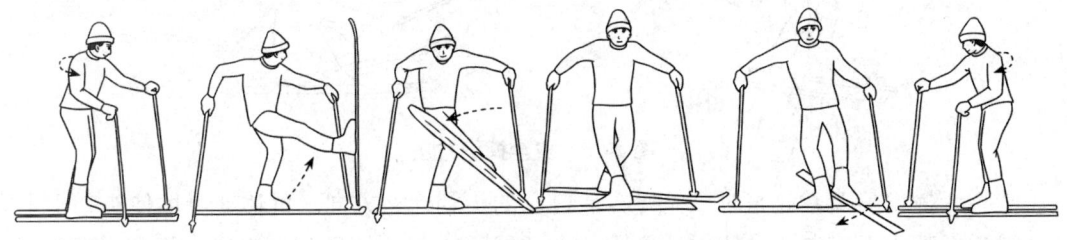

图4-24　180°变向

动作要领：双板平行，双杖在体前支撑。身体重心落于左腿，右板抬起，保持直立，双杖移至体侧支撑。上体右转的同时，直立的右板以板尾为中心向右下方转并着地。在落右板的同时，右侧滑雪杖移至右板外侧支撑。身体重心移至右腿，左侧滑雪板和左侧滑雪杖抬起，移向右板内侧。双杖在体前支撑。

4．停止法

停止的关键是使滑雪板与前进方向成一定角度或完全侧对前进方向，从而加大滑雪板与雪面的摩擦力。滑雪时停止的方法有很多，下面介绍一种非常简单的犁式停止法（见图4-25）。

动作要领：在滑降中脚尖相对，使两块滑雪板呈"八"字形。身体重心后移，臀部往后坐，同时两块滑雪板尾部蹬开，立刃滑行，加大滑雪板的刮雪力量。逐渐加大两块滑雪板尾部的角度，以及加大滑雪板的刮雪力量，直至停止。

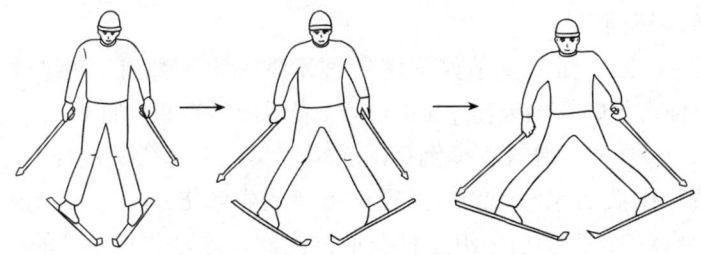

图4-25　犁式停止法

5．安全摔倒姿势

为了有效避免摔倒引起的创伤，对滑雪者来说，掌握安全摔倒的方法及摔倒后安全站起的方法至关重要。

1）安全摔倒与站起

滑雪者即将摔倒时，尽量不挣扎，迅速屈膝降低身体重心，两臂自然伸展，臀部向山上侧坐；两块滑雪板稍抬起，防止发生滚动。在完全停止前，勿伸腿使滑雪板某一部分着雪，应保持稍团身姿势，如图 4-26 所示。

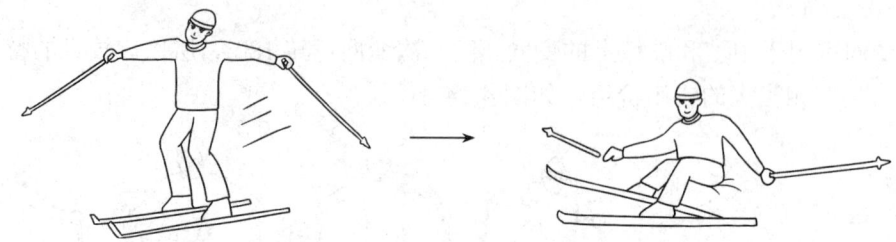

图 4-26　安全摔倒方法

滑雪者摔倒后要站起来时，先要弄清自己的头朝什么方向，再移动身体使头朝山上方向，滑雪板朝山下方向，身体保持侧卧状态，然后抬起上体呈侧坐姿势。收起滑雪板时，使滑雪板侧对山下方向，并尽量使滑雪板靠近臀部，然后用滑雪板刃刻住雪面，再用手或滑雪杖支撑站起，如图 4-27 所示。其中，（a）适用于技术比较好的滑雪者用滑雪杖站起的情况，（b）适用于初学者摔倒后站起的情况，（c）适用于滑雪者在深雪处摔倒后站起的情况。

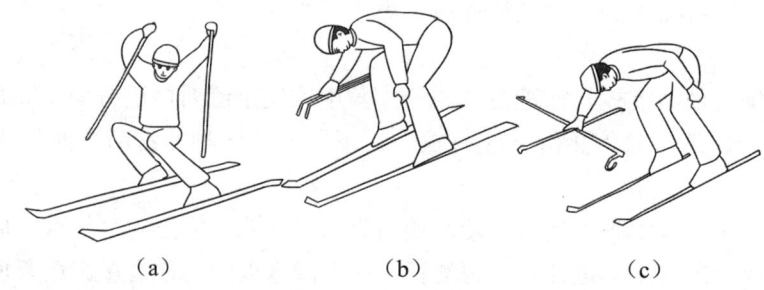

（a）　　　　　　　　（b）　　　　　　　　（c）

图 4-27　摔倒后站起的方法

2）常见的危险摔倒姿势

在滑雪过程中，固定器没调节好或滑雪技术掌握得不熟练，都会导致滑雪者摔伤。图 4-28 给出了四种常见的摔倒姿势，其中，（a）表示滑雪者正对前进方向摔倒，以膝触地，易造成膝部扭伤；（b）表示滑雪者摔倒后滑雪板交叉，其稍微滚动便会造成扭伤或骨折；（c）表示滑雪者在山坡上摔倒后继续滑行，可能造成撞伤；（d）表示滑雪者下滑速度较快，其为了停下来试图在摔倒前用滑雪杖在前方支撑，这是非常危险的动作。

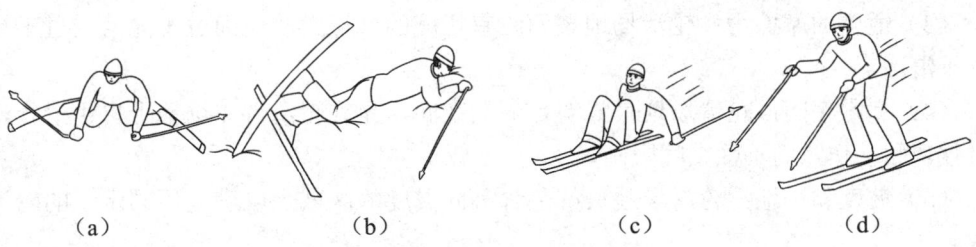

图 4-28　四种常见的危险摔倒姿势

（三）主要学练方法

（1）障碍物挑战：在滑雪场地上设置一些小型障碍物，如锥形标志、小坡度等，挑战在穿越这些障碍物时保持平衡。

（2）目标滑雪：设置标志物或标志点，尝试在滑雪时准确地通过这些标志物或标志点，使滑雪变得更有目标感。

（3）音乐滑雪：边听音乐边滑雪，使滑雪的过程富有节奏感，也可以根据音乐的节奏调整滑雪的速度和动作。

（4）花式滑雪：尝试一些花式滑雪动作，如小跳跃、转体等，为滑雪增加一些创意和趣味。

（5）沿线滑雪：尝试沿一条直线滑行，以提高控制技巧。

（6）比赛与挑战：与同伴进行小规模的比赛，如谁能更快地下坡、谁能完成更多的技巧动作等，增加互动和滑雪乐趣。

（7）追逐游戏：在滑雪场上进行追逐游戏，增加滑雪的趣味性和社交性。

三、轮滑

（一）项目起源与场地特征

1. 起源

轮滑是指运动员穿着带滚轮的特制鞋在坚实、平整的地面上滑行的一项体育运动，俗称"溜旱冰"，比赛项目有速度轮滑、花样轮滑、滑轮冰球等。1892年，国际轮滑联盟成立。1924年，国际轮滑联合会成立。花样轮滑是亚洲运动会正式比赛项目。

本书重点介绍群众开展相对较广的速度轮滑。

扫一扫

轮滑运动

2. 场地特征

（1）表面平坦：轮滑场地最好有平坦、光滑的表面，以确保轮子能够顺畅滑行，减少轮滑者意外摔倒的风险。

（2）无障碍物：轮滑场地不应有明显的障碍物，如凸起的树根、石头或其他可能导致滑行不稳的物体，以保障轮滑者的安全。

（3）适度的摩擦力：轮滑场地表面应有适度的摩擦力，表面过于光滑或过于粗糙都不利于滑行。

（4）宽敞空间：轮滑场地最好有足够的空间，允许轮滑者在场地上自由滑行，进行各种技巧和动作，而不受空间限制。

（5）坡度和平地：轮滑场地最好包含不同坡度的区域，以满足不同水平的轮滑者的需求。

（6）安全设施：轮滑场地周围最好有一些安全设施，如护栏、紧急停车区域或医疗设施，以应对可能发生的紧急情况。

（二）主要技术

轮滑运动主要有站姿、原地踏步、卡步走、滑行、身体重心、滑行姿势和滑行停止等技术。

（1）站姿：双脚"T"字形站立。

（2）原地踏步：一只脚站立，另外一只脚抬起。两脚交替练习，注意身体重心的转移。

（3）卡步走：卡步走就是在原地踏步的基础上向前迈步。两脚交替向前迈步，身体重心随之转移，注意步子不能迈太大。

（4）滑行：在卡步走的基础上，向前滑行。为保持较好的平衡，滑行时要尽量屈膝弯腰。

（5）身体重心：滑行时身体重心要始终稍向前倾，随着两脚的不断交替，身体重心要不断转移。当一只脚向侧后方蹬出时，身体重心必须要放在另一条腿上，这样才能保证蹬出的腿很顺畅的收回来。当蹬出的腿收回落地时，身体重心马上转移到这条腿上，再把另一条腿蹬出。

（6）滑行姿势：双膝微弯，身体稍向前倾以保持稳定。滑行速度越快，屈膝弯腰的幅度越大。标准的速滑姿势为双手互握置于背后（无摆臂的情况下），背部与地面平行，膝盖弯曲角度不大于120°。

（7）滑行停止：双脚呈"T"字形，身体重心在前脚，后脚与地面摩擦，直至滑行停止。

（三）主要学练方法

（1）赛道游戏：在赛道上设置一些游戏项目，如穿越障碍物、绕过锥形标志，增加技巧的挑战性和趣味性。

（2）音乐滑行：边听音乐边滑行，也可以根据音乐节奏调整滑行的速度和动作，增加滑行的乐趣。

（3）队形滑行比赛：与同伴进行队形滑行比赛，看哪个小组能够以最有创意的队形通过赛道，增加团队凝聚力和互动性。

（4）极速下坡挑战：与同伴进行极速下坡挑战赛，看谁能在最短的时间内下坡。

（5）场上追逐游戏：与同伴进行追逐游戏，提高速度和灵活性。

（6）曲线创意：在赛道上进行创意滑行，尝试绘制各种有趣的图案，提高技巧。

（7）倒计时比赛：设定一个时间限制，看能在规定时间内完成多少圈或多长距离的滑行。

（8）时速记录：利用速度记录设备，记录滑行的最高时速，并尝试在练习中不断挑战和提高这个记录。

第三节 传统体育拓展类运动

随着人们对美好生活的向往和不断追求更高、更快、更强和更加团结的奥林匹克精神，传统体育项目受到越来越多的人的喜爱。本节主要介绍射箭、极限飞盘和跳绳运动。

一、射箭

射箭是指借助弓的弹力将箭射出，在一定的距离内比赛精准度的体育运动。射箭主要设个人赛和团体赛两类比赛，比赛的胜负是以运动员射中箭靶目标的环数计算的，命中箭靶越靠近中心，得的环数越高。

射艺欣赏

（一）项目起源与场地特征

1. 起源

射箭起源于人类的狩猎和自卫，随着体育元素的融入，又经过长时期的演变，发展为现代的射箭运动。现代射箭运动起源于英国。1844 年，第 1 届全英射箭锦标赛在英国举行。1861 年，英国射箭协会成立，统一竞赛规程。1900 年第 2 届奥运会上，射箭被列为正式比赛项目。1931 年，国际射箭联合会成立。

以青春之箭 射亚运之靶

2. 场地特征

标准射箭比赛场地至少长 120 m，宽度根据需要而定。从起射线开始，根据比赛要求，按 30 m、50 m、70 m、90 m 等不同射程设一条与起射线平行的终点线，终点线处设有靶架，用来固定箭靶（见图 4-29）。箭靶后是挡墙。限制线位于起射线后面，距起射线至少 5 m。限制线与起射线之间的区域为发射区。靶道线是指从起射线到终点线之间的垂直线，起射线与终点线之间的区域为靶道。裁判员席设在起射线后 1.5 m 处，场上控制时间的设备是红、绿、橙三色灯的计时器。

图 4-29　射箭靶心

（二）主要技术

射箭技术主要由准备动作与基本动作组成，其中准备动作包括站立、搭箭、推弓和勾弦等，基本动作包括转头、举弓、开弓、靠弦、继续用力、瞄准和撒放等。

竞技反曲弓

1. 准备动作

准备动作旨在使注意力处于高度集中状态，做好起射前的一切准备工作。

（1）站立（侧立式）：两脚开立至与肩同宽，站立在起射线两侧，脚稍外展。

（2）搭箭：把箭搭在箭台上，箭羽朝向自己，箭尾槽扣在弓弦上。

（3）推弓（低推法）：左手持弓，使弓把抵在掌部。

（4）勾弦：用右手食指、中指和无名指的第一指关节将弦勾住，如图4-30所示。大拇指和小拇指不参与勾弦。

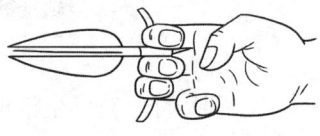

图4-30　勾弦

2. 基本动作

（1）转头：做好推弓和勾弦动作后，在保持身体姿势不变的情况下，头部自然转向靶面。

（2）举弓：左手持弓，右手勾弦，目视前方，两臂举起。弓要与地面垂直，箭要与地面水平，并同拉弦臂的前臂连成一条直线，举弓高度一般以持弓臂在视线的水平线上为宜，两肩放松下沉。

（3）开弓：借助持弓臂的伸展和拉弦臂肩带内收的力将弓拉开，持弓臂对准靶心直推，拉弦臂向后直拉，如图4-31所示。在开弓的过程中，眼睛不要离开准星，以检查准星是否偏离靶心。

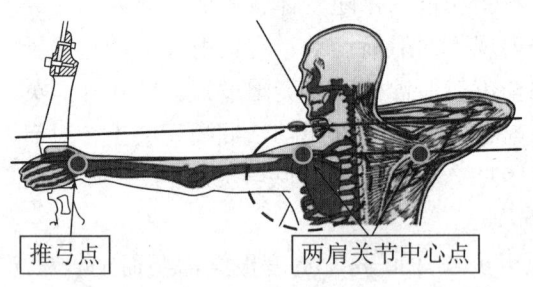

图4-31　开弓

（4）靠弦：勾弦手的大拇指自然弯曲指向掌心，食指靠在颌下，弓弦对正鼻、嘴和下颌，如图4-32所示。靠弦动作结束的同时，射箭基本姿势形成。

（5）继续用力：加强持弓臂的内旋前撑和拉弦臂后背肌群的柔和用力。

（6）瞄准：在弓开满的同时，使眼睛、弓弦的一侧、准星

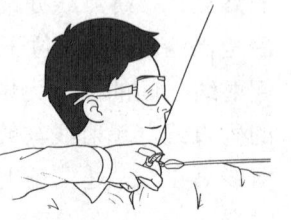

图4-32　靠弦

和靶心连成一条直线,从而形成瞄准基线。注意瞄准时应"星实靶虚",即在瞄准时把视线的焦点集中于准星,这点对于初学者来说十分重要。此外,瞄准与继续用力是同步进行的,不可分开完成。

(7)撒放:推弓和拉弦所产生的两个相反的力要平衡、协调。在此基础上,利用勾弦手屈指肌退让的方式使弦滑离手指。持弓臂依箭射出的方向向前运动,勾弦手则向后运动,形成了一个自然协调的动作,如图4-33所示。

图4-33　撒放

(三)主要学练方法

(1)想象训练:严格按照射箭的动作流程回想从站立、搭箭到撒放的动作要求,提高动作熟悉程度。

(2)橡皮筋训练:利用具有一定弹力的橡皮筋做基本姿势练习。

橡皮筋训练

(3)拉弓训练:进行拉弓训练时,动作程序、技术规格和时间节奏必须按规范动作的要求进行。

(4)撒放训练:在距靶5~10 m处进行撒放训练。注意按射一支箭的动作程序、技术规格和时间节奏进行。

(四)主要比赛通则

1. 主要赛制

标准比赛设个人赛和团体赛。

1)个人赛

(1)64名运动员参加预赛,即排位赛。每名运动员射出72支箭,然后根据累积环数排出第1名到第64名。再根据排名进行配对竞争,第1名对第64名,第2名对第63名,以此类推。

(2)个人淘汰赛的败者告别比赛,胜者进入下一阶段,直到决出两名运动员参加金牌争夺战。两名半决赛失败者争夺铜牌。

(3)个人赛采用局胜制。每局射3支箭。局分(单局三箭总分)高的运动员将获得2分,如果双方局分相同则各得1分。首先获得6个局分的运动员获胜。

(4)如果五局比赛后双方战成平局(比分为5∶5),将进行附加赛,每位运动员各射一箭,谁的箭更接近靶心,谁赢得胜利。

2）团体赛

（1）团体赛也采用局胜制，但每局射6箭而非3箭。首支获得5个局分的队伍获胜。

（2）如果四局比赛后打成平局（比分为4∶4），每支队伍的每名运动员将轮流射出一支箭决定胜负。最终成绩最接近靶心的队伍赢得比赛胜利。

2．主要规则

1）发射规定

由于射箭项目具有一定的危险性，故对不同射箭比赛的发射有各种明确的规定，如除身体残障或坐轮椅的运动员外，发射时双脚必须分跨在起射线上，或双脚同时踏在起射线上；比赛场内，除了在规定的练习时间或在发令长的信号指挥下，运动员在起射线上可以正对靶的方向外，其他时间不得向其他方向开弓；比赛时，除轮到发射的运动员外，其他人一律不得进入发射区；等等。

2）记分规定

射箭比赛的环数也称"分数"，报环也称"报靶""报分"。确认淘汰赛和决赛的环值时，裁判员按降序报分，记分员和运动员代理核实记分表上的成绩。命中靶的箭越靠近中心，得分越高。例如，射中最外面的白色环区得1分，射中内黄心得10分。

如果某一箭命中位置触及两个颜色的环区或箭杆触及环线时，被记为高分。如果某一箭正好射在靶面上某一箭尾上，则按已中靶箭的环值得分。如果某一箭射穿了靶面，或者射中靶面后反弹落地，根据该箭在靶面上留下的中靶点或未标箭孔记分。无论是否射中箭靶，箭在越过3 m线以外就被记分；如果箭不慎落地，但箭杆的一部分落在3 m线内，裁判员判该箭为未射出，运动员可再射一支箭。

3）判环规定

判环依据箭的箭杆在靶上所嵌位置记录环数。所有报分、记分、判环均应在拔箭前进行。记录后，运动员或代理人应标出已射中的箭的箭孔。当箭太靠近环线、靶上出现特殊情况（如穿箭等）或本靶运动员对所报环数有异议时，必须请裁判员判环。对于裁判员判环，规则也有明确规定：箭杆触到环线，判高环；如果箭射到了已中靶的箭后又射中其他地方，则按最终着靶的位置判环；等等。

4）犯规处罚

犯规的主要处罚包括口头警告、黄牌警告、红牌警告，以及相应的扣环、取消比赛成绩等。其中，口头警告、黄牌警告为轻微犯规，红牌警告为严重犯规。团体比赛时，当运动员无视黄牌警告，继续发射，裁判员出示红牌，并扣除该队在本组环数最高环值的得分。除此以外，运动员使用不符合国际箭联规定的器材、弄虚作假、服用兴奋剂等，都要受到取消比赛成绩的处罚。

5）比赛时限

运动员在交替发射时，射一支箭的时限为 30 s；个人附加赛时，射一支箭的时限为40 s；团体附加赛时，每队射3支箭（每人射1支箭）的时限为60 s；个人赛运动员射3支箭的时限为120 s；团体赛每队射6支箭的时限（每人射2支箭）为240 s。

二、极限飞盘

（一）项目起源与场地特征

1. 起源

极限飞盘起源于美国，是指参与者使用 175 g 的飞盘进行的一项无身体接触的团体对抗型竞技运动比赛项目。该项目融合了橄榄球、足球和篮球等运动的特点，是一项没有裁判的竞技休闲体育项目。极限飞盘运动难度高、挑战性大，具有观赏性、健身性和参与性等特点。

2. 场地特征

极限飞盘的比赛场地（见图4-34）是一块长 100 m、宽 37 m 的长方形区域，场地两端各有一块得分区。

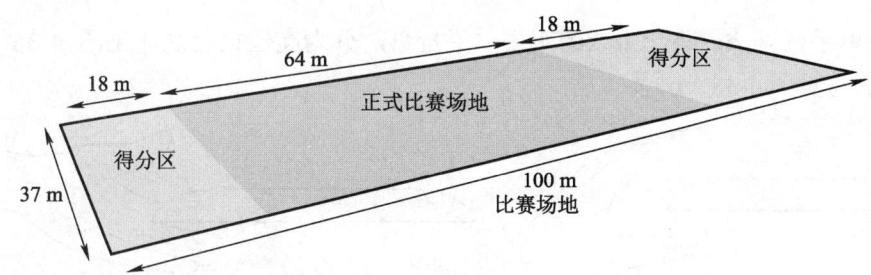

图 4-34　极限飞盘比赛场地

（二）主要技术

极限飞盘的运动技术主要有握盘、接盘和掷盘等。

1. 握盘

常见的握盘方法包括反手掷盘握法和正手掷盘握法。

（1）反手掷盘握法：拇指位于盘面，食指位于飞盘外缘，中指位于盘底并指向飞盘中心，其他手指握于盘缘内侧，如图4-35（a）所示。

（2）正手掷盘握法：拇指位于盘面，食指位于盘底并指向飞盘中心，中指抵住盘缘内侧，如图4-35（b）所示。

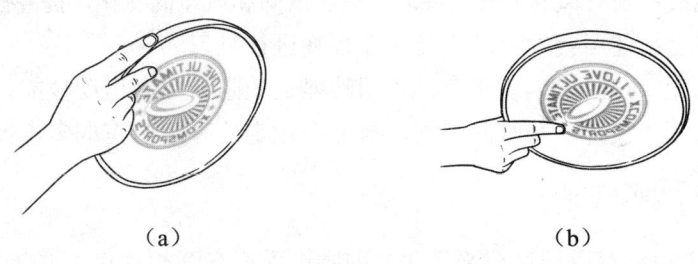

图 4-35　反手掷盘握法和正手掷盘握法

2. 接盘

接盘的方法主要包括"三明治"接盘法、双手接盘法和单手抢盘法。

（1）"三明治"接盘法：两手五指微张，一手在盘面，另一手在盘底，夹住飞过来的飞盘，如图 4-36 所示，这是最稳妥的接盘方法。

（2）双手接盘法：双手接盘法是指两手四指并拢与大拇指呈"U"形，握住飞过来的飞盘，如图 4-37 所示。

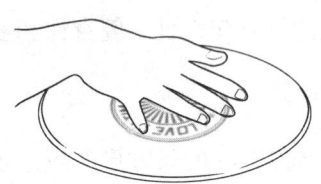

图 4-36　"三明治"接盘法

图 4-37　双手接盘法

（3）单手抢盘法：跳起来或蹲下去单手抢盘，分为高位抢盘法［见图 4-38（a）］和低位抢盘法［见图 4-38（b）］。

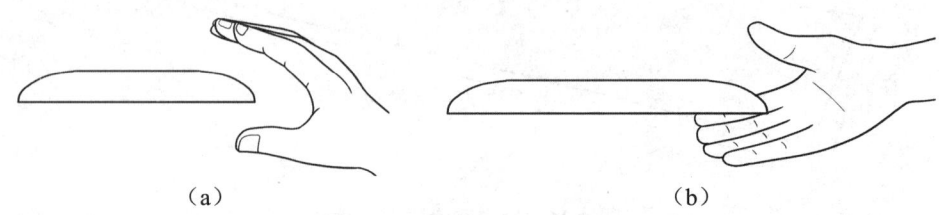

图 4-38　高位抢盘法和低位抢盘法

3. 掷盘

掷盘的动作要领（以右手持盘为例）：以左脚为轴心脚，右脚向左前方跨步，上体稍向左转，使右肩面对目标；由上臂带动前臂，再通过抖动手腕将飞盘掷出。值得注意的是，掷盘利用的是手腕而非手臂的力量。手腕的动作近似于鞭打。

扫一扫

正手投掷技术

（三）主要学练方法

（1）反手投掷：如果通常是用右手掷盘，尝试用左手掷盘。

（2）风中挑战：在有风的天气里练习，适应风向和风速的变化，提高控制飞盘的能力。

（3）夜间飞盘：使用会发光的飞盘，在夜晚进行练习。

（4）沙滩飞盘：在沙滩上玩飞盘，利用沙滩上的阻力提高运动技能。

（5）速度飞盘：设定一个时间限制，看能在规定的时间内完成多少投掷任务。

（四）主要比赛通则

极限飞盘很重视体育道德和公平竞争，鼓励选手们在互相尊重、遵守规则和享受乐趣的基础上进行对抗。

（1）开盘：比赛开始时，双方选手在各自的防守得分区内排成一队。先防守的队伍把飞盘扔给进攻的队伍（称为"发盘"）。正规的比赛中，每支队伍只许七位选手上场。

（2）得分：如果进攻方选手在对方的防守得分区内接住飞盘，则得一分。

（3）传盘：持盘选手可以往任意方向传盘给自己的队友，不允许持盘跑动。持有飞盘的选手（称为"掷盘者"）有 10 s 的时间来掷盘。防守掷盘者的选手（称为"防盘者"）应该大声地数出这 10 s（称为"延时计数"）。

（4）失误：如果进攻方传盘没有成功（如出界、掉地、被对方断下、被对方截获），则视为失误。此时防守方获得盘权，立刻攻防转换。

（5）换人：只有在得分之后或选手受伤的情况下允许替换场上比赛选手。

（6）无身体接触：选手之间不应该有任何身体接触，也不允许阻挡别的选手跑动。身体接触发生时判为犯规。

（7）犯规：当一方选手跟另一方选手发生身体接触时，视为犯规。被犯规的选手要立刻喊出"犯规"，此时所有场上选手要停在当前位置不得移动，直到比赛重新开始。如果犯规没有影响进攻方的盘权，比赛继续；如果影响了进攻方的盘权，飞盘交还给进攻方继续比赛。如果防守方选手不同意犯规，飞盘还给前一位持盘者，重新开始比赛。

（8）自判：比赛没有裁判，场上选手自行裁决犯规、出界和失误。选手们应该文明地讨论与解决争议。

三、跳绳

（一）项目起源与类型

1. 起源

跳绳是一项古老而富有乐趣的运动，是一人或众人在一根环摆的绳中做各种跳跃动作的运动。跳绳历史悠久，汉代石刻画《乐舞百戏车马出行图》中出现的跳绳画像，证明至迟在汉代就有了跳绳活动。

跳绳是集健身、娱乐、观赏、竞技等功能于一体的体育活动，简便易行，不仅有利于发展身体的灵敏性、协调性，也有利于增强人体心肺机能，对促进少年儿童身体的正常发育尤为有利。除受广大群众喜爱外，跳绳还常用作各专项运动训练的辅助练习。

2. 跳绳的分类

1）单摇跳

单摇跳又称"一次跳过""单次跳绳"，是指参赛者通过双手摇动绳子，在跳起一次后，让绳子从自己头顶上方划过并绕身体一周。

2）双摇跳

双摇跳又称"两次跳过""双次跳绳"，是跳绳比赛中的一种高级技巧。在比赛中，参赛者通过双手迅速摇动绳子，在跳起一次后，让绳子从自己头顶上方划过并绕身体两周。

3）三摇跳

三摇跳是一种跳绳技巧，是指参赛者在跳起一次后，双手摇动绳子，让绳子从头顶上方划过并绕身体三周。

4）间隔交叉单摇跳

间隔交叉单摇跳是一种特殊的跳绳技巧，要求参赛者首先完成一次单摇跳，然后双手在体前交叉摇绳，让绳子从头顶上方划过并绕身体一周，再完成一次单摇跳，依次进行一摇一变化的交叉跳。

5）混双单摇跳

混双单摇跳是一种跳绳组合技巧，要求一名男参赛者和一名女参赛者组成一个小组，持绳者通过双手迅速摇动绳子，在两人跳起一次后，使绳子从两人头顶上方划过并绕身体一周。

6）长绳"8"字跳

长绳"8"字跳是一种跳绳技巧，需要两名参赛者（男女不限）手持长绳并保持一定的间距（通常不小于3.6 m）。在听到口令或鸣哨后，两名持绳者同时将绳向同一方向摇起；其他参赛者需要按照"8"字形的路线跑入绳中跳跃，完成跳跃后跑出长绳。在规定的时间内，参赛者需要不断地重复这一整套动作。这种技巧对参赛者的反应速度、身体灵敏度和跳绳技巧都有较高的要求。

7）接力赛跳

接力赛跳是一种跳绳比赛形式，包括四个阶段，每个阶段的时间分别为30 s或45 s。第一阶段，四名参赛者需要进行30 s的单摇跳；第二阶段，四名参赛者需要进行30 s的双摇跳；第三阶段，双绳交互摇速度单摇跳，每名参赛者需要在45 s内完成；最后一个阶段，参赛者需要在30 s的口令信号下进行接力跳。这种比赛形式对参赛者的耐力和协调性有较高要求，而且非常考验团队的配合和协作能力。

8）花样跳

花样跳是一种跳绳比赛形式，个人或小组（2~4人）自由编排动作和套路，并在规定时间内进行展示和比赛。这种比赛形式注重参赛者的创造力和技巧展示，强调动作的多样性和艺术性。在比赛中，参赛者需要展现出自己独特的风采和个性，通过各种技巧和动作的组合，展示出自己的实力和创意。这种比赛形式非常考验参赛者的表演能力和综合素质，需要他们在舞台上展现出自信和实力。

9）团队比赛

团队比赛是跳绳运动中的团队比赛形式，一般有双绳交互摇三人跳绳和双绳交互摇四人跳绳。在规定的时间内，参赛者按照事先自行编排的动作和套路轮流进行跳绳比赛。这种比赛形式强调团队之间的配合和协作，要求参赛者们熟练掌握跳绳技巧，并且能够根据音乐节奏或口令信号做出相应的反应。同时，在比赛中，参赛者们需要展现出自己的创造力和表演能力，将个人风采和团队精神完美结合，展现出独特的风貌和魅力。

10）表演赛

表演赛是一种由4~14名参赛者参与的跳绳表演形式。在比赛中，参赛者们需要配合音乐进行表演，表演内容可以是他们自创的花样或是规定的动作。这种比赛形式注重参赛者的表演能力和创造力，要求他们将跳绳技巧和音乐节奏完美结合，展现出独特的个性和艺术风采。在表演赛中，参赛者们需要发挥自己的创造力和想象力，尽可能地展现出自己独特的风采和个性，通过各种技巧和动作的组合，赢得观众和评委的喜爱和认可。

（二）主要技术

1. 直摇并腿跳

1）动作要领

自然站立，双手握绳，做好准备；双脚脚掌蹬地发力，跳起至一定的高度，同时提膝、收腹、稍含胸，大臂下垂，尽量贴近身体；双手手腕均匀发力，迅速向前摇绳，使绳子绕身体一周；稍屈膝跳过绳子，随后前脚掌着地，如图 4-39 所示。

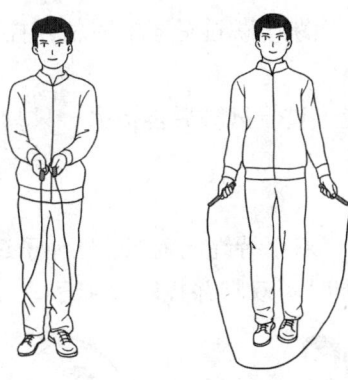

图 4-39 直摇并腿跳

2）动作要求

手臂保持摇绳姿势，注意控制摇绳的节奏；双脚并拢向上跳，落地时前脚掌着地；把握跳过绳子的时机和节奏。

3）错误动作及纠正方法

错误动作：摇绳节奏与跳动节奏不匹配。

纠正方法：练习徒手摇绳，在摇动绳子的过程中，膝盖随着摇绳的节奏弹动；练习原地直腿跳。

2. 单脚交换跳

1）动作要领

以直摇并腿跳姿势为基础，在绳子过脚时，先抬起一只脚跳过绳子，再抬起另一只脚跳过绳子，双脚交替落地，如图 4-40 所示。

2）动作要求

手臂保持摇绳姿势，注意控制摇绳的节奏；为了加快跳绳速度，抬脚时脚尖应下压，脚尖与地面的距离不超过 10 cm，然后用前脚掌着地；单脚跳时，应在绳子过脚后再抬另一只脚，双脚交替跳；把握双脚交替跳过绳子的时机和节奏。

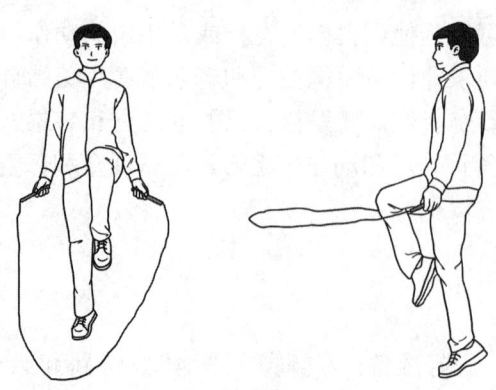

图 4-40　单脚交换跳

3）错误动作及纠正方法

错误动作：把握不准单脚交换跳与跳过绳子的时机，控制不好摇动绳子的节奏，左右脚交替跳绳的动作不协调。

纠正方法：单脚跳时，等绳子过一只脚后再抬另一只脚。

3．开合跳

1）动作要领

在直摇并腿跳姿势的基础上，双手持绳向前摇；当绳子过脚并置于空中时，双脚分开，与肩同宽，当绳子触地将要过脚时，双脚并拢跳过绳子，如图 4-41 所示。

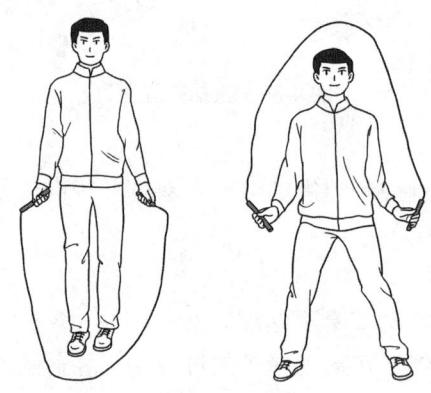

图 4-41　开合跳

2）动作要求

手臂保持摇绳姿势，注意控制摇绳的节奏；双脚打开，与肩同宽；把握双脚开合及跳过绳子的时机和节奏。

3）错误动作及纠正方法

错误动作：把握不准双脚开合跳及跳过绳子的时机，控制不好摇动绳子的节奏。

纠正方法：等绳子过脚再打开双脚，先合并双脚再跳过绳子。

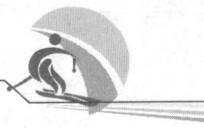

4. 弓步跳

1）动作要领

在直摇并腿跳姿势的基础上，双手持绳向前摇；当绳子过脚并置于空中时，双脚分开呈弓步姿势，当绳子触地快过脚时，双脚并拢跳过绳子，如图 4-42 所示。

2）动作要求

手臂保持摇绳姿势，注意控制摇绳的节奏；双脚打开时，前腿弯曲 30°～60°，后腿伸直，并且脚后跟不能着地；双脚的间距约为 20 cm；把握跳过绳子的时机和节奏。

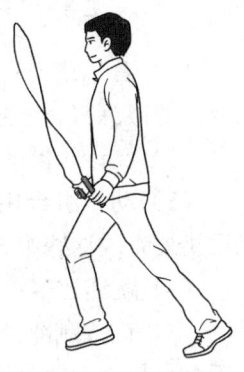

图 4-42　弓步跳

3）错误动作及纠正方法

错误动作：把握不准弓步跳与跳过绳子的时机，控制不好摇动绳子的节奏。

纠正方法：等绳子过脚再打开双脚呈弓步，先合并双脚再跳过绳子。

5. 并脚左右跳

1）动作要领

在直摇并腿跳姿势的基础上，当绳子置于空中时，双脚并拢分别向左跳和向右跳，绳子过脚后，双脚落地，如图 4-43 所示。

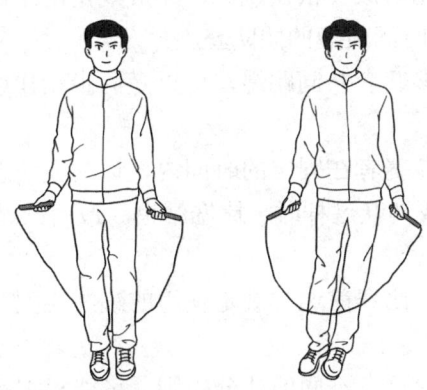

图 4-43　并脚左右跳

2）动作要求

手臂保持摇绳姿势，注意控制摇绳的节奏；左右跳时一直保持并脚，左右跳的时间间隔不宜过长，左右落地点的间距与肩同宽；左右跳时，双手手腕注意放松，自然、柔和地摇绳，手与脚的动作节奏是一摇一跳、一左一右；左右跳时，踝关节和膝关节注意放松，控制好跳动的节奏与时机，前脚掌着地时，动作要轻盈；身体挺直，目视前方；把握并脚左右跳过绳子的时机和节奏。

3）错误动作及纠正方法

错误动作：把握不准并脚左右跳与跳过绳子的时机，控制不好摇动绳子的节奏。

纠正方法：练习徒手摇绳，在摇动绳子的过程中，膝盖随着节奏弹动；练习原地并脚左右跳。

（三）主要学练方法

（1）音乐跳绳：边听音乐边跳绳，也可以根据音乐节奏跳绳，尝试创造有趣的动作组合，使锻炼富有乐趣。

（2）倒计时挑战：设定一个时间限制，看能在规定时间内跳绳多少次。

（3）动作组合挑战：制订一些有趣的跳绳动作组合，如交替左右跳、扭动身体等，然后挑战完成这些组合。

（4）跳绳比赛：与同伴进行跳绳比赛。

（5）花式跳绳：学习一些花式跳绳技巧，如交叉、旋转、双脚交替等。逐渐将这些技巧组合起来，使跳绳更具有创意和挑战性。

（四）主要比赛通则

1. 比赛项目

（1）速度跳绳：参赛者在规定的时间内（通常为 1 min）连续跳绳。

（2）花式跳绳：参赛者展示各种技巧，如交叉、旋转、扭动身体等。花式跳绳比赛通常由一系列规定的动作组合而成，评分基于技巧、协调性和创意性。

（3）团队接力跳绳：团队成员依次跳绳，完成规定的距离或时间后由下一位队员接力跳绳。完成整个接力赛程时间最短的团队获胜。

（4）双人跳绳：两名参赛者共同跳绳，可以是同步动作或交替动作。评分基于协调性、节奏和技巧。

（5）跳绳高度比赛：参赛者在固定的时间内，边跳绳边跃过横放的调节杆（杆的高度逐渐增加）。当选手无法成功跃过杆时，比赛结束。最后跃过的高度最高者获胜。

2. 主要比赛规则

（1）规定的跳绳类型：比赛前通常规定使用的跳绳类型，如速度跳绳、花式跳绳、长绳跳绳等。

（2）计分规则：不同项目有不同的计分规则，可能根据跳绳次数、花式技巧、团队接力用时等来评分。

（3）惩罚规则：在一些比赛中，如果参赛者在规定时间内发生错误，可能会有相应的时间惩罚或扣分。

（4）裁判判定：裁判根据比赛规则和标准对参赛者表现进行评判。花式跳绳通常更注重技巧和创意，而速度跳绳可能更注重跳绳次数。

（5）年龄和级别分类：比赛通常按照参赛者的年龄和技能水平进行分类，以确保公平竞争。

（6）装备规定：比赛可能规定特定的跳绳类型、服装和鞋子。参赛者需要遵守相关的装备规定。

（7）比赛纪律：参赛者需要遵守比赛纪律，包括起跳的方式、比赛过程中的行为等。

第五章 身体素质与职业体适能

在日常生活、体育活动和职业工作中，人体需要具备走、跑、跳、爬、投、推、拉、握、支撑和悬垂等身体基本活动能力，以及速度、力量、耐力、灵敏、柔韧、协调和平衡等身体素质。此外，在不同职业劳动环境中，人体还需要具备身体负载力、耐受力和适应力等的职业体适能。

第一节 身体素质

身体素质是指一个人整体的健康状况和体能的综合表现。身体素质对于个人的健康和生活质量至关重要，它不仅决定了一个人的身体状况，还直接影响着个人的运动表现和日常活动能力。速度素质、力量素质和耐力素质是人体最主要的三项身体素质。

一、速度素质

速度素质是人体快速运动的能力，包括反应速度、动作速度和移动速度。在体育锻炼中，速度素质是不可或缺的组成部分，是增强灵敏性、协调性和爆发力等体能的有效手段。

速度素质的主要练习方法如下。

（1）不同距离的直线冲跑练习法：10 m 冲刺跑、30 m 加速跑、60 m 途中跑、100 m 冲刺跑和 400 m 中距离跑等。

（2）往返冲跑练习法：10 m 或 15 m 往返跑、10 m 侧身并步跑等。

（3）接力跑练习法：全班同学分成若干组，每组人数相等。听到口令后，各组的第一位同学开始向终点冲跑，跑至终点迅速绕过终点标志物后往回跑，跑回起跑线后迅速拍击下一位同学。第二位同学以同样的方式接力跑，以此方法持续练习。

二、力量素质

力量素质是指人体肌肉工作时克服阻力的能力。通常把力量素质划分为最大力量、快速力量及力量耐力三种类型。最大力量是人体肌肉在随意收缩中所能表现出来的最大的力量的能力；快速力量是肌肉在尽可能短的时间内发挥出尽可能大的力量的能力；力量耐力

是人体在静力性工作中长时间保持相应强度的肌肉紧张，或在动力性工作中多次完成相应强度的肌肉收缩能力。

力量素质的主要练习方法如下。

（1）负重抗阻力练习：主要依靠负荷重量和练习的重复次数刺激机体发展力量素质。负重抗阻力练习的方式多种多样，如仰卧推举、仰卧飞鸟等，负荷的重量及练习的重复次数可随时调整。

（2）对抗性练习：依靠不同肌肉群的互相对抗，以短暂的静力性等长收缩来发展力量素质，如双人顶、双人推、双人拉等。

（3）克服弹性物体阻力的练习：克服弹性物体变形产生的阻力来发展力量素质，如使用弹簧拉力器、拉橡皮筋等。

（4）利用外部环境阻力的练习：如在沙地、草地等场地上进行跑、跳练习。

（5）克服自身体重的练习：如引体向上、纵跳等，使局部部位的力量得到发展。

（6）利用特制的力量练习器的练习：如坐姿推举训练器、肩肌训练器等，使身体处在各种不同的姿势进行练习。

三、耐力素质

耐力素质是人体在较长时间内保持特定强度负荷或动作质量的能力，是人体主要的身体素质之一。根据运动中氧代谢的特征，可分为有氧耐力、无氧耐力和有氧—无氧混合耐力。根据体育活动持续的时间，可分为短时间耐力（短于 2 min）、中等时间耐力（2～8 min）和长时间耐力（长于 8 min）等。

耐力素质的主要练习方法如下。

（1）定时跑：10～15 min 定时跑。

（2）变速跑：全班同学排成两路纵队慢跑，听到口令后，排尾的同学加速跑至排头。

（3）5 次爬坡跑：在倾斜 15°～20°的山坡上进行爬坡跑，跑 100～200 m，休息 3～5 min，重复 5 次。

（4）5 min 变速跑：50 m 快跑、50 m 慢跑，或 50 m 慢跑、100 m 快跑，跑 5 min。

（5）中速往返跑：利用篮球场，从一条端线跑至另一条端线，往返 4～6 次为一组，重复 3～5 组。也可以采用侧身滑步跑、交叉步跑或踢腿跑。

（6）反复变向跑：在田径场地或足球场内，听口令或看信号做变换方向跑。跑 2 min，休息 3～5 min，重复 3～5 组。

（7）100 m 多人接力跑：全班同学分成若干组，每组 4 人，各组同学在田径场上间隔 100 m 站立。听到口令后，第一位同学跑向第二位同学，击掌后，由第二位同学接力跑。如此反复，直至第一位同学跑至起始位置。

四、灵敏素质

灵敏素质是指人体迅速改变体位、转换动作和随机应变的能力，是体能在运动中的综合表现。不少运动项目要求运动者能够对运动场上突然出现的情况做出准确的判断，迅速地改变和控制自己的身体姿势，并在极短的时间内确定自己下一步的行动方案。

灵敏素质的主要练习方法如下。

（1）转换体位的练习：如各种穿梭跑、"8"字跑和折返跑等。

（2）改变方向的练习：做迅速改变方向的各种跑、躲闪、突然起动，以及各种快速急停和迅速转身等练习。

（3）专门性练习：如躲闪跑、穿梭跑、立卧撑跳起转体180°、上步纵跳、左右弧线助跑、单腿起跳等。

（4）变速和变向练习：在跑、跳过程中快速、协调、准确地完成各种动作，如变向、变速、急停、急起、转体等。

五、柔韧素质

柔韧素质是指人体关节活动幅度的大小，以及韧带、肌腱、肌肉等的弹性和伸展的能力。

柔韧素质的主要练习方法如下。

（1）静力性拉伸法：在练习过程中，各个部位拉伸到最大限度时，依靠外力或者自我控制能力保持该姿势一段时间。

柔韧性练习之压腿

（2）动力性拉伸法：是一种有节奏的、速度较快的、多次重复同一动作的拉伸练习。练习时用力不要过猛，先做几次小幅度的预备拉伸，再逐渐加大拉伸幅度，避免肌肉韧带拉伤。

六、协调素质

协调素质是指机体在运动过程中，通过神经系统、运动系统、多组肌群共同参与和调节整合，流畅、准确、协调地完成动作的能力。协调素质主要反映一个人的视觉、听觉、平衡觉同动作相结合的能力。一般来说，协调素质好的人学习动作会比较快，而且动作协调、优美。

协调素质的主要练习方法如下。

（1）平衡步：双手抬起至与肩同高，一只脚放在另一只脚前方，交替迈步。

（2）向上抬手：自然站立，手臂放于身体两侧，吸气，抬起手臂，直至两手位于头部正上方，掌心相对，保持10~30 s。

（3）上犬式：俯卧在地板上，两手放在肩下，足背着地。两臂伸直，肘部靠近身体，膝盖抬离地面，目视前方，保持10~15 s。

第二节 职业体适能

一、体适能与职业体适能

世界卫生组织将体适能定义为:"体适能是指身体有足够的活力和精力进行日常事务,而不感到过度疲劳;并且还有足够的精力享受休闲活动和应付突发事件的能力。"我国学者将其定义为:"体适能是指一个人的身体适应生活、运动环境(如温度、气候变化或病毒等因素)的综合能力。"

体适能

根据不同人群的需要,体适能又分为竞技体适能和健康体适能。竞技体适能是运动员在竞赛中,为了夺取最佳成绩所需要的体适能。健康体适能则是一般人为了促进健康、预防疾病,提高工作和学习效率所追求的体适能。

职业体适能属于健康体适能,是与职业(劳动)有关的专门性身体素质,是人体适应职业工作、生活与工作环境的综合能力。重复性操作能力、背脊承载静力性耐力的能力、其他肌肉能达到维持工作姿势要求的能力,以及人体对于湿热工作环境等的忍耐程度和对社会环境的适应等能力,都属于职业体适能。

二、发展职业体适能的积极意义

在社会分工越来越细,工作要求越来越高,工作强度和压力越来越大,不少工作岗位一时无法用机器替代的现代化职业工作背景下,发展职业体适能具有重要意义。

(1)有助于提高工作效率。一般而言,职业体适能好的人工作效率高、专注程度高,可保持长时间工作并创造较多的效益。

(2)有助于降低健康风险。职业体适能好的人乐观积极、善于沟通,能有效预防精神紧张、焦虑和抑郁等身心疾病。遇到紧急情况,他们反应敏捷,能理智、快速应对危急状况,从而远离危险。

(3)有助于接受工作挑战。职业体适能较好的人一般善于接受压力,勇于面对来自工作的各方面挑战。

(4)有助于适应自然和社会环境。职业体适能较好的人不仅对严寒、酷暑、风雨等自然环境的变化具有较强的适应能力,而且善于应对社会环境的各种变化。

三、不同岗位的职业体适能特征

（一）服务类岗位职业体适能特征

服务类岗位的工作者大多需要长时间的站立和走动，如迎宾、前台、空乘人员、导游等。立正式站立是一种强度极大的静力性工作；而任意式站立，因在一定程度上可以活动身体某些部位，并有机会可以在较小范围内做一些移动性活动，所以相对于立正姿势而言，其静力负荷的劳动强度较小。职场站姿劳动者绝大多数属于任意式站姿。

（二）管理类岗位职业体适能特征

管理类岗位的工作者大多坐着工作，头部呈前俯或后仰状态。肩颈部肌肉是支持颈部活动的基础，其中斜方肌、胸锁乳突肌为主要受力肌肉。头颈部过分下垂或颈椎前屈会使斜方肌处于紧张状态。长期久坐，低头含胸，胸廓得不到充分扩张，会影响肺的通气功能，还会使胸廓变形。人体处于坐位时，一般背部弓起并向前倾斜，背部肌肉处于被动拉长状态，容易产生肌肉疲劳，从而引起背部的多种不良反应。

（三）制造类岗位职业体适能特征

制造类岗位的工作内容大多是静力性作业与动力性作业交替进行，且作业姿势的变化没有一定规律。有些工种作业时姿势变化频率快，肌肉交替休息不易疲劳；而有些工种作业时需要承受一定紧张的静力负荷，因此肌肉一直处于紧张性收缩状态，很容易造成肌肉紧张、僵硬。因此，应针对不同岗位进行区别分析。

（四）设计类岗位职业体适能特征

设计类岗位的工作者大多处于伏案工作状态，电脑是其常用的办公工具。从操作电脑的姿势看，工作者常常是以手臂向前悬空的状态来操作键盘和鼠标的。手臂悬空易造成肩颈部的静态疲劳，手腕也容易因腕管内神经长时间受到压迫出现腕管综合征。此外，工作者长时间盯着电脑显示器不仅会造成眼睛干涩，还会导致视力下降。

（五）信息类岗位职业体适能特征

信息类岗位的工作者不仅要有耐心，而且需要具备较强的身体耐力。只有拥有比常人更强的肌肉耐受力，才能自如、高效地完成本职工作。

四、不同岗位的职业体适能训练

（一）按不同岗位的身体姿势分类

（1）久坐类岗位的职业体适能训练：适合乐器制造与维护、电信服务与管理、资产

评估与管理、财税大数据应用和证券实务等专业的学生。可通过腰部力量、肩部力量和颈部力量训练等予以加强职业体适能。

（2）久站类岗位的职业体适能训练：适合临床医学、酒店管理与数字化运营、中西面点工艺和西式烹饪工艺等专业的学生。可通过腿部力量、腰部力量和站姿训练等予以加强职业体适能。

（3）久视类岗位的职业体适能训练：适合分析检验技术、医学检验技术、数字图文信息处理技术、广播影视节目制作和网络舆情监测等专业的学生。可通过视力调整、眼保健操等予以加强职业体适能。

（4）久步类岗位的职业体适能训练：适合导游、勘察和监理等专业的学生。可通过腿部力量、走姿训练和快步走训练等予以加强职业体适能。

（5）久躬类岗位的职业体适能训练：适合护理、针灸推拿、医学美容技术和现代家政服务与管理等专业的学生。可通过腰部力量和上肢力量训练等予以加强职业体适能。

（6）久蹲类岗位的职业体适能训练：适合园艺技术、花卉生产与花艺、草业技术和文物考古技术等专业的学生。可通过蹲姿移动和腿部力量训练等予以加强职业体适能。

（7）久言类岗位的职业体适能训练：适合心理咨询、导游、播音与主持和学前教育等专业的学生。可通过久站类练习、久步类练习、人际交流的职业心理和社会适应训练等予以加强职业体适能。

（二）按不同岗位的工作环境分类

（1）平衡作业类岗位的职业体适能训练：适合航海技术、水路运输安全管理、空中乘务和民航空中安保等专业的学生。可通过各种姿态的平衡移动训练等予以加强职业体适能。

（2）高空环境作业类岗位的职业体适能训练：适合建筑工程技术、船舶智能焊接技术、轨道交通通信信号设备制造与维护和水电站设备安装与管理等专业的学生。可以通过平衡训练、感统训练和克服恐高的相应训练等予以加强职业体适能。

（3）精密技术作业类岗位的职业体适能训练：适合金属精密成型技术、精细化工技术、金融管理服务和仪器维修等专业的学生。可通过手部的精细动作训练和久视类练习等予以加强职业体适能。

（4）登攀作业类岗位的职业体适能训练：适合建筑工程、地质测量、古迹保护和导游等专业的学生。可通过攀爬训练、上肢力量训练和下肢力量训练予以加强职业体适能。

（5）狭窄空间作业类岗位的职业体适能训练：适合安全保卫、工程建设和应急救援等专业的学生。可通过上下肢小肌肉群训练、非正常体位训练和柔韧性训练等予以加强职业体适能。

（6）水环境作业类岗位的职业体适能训练：适合航海交通、产养殖技术、海洋渔业技术和水政水资源管理等专业的学生。可通过实用游泳训练、救生训练和心肺复苏术训练予以加强职业体适能。

（7）寒冷环境作业类岗位的职业体适能训练：适合制冷与空调技术、冰雪设施运维与管理、冰雪运动与管理等专业的学生。可通过寒冷环境下的运动和防寒防冻实操训练等予以加强职业体适能。

（8）暑热环境作业类岗位的职业体适能训练：适合消防救援技术、钢铁冶金设备维护、供热通风与空调工程技术、现代铸造技术和智能焊接等专业的学生。可通过暑热环境下的运动、防中暑实操训练和昏厥急救训练等予以加强职业体适能。

第三节 身体素质和体适能的项目化锻炼

练习者可以通过专门化的项目对身体素质和职业体适能进行有针对性的科学锻炼。锻炼时需要遵循自觉原则、循序渐进原则、经常性原则、持之以恒原则和全面锻炼原则。

一、眼部放松

（一）闭目入静

目的：缓解睫状肌紧张，消除视力疲劳。

动作要领：坐姿或站姿。双脚分开，与肩等宽，双臂自然下垂，上体保持端正，全身放松，两眼轻闭。

（二）按压睛明穴

目的：防治视觉昏蒙。

动作要领：双手食指分别按压双侧睛明穴，其余手指呈握拳状，每拍按压1次。

（三）按揉太阳穴、攒竹穴，抹刮眉弓

目的：防治眼病和视力减退。

动作要领：第一、二个8拍，双手拇指按揉太阳穴，食指按揉攒竹穴，每拍按揉1次。第三、四个8拍，双手食指弯曲，余指握拳，由眉毛内端向外抹刮，每2拍抹刮1次。

（四）捻压耳垂，转动眼球

目的：缓解眼肌的紧张程度。

动作要领：双手拇指和食指分别夹住双耳耳垂，每拍捻压1次。第一、二个8拍，眼球沿逆时针方向转动，其转动顺序为上、左、下、右。第三、四个8拍，眼球按顺时针方向转动，其转动顺序为上、右、下、左。每拍转动一个方向。

（五）揉捻合谷穴，眺望景物

目的：醒脑，增强新陈代谢，缓解睫状肌的紧张程度。

动作要领：第一、二个8拍，右手拇指压于左手合谷穴，食指垫于掌面，与拇指相对，每拍揉捻1次。第三、四个8拍，双手轮换，每拍揉捻1次。远眺景物与揉捻合谷穴同时进行，但要注意，远眺时应背向阳光，尽力望远处目标。

二、颈部练习

（一）"米"字形弯曲

目的：拉伸颈部。

动作要领：坐立均可，上背挺直，两手自然下垂，头部依次向前弯—复位—向左弯—复位—向后弯—复位—向右弯—复位，然后依次向左前弯—复位—向左后弯—复位—向右前弯—复位—向右后弯—复位。动作过程要缓慢，幅度由小到大。

（二）俯卧抬头

目的：增强颈部肌肉的伸展性和柔韧性。

动作要领：俯卧于长凳上，两手垂放于体侧，头部下垂。颈部用力把头抬高；颈部放松，让头部徐徐下垂到原位置。头部上抬时，眼睛尽量往上看；头部下垂时，眼睛尽量往下看。

（三）抗阻力颈部前屈、后仰和侧屈

目的：增强颈部肌肉的力量。

动作要领：坐立均可。将弹力带贴于额前，双手于脑后持弹力带两端，颈部用力前屈，停留3 s，还原。将弹力带贴于脑后，双手于面前持弹力带两端，颈部用力后仰，停留3 s，还原。将弹力带贴于头部左侧，右手于右耳侧持弹力带两端，颈部用力向左侧屈，停留3 s，还原。将弹力带贴于头部右侧，左手于左耳侧持弹力带两端，颈部用力向右侧屈，停留3 s，还原。

三、肩部练习

（一）站立耸肩

目的：增强斜方肌、肩胛提肌的肌肉耐力，矫正驼背、含胸等不良姿势。

动作要领：两脚开立，与肩同宽，挺胸收腹紧腰，两臂伸直下垂。吸气，两肩用力上耸，肩峰似要触及耳朵，稍停2～3 s。呼气，放松还原。重复练习，直至感到肩部酸胀。

（二）跪坐压肩

目的：拉伸肩部。

动作要领：跪坐在垫子上，上体前屈使两臂放在垫子上，额头触垫，尽量向前伸直手

臂并使臀部坐在脚后跟处，保持 20～25 s。

（三）转肩

目的：伸展肩部。

动作要领：坐立均可，两手自然放在肩上。以肩为中心，手臂转动画圈，幅度由小到大。转 10 次后，朝反方向继续转动。

（四）体前拉伸

目的：增强肩关节柔韧性。

动作要领：坐立均可，上背挺直，目视前方。身体面对正前方，左臂经体前向右侧平举，右臂屈肘夹住左臂并向内拉引，左手五指尽量伸展，保持 6～8 s，还原；换另一臂拉伸，还原。动作过程要缓慢，幅度由小到大。

（五）仰卧直臂上拉

目的：增强胸大肌、三角肌和背阔肌的力量，增强肩关节的柔韧性。

动作要领：仰卧在长凳上，挺胸沉肩，两手窄握或并握杠铃，两臂伸直置于胸部上方。呼气，直臂持铃尽量向头后慢慢下落至最低点，使胸部充分伸展，稍停 2～3 s。呼气，两臂用力向前向上举至起始位置。重复练习。

（六）坐姿颈后推

目的：增强斜方肌、三角肌前束、背阔肌的力量，避免肩部肌肉的萎缩和损伤。

动作要领：采用坐姿进行训练，挺胸，目视前方，两手宽握杠铃，并将杠铃由颈后沿枕部上举至手臂伸直。4～6 次为一组，做 6～8 组。

四、上肢练习

（一）挺举杠铃

目的：增强斜方肌、竖脊肌、臀大肌、股四头肌力量。

动作要领：准备姿势为下蹲抬头，背部挺直。两脚分开，与肩同宽，两手正握杠铃，爆发用力，将杠铃举到胸前，翻腕后用力将杠铃举过头顶，然后将杠铃缓慢放下。

哑铃手臂、肩膀力量训练

（二）提铃耸肩

目的：增强斜方肌力量。

动作要领：自然站立，两臂伸直，两手正握哑铃，耸肩至最高点，然后还原。注意四肢充分伸展。

（三）俯立飞鸟

目的：增强三角肌后群、背阔肌、斜方肌力量。

动作要领：自然站立，上体前屈与地面平行，两臂向后向上提至哑铃与肩同高，膝与肘微屈，停留 2 s 后缓慢还原。

（四）哑铃弯举

目的：增强肘部屈肌力量。

动作要领：手持哑铃，前臂弯举至肩部，然后缓慢还原，背部保持端正、稳定。

（五）握手转腕

目的：伸展腕关节。

动作要领：坐立均可，两手相握，十指相扣，顺时针转动 10～15 次，然后逆时针转动 10～15 次。

（六）向内旋腕

目的：拉伸腕部。

动作要领：站立，双手合掌。呼气，尽量内旋双手手腕，双手分离。重复练习。动作幅度尽量大，每次保持 6～8 s。

（七）动态屈伸腕

目的：主要增强前臂伸肌和屈肌的力量。

动作要领：站立，一手持哑铃，掌心朝上，另一手微托持哑铃手的肘关节，靠于腰部，手紧握哑铃以 2 s 一次的频率做屈伸腕运动。两手交替练习。

（八）静态屈伸腕

目的：主要增强前臂伸肌和屈肌的力量。

动作要领：站立，一手持哑铃，掌心朝上，另一手微托持哑铃手的肘关节，靠于腰部，手紧握哑铃充分屈腕保持 15 s，休息 5 s，再充分伸腕保持 15 s。两手交替练习。

（九）五指伸展撑橡皮筋

目的：主要增强手腕和手指力量。

要领：坐立均可，手指呈鸭嘴形，将橡皮筋套在五指上，大拇指和四个手指同时向反方向用力，保持 4～5 s 后还原，连续 10～12 次，直至手指有发胀的感觉。两手交替练习。

五、腰背练习

（一）负重转体

目的：增强腹直肌、髂腰肌力量。

动作要领：两脚开立，双手持杠铃置于颈后肩上，全身直立，然后向左转体，保持6~8 s，还原，换方向做。转体时吸气，还原时呼气。在上体旋转时，脚后跟不能离地或跟着转动。转体幅度要大。

（二）体侧屈

目的：伸展腰部，增强腰背部柔韧性。

动作要领：并步站立，上体挺直。右手叉腰，左手伸直，上体尽量向右侧倾斜，保持6~8 s，还原，换方向做。动作过程要缓慢，幅度由小到大，上体要有旋转动作。

（三）俯腰

目的：伸展腰部，增强腰背部柔韧性。

动作要领：并步站立，两腿挺膝夹紧，两臂伸直上举，手心向上。上体前屈，两膝保持挺直，髋关节屈紧，两手直臂分别握住同侧踝关节，使胸部贴紧双腿，充分伸展腰背部，持续一定时间后放松起立。熟练后，在双手触地时向左侧或向右侧转腰，用手心触及脚外侧的地面，以增强腰部伸展时左右转动的幅度。动作过程要缓慢，幅度由小到大。

（四）手触脚弓背

目的：伸展腰部、背部、胸部。

动作要领：跪立在垫子上，两腿分开，与肩同宽，身体后仰，双手抓住双脚脚跟，同时髋部往前顶，使髋部和膝盖在一条直线上，头向后仰，保持8~10 s。

（五）腰转动式

目的：伸展腰部。

动作要领：直立，两脚分开，与肩同宽，两手上举伸直，十指交叉相握，掌心向上，上体前屈至与地面平行，向右侧转动到极限位置，保持10~15 s，然后慢慢转到另一侧。

（六）坐姿双手合十躯干屈伸

目的：增强腰背肌的肌肉耐力。

动作要领：以坐姿开始，双手在胸前合掌，指尖朝上，臀部贴在椅子上，上体匀速向前伸展直至最大幅度，停1~2 s，上体向后伸展，至最大幅度后还原，连续练习直至感到腰背肌肉酸胀。

(七) 仰卧团身

目的：增强腰背肌和腹肌的柔韧性和伸展性。

动作要领：仰卧在垫子上，双手交叉于胸前，双脚收回，腿部弯曲 90°，骨盆前倾使腰底部平贴垫面，5 s 后，呼气，慢慢团身向上，直至肩胛骨稍离开地面，此时不要完全坐起来。10 s 后，吸气，缓慢躺下，恢复预备姿势。用力收缩腹肌时呼气，放松腹肌时吸气。5 次为一组，做 3 组。

(八) 腿臂跪撑反握拉铃

目的：增强背阔肌的力量。

动作要领：一腿屈膝跪在长凳上，同侧手扶在凳面上。另一手拳眼向前握住哑铃，下垂至体侧。另一腿伸直站立，上体前屈至背部与地面平行。持铃手向上提起至肩前或更高位置，然后慢慢放下还原。两手交替练习。

(九) 负重坐弓身

目的：增强腰背肌肉的力量。

动作要领：以坐姿开始，两手持杠铃置于颈后肩上。挺胸、收腹、紧腰，吸气，上体慢慢前屈至与地面平行。这时臀部应向后移，使身体重心处于脚跟后方，稍停 3~4 s。再以腰背肌肉的力量，挺身起立还原。重复练习。

六、腹部练习

(一) 空中蹬车

目的：锻炼腹直肌的肌肉耐力。

动作要领：仰卧在地面上，下背部紧贴地面。双手放在头两侧，手臂打开，将腿抬起，缓慢做蹬自行车的动作。呼气，抬起上体，用右肘触碰左膝，保持 2 s，然后还原，再用左肘触碰右膝，同样保持 2 s，然后慢慢恢复开始姿势。

(二) 举腿卷腹

目的：锻炼腹直肌、腹外斜肌及腹外斜肌下部的肌肉耐力。

动作要领：仰卧在地面上，下背部紧贴地面，双手放在头两侧，手臂打开。双腿抬起至与上体的夹角为 90°，双腿交叉，膝关节微屈。呼气，收缩腹肌，抬起上体，下背部不能离地，保持 2 s，然后慢慢恢复开始姿势。注意下颌微收。

扫一扫

侧卧卷腹抬腿训练

(三) 抱膝卷腹

目的：锻炼腹直肌、腹外斜肌及腹外斜肌下部的肌肉耐力。

动作要领：仰卧在地面上，两腿并拢，膝盖伸直。单腿弯曲，两手十指交叉抱住膝盖，收缩腹肌，抬起上体，头、背部离开地面，额头尽量靠近膝盖，保持 10~15 s，然后慢慢恢复开始姿势。换腿做另一边的练习。

（四）坐式屈团身

目的：锻炼上、下腹部肌肉。

动作要领：坐在地面上，膝盖伸直，双臂侧平举，掌心向下，上体后仰，保持身体平衡，然后屈膝收腹，使双脚离开地面，两小腿和地面平行，保持 15~20 s。练习中，脚始终不能触及地面。

（五）健身球仰卧

目的：增强腘绳肌、臀部肌肉和股四头肌的力量，提高脊柱的稳定性。

动作要领：跪姿，背对健身球，两脚分开夹球，手臂置于体侧，然后上体尽量往后仰，肩膀触球，保持 6~8 s。

（六）仰卧两头起

目的：发展腹直肌、髂腰肌力量。

动作要领：仰卧于垫子上，两臂伸直举过头顶，两腿伸直，收腹，两臂和两腿同时上提，手触脚背，然后还原。

七、下肢练习

（一）双脚跳高台

目的：增强股四头肌、小腿三头肌、腹肌力量。

动作要领：站在高台前，半蹲，双脚同时起跳，两臂上摆跳上高台，然后跳下，重复练习。

（二）立定多级跳

目的：增强足底肌群、股四头肌、小腿三头肌、腹肌力量。

动作要领：半蹲，双腿同时起跳。起跳后，右腿迅速前摆，落地后迅速从支撑过渡到起跳，同时左腿前摆，左腿起跳后两脚同时着地。蹬地要有力，动作要协调、快速。

（三）单脚跳十字

目的：增加腿部力量。

动作要领：单脚站立，屈膝依次向前、后、左、右跳动，然后换腿练习。根据情况逐渐增加跳动幅度，防止踝关节和膝关节受伤。

十字象限跳

（四）颈后全蹲

目的：增强大腿肌群、臀大肌和下背肌群的力量。

动作要领：两脚开立，脚趾稍向外撇，两手握住杠铃置于颈后肩上，屈膝下蹲至臀部稍高于踝关节，保持 1 s，大腿和臀部用力，使身体直立，重复练习。

（五）颈后半蹲

目的：增强股四头肌的外、内侧肌，股后肌群和小腿三头肌的力量。

动作要领：双手正握杠铃置于颈后肩上，挺胸，屈膝下蹲至大腿与地面平行，随即伸腿起立。

（六）踝绕环

目的：增强踝关节的柔韧性和伸展性。

动作要领：坐立均可，双脚以踝关节为中心按顺时针方向大幅度匀速绕动 3～5 圈，然后按逆时针方向绕动 3～5 圈，反复进行 8～10 min，直至感到脚踝酸胀。

（七）加力踝屈伸

目的：增强踝关节肌肉力量。

动作要领：坐于地上，一腿屈膝使脚背向外、脚心向内，另一腿伸直。一手扶住屈膝腿的小腿，另一手抓住屈膝腿的脚背，然后慢慢加力向内拉脚背，停 5～8 s，向外伸展至最大幅度，重复练习，双腿交替进行。

第四节 身体素质和体适能的评价方法

对身体素质和体适能进行科学合理的评估诊断，有利于检测锻炼成效。通过横向比较了解自身身体素质和体适能的水平，为调整锻炼方案，激发锻炼的自觉性和积极性，提高学校体育教育的整体质量和水平具有积极意义。

一、《国家学生体质健康标准》综合评价

（一）评价指标与分值

《国家学生体质健康标准（2014 年修订）》（以下简称《标准》）是国家学校教育工作的基础性指导文件和教育质量基本标准，是评价学生综合素质、评估学校工作和衡量各地教育发展的重要依据。

扫一扫

《国家学生体质健康标准》

第五章　身体素质与职业体适能

《标准》主要从身体形态、身体机能、身体素质和运动能力等方面综合评定学生的体质健康水平，是促进学生体质健康发展、激励学生积极进行身体锻炼的教育手段，是学生体质健康的个体评价标准。其中，身体素质测试项目与权重如表 5-1 所示。

表 5-1　身体素质测试项目与权重

测试对象	单项指标	权重
大学各年级	50 m 跑	20%
	坐位体前屈	10%
	立定跳远	10%
	引体向上（男）/1 min 仰卧起坐（女）	10%
	1000 m 跑（男）/800 m 跑（女）	20%

《标准》的学年总分由标准分与附加分之和构成，满分为 120 分。标准分由各单项指标得分与权重乘积之和组成，满分为 100 分。附加分根据实测成绩确定，即对成绩超过 100 分的加分指标进行加分，满分为 20 分；大学的加分指标为男生引体向上和 1000 m 跑，女生 1 min 仰卧起坐和 800 m 跑，各指标加分幅度均为 10 分。表 5-2 至表 5-4 是具体的身体素质评分标准及加分标准。

表 5-2　大学男生身体素质测试项目评分表

等级	单项得分	大一大二	大三大四	大一大二	大三大四	大一大二	大三大四	大一大二	大三大四	大一大二	大三大四
		50 m 跑（s）		坐位体前屈（cm）		立定跳远（cm）		引体向上（次）		1000 m 跑	
优秀	100	6.7	6.6	24.9	25.1	273	275	19	20	3′17″	3′15″
	95	6.8	6.7	23.1	23.3	268	270	18	19	3′22″	3′20″
	90	6.9	6.8	21.3	21.5	263	265	17	18	3′27″	3′25″
良好	85	7.0	6.9	19.5	19.9	256	258	16	17	3′34″	3′32″
	80	7.1	7.0	17.7	18.2	248	250	15	16	3′42″	3′40″
及格	78	7.3	7.2	16.3	16.8	244	246	—	—	3′47″	3′45″
	76	7.5	7.4	14.9	15.4	240	242	14	15	3′52″	3′50″
	74	7.7	7.6	13.5	14.0	236	238	—	—	3′57″	3′55″
	72	7.9	7.8	12.1	12.6	232	234	13	14	4′02″	4′00″
	70	8.1	8.0	10.7	11.2	228	230	—	—	4′07″	4′05″
	68	8.3	8.2	9.3	9.8	224	226	12	13	4′12″	4′10″
	66	8.5	8.4	7.9	8.4	220	222	—	—	4′17″	4′15″
	64	8.7	8.6	6.5	7.0	216	218	11	12	4′22″	4′20″
	62	8.9	8.8	5.1	5.6	212	214	—	—	4′27″	4′25″
	60	9.1	9.0	3.7	4.2	208	210	10	11	4′32″	4′30″

表 5-2（续）

等级	单项得分	大一大二 50 m 跑（s）	大三大四 50 m 跑（s）	大一大二 坐位体前屈（cm）	大三大四 坐位体前屈（cm）	大一大二 立定跳远（cm）	大三大四 立定跳远（cm）	大一大二 引体向上（次）	大三大四 引体向上（次）	大一大二 1000 m 跑	大三大四 1000 m 跑
不及格	50	9.3	9.2	2.7	3.2	203	205	9	10	4′52″	4′50″
	40	9.5	9.4	1.7	2.2	198	200	8	9	5′12″	5′10″
	30	9.7	9.6	0.7	1.2	193	195	7	8	5′32″	5′30″
	20	9.9	9.8	−0.3	0.2	188	190	6	7	5′52″	5′50″
	10	10.1	10.0	−1.3	−0.8	183	185	5	6	6′12″	6′10″

表 5-3　大学女生身体素质测试项目评分表

等级	单项得分	大一大二 50 m 跑（s）	大三大四 50 m 跑（s）	大一大二 坐位体前屈（cm）	大三大四 坐位体前屈（cm）	大一大二 立定跳远（cm）	大三大四 立定跳远（cm）	大一大二 1 min 仰卧起坐（次）	大三大四 1 min 仰卧起坐（次）	大一大二 800 m 跑	大三大四 800 m 跑
优秀	100	7.5	7.4	25.8	26.3	207	208	56	57	3′18″	3′16″
	95	7.6	7.5	24.0	24.4	201	202	54	55	3′24″	3′22″
	90	7.7	7.6	22.2	22.4	195	196	52	53	3′30″	3′28″
良好	85	8.0	7.9	20.6	21.0	188	189	49	50	3′37″	3′35″
	80	8.3	8.2	19.0	19.5	181	182	46	47	3′44″	3′42″
及格	78	8.5	8.4	17.7	18.2	178	179	44	45	3′49″	3′47″
	76	8.7	8.6	16.4	16.9	175	176	42	43	3′54″	3′52″
	74	8.9	8.8	15.1	15.6	172	173	40	41	3′59″	3′57″
	72	9.1	9.0	13.8	14.3	169	170	38	39	4′04″	4′02″
	70	9.3	9.2	12.5	13.0	166	167	36	37	4′09″	4′07″
	68	9.5	9.4	11.2	11.7	163	164	34	35	4′14″	4′12″
	66	9.7	9.6	9.9	10.4	160	161	32	33	4′19″	4′17″
	64	9.9	9.8	8.6	9.1	157	158	30	31	4′24″	4′22″
	62	10.1	10.0	7.3	7.8	154	155	28	29	4′29″	4′27″
	60	10.3	10.2	6.0	6.5	151	152	26	27	4′34″	4′32″
不及格	50	10.5	10.4	5.2	5.7	146	147	24	25	4′44″	4′42″
	40	10.7	10.6	4.4	4.9	141	142	22	23	4′54″	4′52″
	30	10.9	10.8	3.6	4.1	136	137	20	21	5′04″	5′02″
	20	11.1	11.0	2.8	3.3	131	132	18	19	5′14″	5′12″
	10	11.3	11.2	2.0	2.5	126	127	16	17	5′24″	5′22″

表 5-4　大学生加分指标评分表

加分	大一大二	大三大四	大一大二	大三大四	大一大二	大三大四	大一大二	大三大四
	男生引体向上（次）		女生 1 min 仰卧起坐（次）		男生 1000 m 跑		女生 800 m 跑	
10	10	10	13	13	−35″	−35″	−50″	−50″
9	9	9	12	12	−32″	−32″	−45″	−45″
8	8	8	11	11	−29″	−29″	−40″	−40″
7	7	7	10	10	−26″	−26″	−35″	−35″
6	6	6	9	9	−23″	−23″	−30″	−30″
5	5	5	8	8	−20″	−20″	−25″	−25″
4	4	4	7	7	−16″	−16″	−20″	−20″
3	3	3	6	6	−12″	−12″	−15″	−15″
2	2	2	4	4	−8″	−8″	−10″	−10″
1	1	1	2	2	−4″	−4″	−5″	−5″

注：引体向上、1 min 仰卧起坐均为高优指标，学生成绩超过单项评分 100 分后，以超过的次数所对应的分数进行加分；1000 m 跑、800 m 跑均为低优指标，学生成绩低于单项评分 100 分后，以减少的秒数所对应的分数进行加分。

《标准》根据学生学年总分评定等级：90.0 分及以上为优秀，80.0~89.9 分为良好，60.0~79.9 分为及格，59.9 分及以下为不及格。

（二）50 m 跑、1000 m 跑（男）和 800 m 跑（女）

50 m 跑是一个能体现快速奔跑能力和反应能力的体育项目。1000 m 跑（男）与 800 m 跑（女）是对学生的速度、耐力、协调性、灵敏度和柔韧性等要求较高的体能类测试项目。

50 m 跑训练动作展示

1. 测试场地与器材

测试场地为 400 m、300 m 或 200 m 跑道，测试器材为一面发令旗、若干块秒表。

2. 测试方法

被测者至少两人一组参加测试。两人以站立式预备，当听到口令后起跑。发令员在发出口令的同时摆动发令旗，此时，计时员开始计时。当被测者的身体到达终点线的垂直面时，计时员停止计时。

1000 m 跑（男）与 800 m 跑（女）的测量单位为"min"和"s"，测试结果不计小数；50 m 跑的测量单位为"s"，测试结果保留 1 位小数。

（三）立定跳远

立定跳远是测试爆发力的项目。爆发力的大小不仅取决于力量，还取决于力量和速度的配合。

立定跳远的测量单位为"cm",测试结果只保留整数。

1. 测试场地与器材

测试场地为沙坑,测试器材为丈量尺。

2. 测试方法

被测者双脚自然分开,站立在起跳线后,脚尖不得踩线;跳跃时,双脚同时起跳,不得有垫步或连跳动作。立定跳远的测试结果是指起跳线后缘至被测者最近着地点后缘的垂直距离。测试时,每个被测者可试跳3次,测试结果取3次成绩中最好的一次。测试者根据最好成绩查表评分。

立定跳远训练动作展示

(四) 引体向上(男)

引体向上主要测试上肢肌肉力量的发展水平,是衡量男性体质的重要指标和测试项目之一。

1. 测试器材

测试器材为高单杠或高横杠、秒表。其中,杠的粗细以被测者的手能握住为准。

引体向上训练动作展示

2. 测试方法

被测者面向单杠,自然站立;然后向后摆动双臂,跳起,正握杠,双手间距与肩同宽,身体呈直臂悬垂姿势。待身体停止晃动后,被测者双臂同时用力,向上引体(身体不能有任何附加动作);当被测者的下颌超过横杠上缘时,身体还原成直臂悬垂姿势。与此同时,测试者记录被测者完成的引体向上的次数,然后查表评分。

(五) 仰卧起坐(女)

仰卧起坐是一种比较安全的测试腹肌力量和耐力的项目。由于髋部肌肉也在仰卧起坐的过程中发挥了一定的作用,所以,这项测试既能够反映腹肌的耐力,又能够反映髋部肌肉的耐力。

1. 测试器材

测试器材为垫子、秒表。

仰卧起坐训练动作展示

2. 测试方法

被测者仰卧于垫上,膝盖弯曲90°,并找同伴帮忙压住自己的踝关节,以固定下肢,两手手指交叉放于脑后;腰部发力将上体卷起,然后缓慢回落使身体复位。被测者起坐时,其两肘触及或超过双膝为完成1次动作,仰卧时,其两肩胛必须触垫。测试者记录被测者在1 min内完成的仰卧起坐的次数,然后查表评分。

（六）坐位体前屈

坐位体前屈主要测试躯干、腰部、髋部等在静止状态下可能达到的活动幅度，主要反映这些部位的关节、韧带和肌肉的伸展性和弹性，以及身体柔韧素质的发展水平。

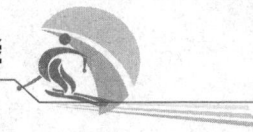

坐位体前屈训练动作展示

1．测试器材

测试仪器为坐位体前屈测试计。

2．测试方法

被测者坐在平地上，双腿伸直，两脚相距 10～15 cm，并平蹬测试仪纵板。测试时，被测者上体前屈，双臂伸直向前，两手并拢，并用两手的中指尖轻轻推动标尺上的游标，直到不能将其向前推动为止。

坐位体前屈的测量单位为"cm"，测试结果精确到小数点后 1 位，然后查表评分。

二、心肺耐力专项评价

心肺耐力是人进行耐力运动（如长跑、游泳等）的基础，测量心肺耐力的方法是对人体的最大摄氧量（又称"最大耗氧量"）进行评价。良好的心肺耐力对于身体健康和运动表现至关重要。它有助于预防心血管疾病，提高身体的持续工作能力，增加能量水平，减缓肌肉疲劳，以及提高生活和工作质量。

（一）12 min 跑

12 min 跑是测试心肺耐力的方法之一。运动生理学的研究表明，心肺耐力代表了全身的耐力水平。通常在一定时间内，心肺耐力高的人比心肺耐力低的人能跑更长的距离。

1．测试方法

测试开始前，被测者做准备活动。开始计时后，被测者应以最快的速度向前奔跑。测试者记录其 12 min 之内的跑动距离。

2．评价标准

对照以下参考标准（见表 5-5）进行比对，确定被测试者的心肺耐力等级。

表 5-5　以 12 min 跑评价心肺耐力的参考标准

心肺耐力等级		13～19 岁年龄段测试者跑动距离（km）	20～29 岁年龄段测试者跑动距离（km）
男	很差	<2.08	<1.95
	较差	2.08～2.18	1.95～2.10
	一般	2.19～2.49	2.11～2.39
	较好	2.50～2.75	2.40～2.62
	良好	2.76～2.97	2.63～2.82
	优秀	≥2.98	≥2.83

表 5-5（续）

心肺耐力等级		13～19 岁年龄段测试者跑动距离（km）	20～29 岁年龄段测试者跑动距离（km）
女	很差	<1.60	<1.54
	较差	1.60～1.89	1.54～1.78
	一般	1.90～2.06	1.79～1.95
	较好	2.07～2.29	1.96～2.14
	良好	2.30～2.41	2.15～2.32
	优秀	≥2.42	≥2.33

例如，一名 19 岁的男生在 12 min 内跑了 2.35 km，其对应的心肺耐力等级为"一般"。在测试过程中，若被测试者感到呼吸困难，则应减慢速度，及时调整呼吸。

（二）YOYO 跑

YOYO 跑是指被测者在相距 20 m 的两个标志物之间，以不断增加的速度进行折返跑。被测者在每完成 2×20 m 跑后有 5 s 的休息时间，节奏由录音机播放的声音信号来控制。

跑动速度从 8 级到 17.3 级分为 13 档，开始速度是 8 级，相当于 11.5 km/h，即在约 12.5 s 内完成 2×20 m 跑。跑动速度为 8 级、10 级、12 级时，被测者要完成 2 组 2×20 m 折返跑；跑动速度为 13 级、13.5 级、14 级时，被测者要完成 8 组 2×20 m 折返跑；跑动速度为 14.5 级、15 级时，被测者要完成 3 组 2×20 m 折返跑；跑动速度为 15.5 级、16 级、16.5 级、17 级、17.3 级时，被测者要完成 6 组 2×20 m 折返跑。

被测者在每个来回中，需按现场播放的鼓点跑动，在返回起跑线时，不得落后鼓点提示，否则视为一次犯规，被出示黄牌。两张黄牌累积一张红牌，视为测试不合格。

1．测试方法

测试开始前，被测者做准备活动。根据录音机播放的声音信号进行测试，被测者从起点线出发，到达 20 m 标志线后必须一脚踩线或过线才能返回，未踩线者须补踩，否则取消测试资格。被测者应在两次滴声之间完成跑动，如不能完成将被提醒 1 次，第 2 次不能完成即结束测试。

2．评价标准

对照以下参考标准（见表 5-6）进行比对，确定被测试者的心肺耐力等级。

表 5-6 以 YOYO 跑评价心肺耐力的参考标准

心肺耐力等级	男子跑动距离（m）	女子跑动距离（m）
顶级水平	2420	1600
高水平	2190	1360
次高水平	2030	1160
普通水平	1810	1000
休闲水平	1300	700

三、肌肉力量专项评价

评价肌肉力量可采用一次重复最大重量测试。

（一）测试方法

被测者先针对特定的肌肉群做 5～10 min 准备活动，之后选择毫不费力就能举起的重量进行练习，并逐渐增加重量，直到被测者只能举起一次的量级，然后记录最后一次举起的重量。

一般来说，测试上体肌肉群力量的方法包括负重屈肘、肩上举和仰卧推举等，如图 5-1 至图 5-3 所示。测试臀腿肌肉群力量的方法主要是坐姿蹬腿，如图 5-4 所示。

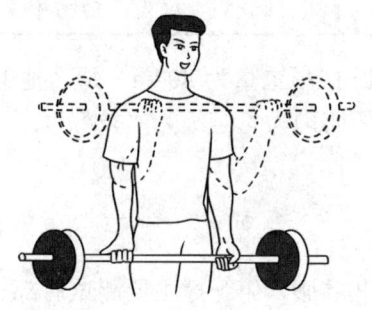

图 5-1　负重屈肘

图 5-2　肩上举

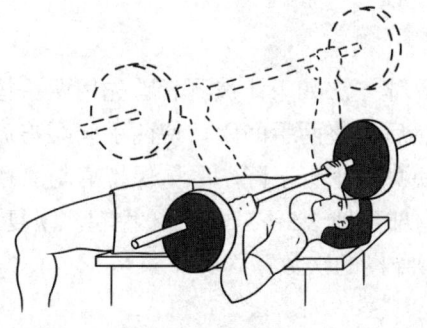

图 5-3　仰卧推举

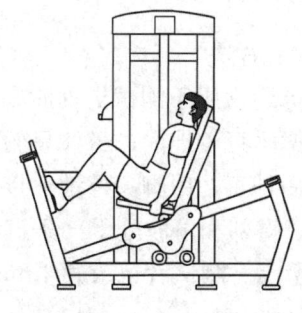

图 5-4　坐姿蹬腿

（二）评价标准

一次重复最大重量测试成绩的计算公式如下：肌肉力量分数=一次重复最大重量（kg）/体重（kg）×100。对照表 5-7 确定被测者的肌肉力量等级。

表 5-7　以一次重复最大重量测试评价肌肉力量的参考标准

测试方式		肌肉力量分数对应的肌肉力量等级					
		很差	较差	一般	较好	好	优秀
男	仰卧推举	<50	50～99	100～110	111～130	131～149	>149
	负重屈肘	<30	30～40	41～54	55～60	61～79	>79
	肩上举	<40	40～50	51～67	68～80	81～110	>110
	坐姿蹬腿	<160	160～199	200～209	210～229	230～239	>239
女	仰卧推举	<40	40～69	70～74	75～80	81～99	>99
	负重屈肘	<15	15～34	35～39	40～55	56～59	>59
	肩上举	<20	20～46	47～54	55～59	60～79	>79
	坐姿蹬腿	<100	100～130	131～144	145～174	175～189	>189

例如，一名体重为 68 kg 的男生，他的仰卧推举重量为 80 kg，那么他的肌肉力量分数=80÷68×100≈117.6，对照表 5-7，这名男生的肌肉力量等级为"较好"。

四、肌肉耐力专项评价

评价肌肉耐力最简单的测试方法是俯卧撑和卷腹，俯卧撑主要测试肩部、臂部和胸部肌肉的耐力，卷腹主要测试腹部肌肉的耐力。

（一）俯卧撑

1. 测试方法

俯卧撑通常用于测试男性肌肉耐力。其具体方法如下：被测者首先用两手撑地，手指向前，手臂垂直于地面，身体呈俯卧姿势；然后调整两手间距，使两手间距与肩同宽，同时两腿向后伸直，用脚尖撑地；接着，屈臂使身体平直下降，尽量保持肩与肘在同一平面上，躯干、臀部和下肢处于一条直线上；当胸部离地 2.5～5 cm 时，撑起，恢复预备姿势，如图 5-5 所示。测试者记录其 1 min 内完成俯卧撑的次数。

图 5-5　俯卧撑预备姿势

2. 评价标准

对照表5-8确定被测者的肌肉耐力等级。

表5-8　以俯卧撑测试评价肌肉耐力的参考标准（男）　　　单位：次

年龄组	1 min内完成俯卧撑的次数对应的肌肉耐力等级				
	差	一般	较好	好	优秀
18～20岁	4～11	12～19	20～29	30～39	≥40
21～25岁	3～9	10～16	17～25	26～33	≥34
26～30岁	2～8	9～15	16～22	23～29	≥30

（二）卷腹

卷腹的特点在于其能够排除腿部肌肉的作用，同时可以避免背部承受过大的压力。

1. 测试方法

做卷腹时，上体与垫子的角度不超过40°，肩部抬起的高度为14～25 cm，如图5-6所示。卷腹测试的方法如下：仰卧于垫子上，两腿稍分开，屈膝，两臂伸直，用指尖去触摸膝盖，还原。记录最终完成的次数，然后对照表5-9确定肌肉耐力等级。当两次卷腹的间隔时间超过10 s时，应停止记录。

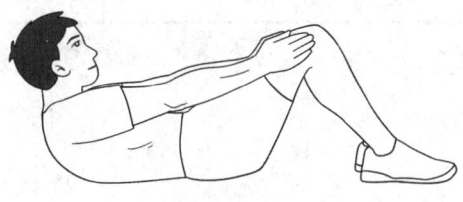

图5-6　卷腹

2. 评价标准

对照以下参考标准（见表5-9）进行比对，确定被测试者的肌肉耐力等级。

表5-9　以卷腹测试评价肌肉耐力的参考标准　　　单位：次

组别	完成卷腹的次数对应的肌肉耐力等级				
	差	一般	较好	好	优秀
男	≤29	30～44	45～59	60～74	≥75
女	≤24	25～39	40～49	50～59	≥60

五、柔韧素质专项评价

柔韧素质的测试方法主要有坐位体前屈和肩部柔韧性测试等。前文已介绍坐位体前屈的测试方法与评价标准，现介绍肩部柔韧性测试方法及评价标准。

（一）测试方法

肩部柔韧性测试主要测试肩关节的活动范围，具体的测试方法如下：身体直立，举起左手，前臂向体后伸展，同时用右手从体后去触及左手，尽可能地使两手手指重叠，如图 5-7 所示。之后交换双手动作，再做一次。记录两手手指重叠的长度。

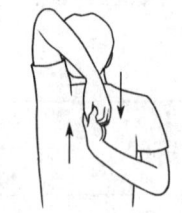

图 5-7　肩部柔韧性测试

（二）评价标准

对照表 5-10 确定肩部柔韧性等级。

表 5-10　肩部柔韧性的评价标准　　　　　　　　　单位：cm

柔韧性等级	左手在上时两手手指重叠的长度	右手在上时两手手指重叠的长度
差	<0	<0
一般	0～2.5	0～2.5
较好	2.6～5	2.6～5
好	5.1～7.5	5.1～7.5
优秀	7.6～10	7.6～10

第六章 体育比赛的组织与编排

体育比赛是体育运动的重要组成部分,是促进体育运动普及的重要措施。体育比赛不仅对于培养运动员的拼搏精神、竞争意识、坚韧毅力和团队合作精神具有积极意义,而且对于提升国家形象、增强国家凝聚力和民族自豪感具有积极作用。

第一节 国内外主要体育赛事

目前,奥林匹克运动会、世界杯足球赛、美国职业篮球赛等是世界范围内影响较大的体育赛事,中华人民共和国运动会、中国男子篮球职业联赛、中国足球协会超级联赛和中国乒乓球俱乐部超级联赛等是我国影响力较大的体育赛事,中华人民共和国学生(青年)运动会是我国影响较大并引起广泛关注的学校体育领域体育赛事。

一、国际主要体育赛事

(一)奥林匹克运动会

奥林匹克运动会(以下简称"奥运会")是由国际奥林匹克委员会主办的,世界上影响最大、水平最高、范围最广的综合性运动会。

古代奥运会与现代奥运会

自 1896 年首届现代奥运会在希腊雅典举行以来,奥运会已经成为各国运动员展示实力、追求卓越的舞台。奥运会分为夏季奥运会和冬季奥运会,每四年举行一次。我国北京分别承办了第 29 届夏季奥运会和第 24 届冬季奥运会,是目前唯一的"双奥"承办城市。

奥运会的核心价值是团结、友谊和公平竞争,奥运会的口号是"更快、更高、更强、更团结",奥运会的标志是奥林匹克五环旗。奥运会以其独特的文化和价值观,将运动与和平、友谊及文化交流紧密结合。

历届奥运会举办时间和地点一览表

（二）世界杯足球赛

世界杯足球赛是由国际足球联合会组织的世界性足球比赛，每四年举行一次。自1930年首届世界杯足球赛在乌拉圭蒙得维的亚举行以来，世界杯足球赛已经成为全球足球迷的盛宴，吸引着数以亿计的观众关注。

世界杯足球赛不仅是一项体育赛事，更是国家荣誉和民族自豪感的象征。参与世界杯的球队代表着各自国家的足球实力和文化，他们的表现将直接影响所代表的国家形象。而对于球迷来说，他们可以通过观看比赛、支持自己喜爱的球队来分享足球的魅力。

历届世界杯举办地与冠军队一览表

（三）美国职业篮球联赛

美国职业篮球联赛（英文缩写 NBA）是由美国全国篮球协会组织的最具世界影响力的男子篮球职业联赛。联赛分常规赛和季后赛两个阶段：在常规赛阶段，各球队之间进行多场比赛，争夺季后赛资格，通常自每年11月初持续至次年4月中下旬；季后赛阶段通常采用七局四胜制，自4月下旬开始，至6月中下旬决出总冠军为止。

（四）澳大利亚网球公开赛

澳大利亚网球公开赛是由澳大利亚举办的网球大满贯赛事，与法国网球公开赛、温布尔登网球公开赛和美国网球公开赛并称"四大满贯"。澳大利亚网球公开赛通常在每年1月的最后两周举行，是每年网球四大满贯赛事中第一个举行的赛事。澳大利亚网球公开赛设有男子单（双）打、女子单（双）打及混合双打等项目。

二、国内主要体育赛事

（一）中华人民共和国运动会

中华人民共和国运动会（以下简称"全运会"）是国内水平最高、规模最大的综合性运动会。全运会每四年举办一次，其比赛项目除武术外基本与奥运会项目相同，充分展现出中国体育事业的蓬勃发展和中国体育运动成绩的长足进步。

历届全运会举办城市与时间一览表

（二）中国男子篮球职业联赛

中国男子篮球职业联赛（英文缩写 CBA）是由中国篮球协会主办的全国最高水平的男子篮球职业联赛。自1995年举行第一届联赛以来，中国男子篮球职业联赛已经成为中国篮球运动的重要组成部分，为球迷提供了无数精彩的、难以忘怀的比赛时刻。

（三）中国足球协会超级联赛

中国足球协会超级联赛（以下简称"中超联赛"）是由中国足球协会组织的中国最高水平的足球职业联赛。每年3月至11月为赛季，每个赛季进行30轮比赛。中超联赛实行主客场双循环制和升降级制。全部比赛结束后，积分多的球队列前，积分相同的球队以相互间的比赛成绩、净胜球或进球多少等方式确定名次，排名最后两名的球队将降入次一级的足球联赛（即中国足球协会甲级联赛，以下简称"中甲联赛"），同时中甲联赛的前两名球队升入中超联赛。

（四）中国乒乓球俱乐部超级联赛

中国乒乓球俱乐部超级联赛是由中国乒乓球协会主办的国内水平最高、规模最大的乒乓球俱乐部职业联赛。中国乒乓球俱乐部超级联赛的赛事项目丰富多样，涵盖了男子单打、女子单打、男子双打、女子双打和混合双打等多个项目。这些项目不仅展示了选手们的个人技术和战术能力，也考验了球队的整体实力和协作能力。同时，赛事的举办还为中国乒乓球事业培养了大批优秀的年轻选手，为中国乒乓球事业的长远发展奠定了坚实的基础。

（五）中华人民共和国学生（青年）运动会

中华人民共和国学生（青年）运动会（以下简称"学青会"）由原全国学生运动会和全国青年运动会合并而来。由教育部、国家体育总局、共青团中央共同主办，由广西壮族自治区人民政府承办的首届学青会于2023年在广西壮族自治区举办。

举办学青会是推动新时代青少年体育改革发展，增强青少年体质、促进竞技体育后备人才培养的重要举措，是检验体教融合成果的重要平台，对加快推进教育强国、体育强国建设具有重要意义。

第二节 体育比赛的组织

体育比赛是一项重要的活动，它不仅能够促进体育运动的发展，也能够提高人们的身体素质和竞技水平。在组织体育比赛时，我们需要遵循一定的原则，采用合适的方法，制订科学的流程，并实施可行的方案。

一、国内外主要体育组织

（一）国际奥林匹克委员会

国际奥林匹克委员会（以下简称"国际奥委会"）是一个国际性的、非政府的、非营

利的且具有法律地位的权力机构，对奥林匹克运动会拥有一切权力。国际奥委会的任务和职能是在全世界推广奥林匹克主义并举办奥林匹克运动会，具体如下。

（1）鼓励并支持体育运动和体育比赛的组织、发展和协调。

（2）将体育运动与文化、教育相结合，力求在奥林匹克运动范围内创造一种基于拼搏的快乐、良好榜样的教育价值、社会责任、尊重国际公认的人权和普遍基本伦理原则的生活方式。

（3）致力于通过体育运动来促进和平、保护环境、扩大妇女权益等全球性问题的解决。

（二）中国奥林匹克委员会

中国奥林匹克委员会（以下简称"中国奥委会"）是以发展体育和奥林匹克运动为任务的全国群众性、非营利性体育组织。中国奥委会是国际奥林匹克委员会承认的国家奥林匹克组织，代表中国参与国际奥林匹克事务，其任务和职能具体如下。

（1）依据奥林匹克宪章，在全国范围内发展和维护奥林匹克运动，宣传奥林匹克主义的基本原则。

（2）组织中国奥委会代表团参加国际奥委会主办的夏季、冬季奥运会，并提供必要的经费和运动器材。

（3）协助其他全国性体育组织举办体育比赛和运动会。

（4）反对体育运动中任何形式的歧视和暴力，禁止使用国际奥委会或国际单项体育联合会禁用的药物和方法。

（5）在中国选定适于举办奥运会、亚运会等综合性国际赛事的城市。

（三）中国大学生体育协会

中国大学生体育协会是中国大学生体育运动的管理组织，成立于 1975 年，总部设在北京。中国大学生体育协会隶属教育部主管，是经国家民政部审核批准并具有法人资格的国家级体育社团。

协会的任务是严格按照协会章程开展工作，在教育部的直接领导下，在国家体育总局的业务指导下，贯彻、执行国家的教育、体育方针，积极配合和协助教育行政部门，开展高等学校学生课余体育训练工作，为国家培养优秀体育后备人才，推动学校体育工作的开展，提高中国大学生体育运动技术和身心健康，增进与世界各国大学生体育协会和运动员的友谊，加强与国际大学生体育联合会等的联系与合作。

二、体育比赛组织原则

（一）公平公正原则

在比赛中，每个参与者都应该有平等的机会展示自己的实力和能力。组织者应该确保比赛规则的公正性，不偏袒任何一方，确保每个人都能够在公平的环境下进行竞技。

（二）多样化原则

根据不同的竞技项目和参与者的特点，组织者可以选择不同的组织方法。例如，对于团体项目，组织者可以采用分组比赛的方式，让参赛队伍进行淘汰赛，最终决出冠军。又如，对于个人项目，组织者可以采用积分制或者直接对抗的方式进行比赛。组织者需要根据具体情况制订适合的方法，确保比赛的顺利进行。

（三）程序化原则

组织体育比赛需要严格遵循程序化的工作原则。在组织比赛前，需要确定比赛的时间、地点和规模，并做好前期准备工作，如场地布置、设备准备等。比赛开始后，需要安排裁判员和监督比赛，以确保比赛的公正性和秩序。比赛结束后，还需要统计成绩和安排颁奖仪式。组织者应该有条不紊地推进整个流程，确保比赛的顺利进行。

（四）可行性原则

在组织体育比赛时，组织者需要制订详细的实施方案，包括比赛规则、报名流程、奖励设置等。比赛规则应该明确简洁，能够清晰地指导参赛者和裁判员。报名流程应该方便、快捷，确保参赛者能够顺利报名。奖励设置应该有激励性，能够鼓励参赛者积极参与。

三、体育比赛主要类型

体育比赛类型一般包括个人比赛、团队比赛、联谊比赛和大型综合性赛事，各赛事的特点具体如下。

（1）个人比赛：指单个运动员之间的比赛，如田径个人赛、游泳个人赛、跳水个人赛等。个人比赛的特点是技巧性强，强调个人的能力和表现，以个人成绩为标准。

（2）团队比赛：指两个或两个以上团队之间的比赛，如足球比赛、篮球比赛、排球比赛等。团队比赛的特点是强调队员的默契配合、团队成绩和合作精神，以团队比分为标准。

（3）联谊比赛：指两个或两个以上单位之间的比赛，如各学校、社团之间的交流比赛。联谊比赛的特点是强调交流经验和增强团队凝聚力。

（4）大型综合性赛事：指包含多种运动项目的综合性比赛，如奥运会、世界杯足球赛等。大型综合性赛事的特点是具有高度的专业性和全球影响力，同时具有巨大的经济价值和社会价值。

体育与健康

第三节 体育比赛的常规赛制与轮次

体育比赛的赛制和轮次是体育竞技中不可或缺的组成部分。在各种不同的体育项目中，赛制和轮次的设计都是为了确保公平竞争、提高竞技水平及增强观赏性。

一、常规赛制

体育比赛的常规赛制是指在一定时间内，参赛队伍或选手之间进行多轮比赛，通过积分或排名来确定晋级或淘汰的方式。常规赛制包括循环赛制、积分赛制、淘汰赛制和混合赛制。

（一）循环赛制

在循环赛制中，所有参赛队伍或选手都会与其他队伍或选手进行一次比赛，以此循环多轮。这种赛制能够确保每个参赛队伍或选手都能与其他队伍或选手交手，公平地展示实力。最终，根据积分或排名来决定晋级或淘汰。

（二）积分赛制

在积分赛制中，参赛队伍或选手通过每场比赛获得的积分来排名。胜利队伍或选手会获得更多的积分，而失败队伍或选手则会获得较少的积分。这种赛制能够反映每个参赛队伍或选手的整体实力，同时也增加了比赛的悬念，增强了比赛的观赏性。

（三）淘汰赛制

在淘汰赛制中，参赛队伍或选手依据比赛结果来决定是否晋级到下一轮比赛。胜利队伍或选手将晋级，而失败者将被淘汰。这种赛制在增加竞争压力和紧张氛围方面非常有效，同时也能够筛选出最强的参赛队伍或选手。淘汰赛分为单淘汰制和双淘汰制，常规比赛一般都是单淘汰制。

扫一扫
淘汰赛制图示

（四）混合赛制

混合赛制是常见的组合型赛制。混合赛制是在分组循环赛制的基础上，融合交叉淘汰赛制和附加赛，以决出最终比赛名次。混合赛制综合了循环赛制和淘汰赛制的优点，弥补了两者的不足，既有利于参赛队伍或选手相互交流，又最大限度地减少了比赛胜负的偶然性。一般性比赛在决出前八名队伍或选手的阶段，多采用分组循环加交叉单淘汰加附加赛的混合赛制。

二、比赛轮次

轮次是指比赛的轮数，而场次是指每一轮比赛的场数。常规赛制通常会有多个轮次，每个轮次都代表着一定的比赛进程，如循环赛制或淘汰赛制中的每一轮胜者晋级。这种分阶段进行比赛的形式能够给予参赛队伍或选手适当的休息和调整时间，同时也增加了比赛的变数，增强了比赛的观赏性。

（一）单循环赛的轮次和场次计算

（1）单循环比赛轮次的计算公式为：轮次=参赛队数-1。

（2）单循环比赛场次的计算公式为：场次=参赛队数×（参赛队数-1）÷2。

（二）双循环赛的轮次和场次计算

（1）双循环比赛轮次的计算公式为：轮次=（参赛队数-1）×2。

（2）双循环比赛场次的计算公式为：场次=参赛队数×（参赛队数-1）。

（三）单淘汰赛的轮次和场次计算

（1）单淘汰比赛的轮次的计算公式为：轮次=参赛队数-1（参赛队数为偶数）；轮次=参赛队数（参赛队数为奇数）。

（2）单淘汰比赛的场次的计算公式为：场次=参赛队数×（参赛队数-1）÷2。

总之，体育比赛的常规赛制和轮次设计是为了确保比赛的公平性、竞技性及观赏性。不同的常规赛制和轮次方式都有其独特的优势和适用场景，经过合理的设计和安排，能够使体育比赛更加精彩、有趣。

第四节 基层体育比赛的组织与编排

基层体育比赛是全民健身活动的重要组成部分，是指在学校、企事业单位、街道、社区等开展的竞技、展示、娱乐、益智、游戏和知识等体育类比赛活动。合理的组织和科学的编排能保证比赛的顺利进行。

一、基层体育比赛的组织方法

（一）确定比赛组织方案

1. 比赛的名称、目的和任务

比赛的名称、目的和任务应根据比赛的内容、性质、时间和规模等来确定。与此同时，比赛通常需要赞助商提供一定的赞助，因此组织者在比赛冠名等方面应适当地考虑赞助商的利益。

2. 比赛的规模和时间

比赛项目和参赛人数的多少直接决定了比赛的规模和时间。在比赛前，比赛组织部门应根据设立的比赛项目，对参赛人数进行全面、充分的统计，以便确定对比赛场馆、设备和器材等的需求，并合理安排比赛时间。

3. 设置比赛组织机构

设置比赛组织机构是体育比赛组织工作的重要环节。比赛组织机构的设置要合理，职能划分要明确，要确保各部门各司其职，圆满完成任务。

比赛组织机构一般采用组织委员会制。组织委员会（以下简称"组委会"）是在比赛主办单位的领导下，由各方面代表组成，负责组织和领导比赛全部工作的管理部门。组委会下一般设办公室、比赛部门、新闻宣传部门、行政后勤部门和安全保卫部门等职能部门。组委会和各部门的工作职责具体如下。

（1）组委会：比赛组织工作的最高领导机构，主要负责审议并批准下设各部门的负责人及工作人员名单（包括确定仲裁委员、裁判长等），审议并批准比赛活动的各项实施方案，裁决比赛工作中的重大事项等。

（2）办公室：比赛组织工作的综合办事机构，主要负责拟定比赛有关文件、组织会议（包括开幕式和闭幕式）、联络调控、管理文档及接待等。

（3）比赛部门：比赛组织工作的业务机构，主要负责制订比赛规程、组织报名、编排比赛日程、编印秩序册，以及比赛进行中的组织管理工作和比赛结束后的工作。

（4）新闻宣传部门：比赛组织工作的宣传机构，主要负责准备宣传材料、联络新闻媒体、召开新闻发布会及布置比赛活动环境等。

（5）行政后勤部门：比赛组织工作的保障机构，主要负责场地、设备、器材、食宿、卫生、交通等工作的安排与实施。

（6）安全保卫部门：主要负责比赛组织工作中的安全保卫工作，包括制订安全保卫计划，对比赛设施、生活设施进行安全检查和保护，维持赛场秩序和及时处理突发事件等。

大型比赛活动可以根据需要增设接待部门、场地器材部门和电子技术部门等。规模较小的比赛活动可以视情况将新闻宣传部门并入办公室，将安全保卫部门并入行政后勤部门。

（二）制订比赛规程

比赛规程是根据比赛计划而制订的有关比赛活动的具体政策和规定。它是比赛活动的规范性文件，也是比赛活动的组织者和参与者开展工作或进行比赛的指导性文件。

比赛规程一般包括比赛名称、比赛目的和任务、主办单位和承办单位、比赛时间和地点、比赛项目和组别、参加要求、比赛办法、录取名次与奖励、裁判员及其他事项。比赛主办单位在制

第十四届学生运动会
健美操项目预赛竞赛规程

订比赛规程时可以根据具体情况对上述内容进行适当的取舍和补充。

（1）比赛名称：根据比赛的任务、性质和内容确定比赛名称。名称要用全称，如"中华人民共和国第十届全国运动会""××杯排球赛"。需要注意的是，在有关比赛活动的所有资料（如宣传册）中，比赛名称要保持统一。

（2）比赛目的和任务：根据比赛活动的要求，简要说明举办比赛活动的目的和任务，如"增强人民体质，普及全民健身运动"。

（3）主办单位和承办单位：注明比赛活动的主办单位和承办单位，如"全国篮球甲级联赛由中国篮球协会主办，由各主场会员协会组成的联赛赛区委员会承办"。

（4）比赛时间和地点：明确比赛开始至比赛结束的具体时间，注明举办比赛活动的具体地点。若有的比赛项目安排有预赛和决赛，则要分别说明预赛、决赛的开始时间和结束时间。

（5）比赛项目和组别：明确比赛设置的项目和组别，如田径比赛共设有哪些项目。

（6）参加要求：需要根据实际情况明确以下具体内容。

① 明确哪些单位可以参加比赛，规定各参赛单位领队、教练、运动员及其他工作人员的人数，规定运动员的参赛资格和标准。

② 明确规定报名的开始时间与截止时间，规定报到的时间与报到须知。

③ 明确规定参赛者服装的套数、颜色、尺寸，规定比赛器材的规格和标准等。

（7）比赛办法。

① 明确比赛采用的规则。组织者可以根据比赛的不同性质对现行的规则进行一定的修改和补充，但必须在比赛规程中说明。

② 明确比赛采用的比赛制度（如循环赛制、淘汰赛制或混合赛制等）。若比赛分阶段进行，则要说明各阶段的比赛制度、两阶段比赛的衔接办法、成绩计算和名次排列方法等。

③ 明确具体的编排原则和方法，如循环赛采用哪种轮转方法、淘汰赛设立几名种子选手等。

④ 明确计分方法和排定名次的方法。

⑤ 明确比赛中违反规定的处罚方法，如弃权的处理、违纪的扣分等。

（8）录取名次与奖励：明确规定比赛录取名次和奖励的办法，包括团体奖、单项技术奖、道德风尚奖等的奖励名额和各种奖项的奖励内容（如奖杯、奖旗、奖状、奖章及奖金等）。

（9）裁判员：如果需要参赛单位选派裁判员，则要明确裁判员的人数、等级和报到时间。

（10）其他事项：特殊事项和未尽事宜的补充。

① 对有关经费、交通、食宿等未说明事宜进行说明。

② 明确比赛规程解释权的归属单位。

③ 未尽事宜，另行通知。

（三）编印秩序册

秩序册一般包括以下几项内容。

（1）封面。封面的内容包括比赛名称、比赛时间、比赛地点、主办单位、承办单位、协办单位、赞助单位等。

（2）目录。按顺序排列秩序册的所有内容。

（3）比赛规程和补充规定。

（4）比赛组织委员会成员名单和各职能部门成员名单，各单项比赛委员会、仲裁委员会成员名单，裁判长、裁判员名单。

（5）各代表队名单及参赛运动员名单。

（6）大会活动日程。

（7）比赛日程。

（8）各项比赛分组。

（四）检查比赛场地、设备和器材

比赛开始前，组织者应当对比赛场地、设备和器材进行细致的检查，若发现有不安全因素及不符合比赛规格和标准要求的事项，则要及时解决，以确保比赛能够安全、顺利地进行。

（五）组织裁判员赛前学习

每一场精彩的比赛，都离不开裁判员公平、公正、专业的执裁。比赛开始前，裁判长应组织所有裁判员学习裁判法、执裁流程和执裁礼仪等，统一判罚尺度，以保证裁判工作的圆满完成。

二、基层体育比赛的编排

基层体育比赛的编排是确保比赛顺利进行的重要环节，它涉及比赛的组织、安排和管理。

首先，组织者应该根据参赛队伍的数量和比赛项目的类别来确定比赛的编排。通常情况下，组织者可以将参赛队伍分为几个小组，每个小组进行单循环赛或双循环赛。这种方式可以确保每个队伍都有足够的比赛机会，并且能够与其他队伍进行充分的交流和竞争。

其次，组织者需要考虑比赛的时间和场地安排。为了保证比赛的顺利进行，组织者可以将比赛进程分为预赛和决赛两个阶段。预赛可以安排在不同的时间段进行，以便参赛队伍有充足的休息和备战时间。而决赛可以在预赛结束后的特定时间进行，以确保比赛的观赏性和紧凑性。

再次，组织者需要考虑比赛项目之间的顺序和间隔时间。在同一天的比赛中，组织者可以根据比赛项目的性质和要求，将其按照一定的顺序进行安排。例如，可以先安排技巧类项目，再安排速度类项目，最后安排耐力类项目。这样的编排方式可以使参赛队员合理安排比赛时间，并且能够充分发挥各自的特长。

最后，组织者需要考虑到比赛的公平性和公正性。为了确保比赛的公正性，组织者应采用抽签的方式确定参赛队伍的对阵顺序，还应建立明确的裁判规则和评分标准。

下面具体介绍几个主要体育项目的比赛编排方法。

（一）篮球比赛的编排

篮球比赛通常采用循环赛制和混合赛制。举办单位可以根据比赛任务、参赛队数、比赛时间及场地安排等情况，选择合适的编排方法。

1. 篮球比赛的编排方法

示例：有 12 支球队进入决赛，比赛分三个阶段进行。

第一阶段：将 12 支球队分成 A、B 两组，每组 6 支球队进行单循环赛，决出各组的第 1~6 名。

第二阶段：将 A、B 两组的前 4 名分成 C、D 两组，每组 4 支球队，进行单循环赛，决出各组的第 1~4 名。

第三阶段：C、D 两组的第 1、2 名进行交叉比赛，决出全部比赛的第 1~4 名；C、D 两组的第 3、4 名进行交叉比赛，决出全部比赛的第 5~8 名；第一阶段 A、B 两组的第 5、6 名进行交叉比赛，决出全部比赛的第 9~12 名。

2. 篮球比赛排定名次的方法

在循环赛中，球队的名次按照其在同一循环比赛中的积分排定，积分多者名次列前。篮球比赛胜一场得 2 分，负一场得 1 分，弃权得 0 分。若两队或两个以上的球队积分相同，则按照以下方法排定名次。

（1）若两队积分相同，则两队之间比赛的胜者名次列前。

（2）若两队之间在比赛中的积分和得失分率（得失分率=得分÷失分）相同，则两队在本组内所有比赛的得失分率高者名次列前。

（3）若两个以上的球队积分相同，则再次排列时只考虑积分相同的球队之间的比赛成绩，成绩优秀者名次列前。

（4）若再次排列后仍有球队积分相同，则只考虑积分仍相同的球队之间比赛的得失分率，得失分率高者名次列前。

（5）若仍有球队积分相同，则按这些球队在本组内所有比赛的得失分率来确定名次，得失分率高者名次列前。

（6）若在任何阶段，采用上述方法将众多积分相同的球队减少到仅有两个球队积分相同时，则第一种方法和第二种方法将自动适用。

（7）若经过减少后仍有两个以上的球队排列相同，则从第三种方法开始重复运用。

（二）足球比赛的编排

足球比赛通常采用循环赛制和混合赛制。举办单位可以根据比赛任务、参赛队数、比

赛时间及场地安排等情况，选择合适的编排方法。

1. **足球比赛的编排方法**

示例：有 16 支球队进入决赛，比赛分两个阶段进行。

第一阶段：将 16 支球队分成四组，每组 4 支球队进行单循环赛，决出各组的第 1~4 名。

第二阶段：录取每组前 2 名，这 8 支球队进行单淘汰赛加附加赛，决出全部比赛的第 1~8 名。

2. **足球比赛排定名次的方法**

在循环赛中，球队的名次按照其在同一循环比赛中的积分排定，积分多者名次列前。足球比赛胜一场得 3 分，平一场得 1 分，负一场得 0 分。若两队或两个以上的球队积分相同，则按照以下方法排定名次。

（1）积分相同的球队相互之间比赛的积分多者名次列前。

（2）积分相同的球队相互之间比赛的净胜球数多者名次列前。

（3）积分相同的球队相互之间比赛的进球数多者名次列前。

（4）积分相同的球队在同一循环全部比赛中净胜球数多者名次列前。

（5）积分相同的球队在同一循环全部比赛中进球数多者名次列前。

（6）若按照以上方法排列后仍相同，则以抽签的方式决定名次。

（三）排球比赛的编排

排球比赛通常采用循环赛制和混合赛制。举办单位可以根据比赛任务、参赛队数、比赛时间及场地安排等情况，选择合适的编排方法。

1. **排球比赛的编排方法**

示例：有 12 支球队进入决赛，比赛分两个阶段进行。

第一阶段：将 12 支球队分成 A、B 两组，每组 6 支球队，进行单循环赛，决出各组的第 1~6 名。

第二阶段：A、B 两组前 3 名进行比赛，A1 表示 A 组第 1 名，B1 表示 B 组第 1 名，以此类推。A3—B2 的胜者和 A2—B3 的胜者分别与 A1 和 B1 进行交叉比赛，决出全部比赛的第 1~4 名；A3—B2 的负者和 A2—B3 的负者进行比赛，决出全部比赛的第 5~6 名。A4—B4 决出全部比赛的第 7~8 名，A5—B5 决出全部比赛的第 9~10 名，A6—B6 决出全部比赛的第 11~12 名。

2. **排球比赛排定名次的方法**

在循环赛中，球队的名次按照其在同一循环比赛中的积分排定，积分多者名次列前。排球比赛胜一场得 2 分，负一场得 1 分，弃权得 0 分。若两队或两个以上的球队积分相同，则按照以下方法排定名次。

（1）计算 C 值，C 值大者名次列前。其中，C 值=胜局总数÷负局总数。

（2）如果 C 值相同，则计算 Z 值，Z 值大者名次列前。其中，Z 值=总得分数÷总失分数。

(3) 如果两队的 Z 值仍然相同,则按两队之间比赛的胜负来决定名次。如果三队或三个以上的球队 Z 值相同,则按他们之间的净胜局数来确定名次。其中,净胜局数=胜局总数-负局总数。

(四) 羽毛球比赛的编排

羽毛球比赛通常采用循环赛制、淘汰赛制和混合赛制。举办单位可以根据比赛任务、参赛人数、比赛时间及场地安排等情况,选择合适的编排方法。

羽毛球比赛分为团体赛和单项比赛。团体赛有男子团体、女子团体和混合团体;单项比赛有男子单打、女子单打、男子双打、女子双打和混合双打。

1. 羽毛球比赛的编排方法

1) 团体赛

羽毛球团体赛一般采用循环赛制或混合赛制。

(1) 团体赛的比赛方式。

① 三场制:每队可以派 2～4 名运动员参加比赛。2 场单打、1 场双打(可由单打运动员参加),共进行 3 场比赛。比赛场序为单、双、单,或单、单、双。每盘比赛采用三场两胜制,每场比赛采用三局两胜制,每局比赛采用 15 分制(其中女子单打采用 11 分制)。

② 五场制:每队可以派 4～9 名运动员参加比赛。3 场单打、2 场双打(可由单打运动员参加),共进行 5 场比赛。比赛场序为单、双、单、双、单,单、单、单、双、双、单,或单、单、单、双、双。混合团体赛一般为 2 场单打、3 场双打(可由单打运动员参加),共进行 5 场比赛,比赛场序为男单、女单、男双、女双、混双。每盘比赛采用五场三胜制,每场比赛采用三局两胜制,每局比赛采用 15 分制(其中女子单打采用 11 分制)。

(2) 团体赛的编排方法。

世界男子羽毛球团体锦标赛(即汤姆斯杯)和世界女子羽毛球团体锦标赛(即尤伯杯)的比赛共分两个阶段进行。

第一阶段:将 8 支球队分成两组,进行单循环赛,决出各组的第 1～4 名。

第二阶段:每组的第 1、2 名进行交叉比赛,分别决出全部比赛的第 1～4 名。每盘比赛采用五场三胜制(比赛场序为单、单、单、双、双),每场比赛采用三局两胜制,每局比赛采用 15 分制(其中女子单打采用 11 分制)。

2) 单项比赛

羽毛球单项比赛一般采用单淘汰赛制。每场比赛采用三局两胜制,每局比赛采用 15 分制(其中女子单打采用 11 分制)。

(1) 场数和轮数的计算:场数=参赛人数-1,轮数=运动员位置数的以 2 为底的幂的指数,也就是说,运动员位置数是 2 的几次方,就有几轮比赛。例如,有 16 名运动员参加比赛,运动员位置数是 16,16 是 2 的 4 次方,那么就要进行 4 轮比赛,共进行 15 场比赛。

(2) 选择运动员位置数:运动员位置数必须是 2 的乘方数,因此应选择等于或稍大于实际参赛人数的 2 的乘方数为运动员位置数。例如,有 16 名运动员参加比赛,则选择

16 为运动员位置数；有 19 名运动员参加比赛，则应选择 32 为运动员位置数。

（3）种子的定位：为了防止强者和强者在比赛中提前相遇而被淘汰，比赛往往会将一部分高水平的参赛者设为种子，并将其安排在不同的比赛位置上。种子数通常根据参赛者的数量来确定，常见的情况有设 2 名种子、4 名种子和 8 名种子。

① 设 2 名种子时，1 号种子在上半区的顶部，2 号种子在下半区的底部。

② 设 4 名种子时，第 1、2 号种子按照设 2 名种子的方法定位，第 3、4 号种子通过抽签分别进入第 2 个 1/4 区的顶部和第 3 个 1/4 区的底部。

③ 设 8 名种子时，第 1、2、3、4 号种子按照设 4 名种子的方法定位，第 5、6、7、8 号种子通过抽签分别进入上半区第 2、4 两个 1/8 区的顶部或下半区第 5、7 两个 1/8 区的底部，如图 6-1 所示。

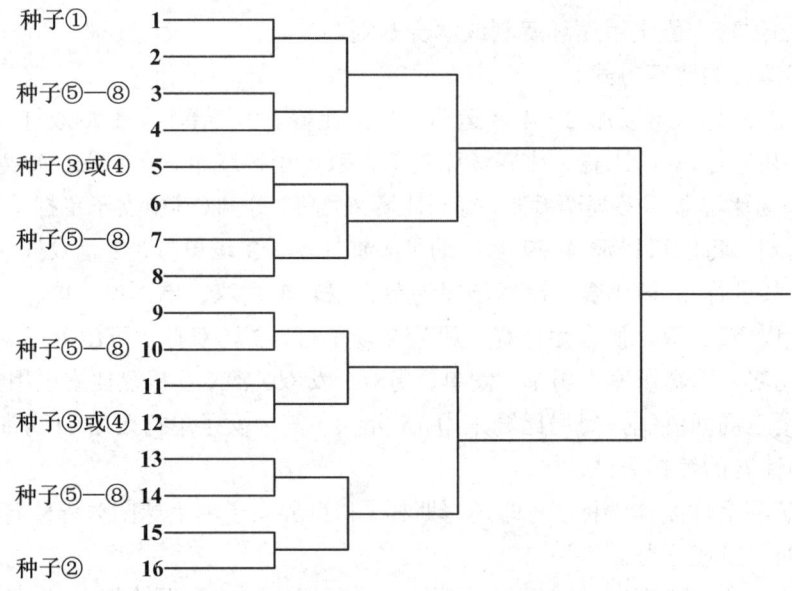

图 6-1　8 名种子定位图

在上半区的种子都定位在各个不同区的顶部，在下半区的种子都定位在各个不同区的底部。同属一队的种子应通过抽签进入不同的 1/2 区、1/4 区和 1/8 区内。

种子定位后，非种子选手进行抽签并进入自己的位置，同属一队的选手应通过抽签进入不同的 1/2 区、1/4 区和 1/8 区内。

（4）轮空位置的分布：当参赛人数不是 2 的乘方数时，必须选择比实际参赛人数稍大的 2 的乘方数作为运动员位置数，这就造成了轮空。其中，轮空位置数=选择的运动员位置数−实际参赛人数。例如，有 29 名运动员参加比赛，选择的运动员位置数应为 32，因此就有 3 个位置是轮空位置，轮空位置对应的运动员首轮没有比赛，在淘汰赛中直接进入下一轮比赛。

① 集中轮空分布法：若轮空位置数为双数，则上半区和下半区的轮空位置的数量相

等;若轮空位置数为单数,则下半区比上半区多一个轮空位置。第一个轮空位置从下半区开始排,上半区轮空位置的顺序是从上往下排,下半区轮空位置的顺序是从下往上排。例如,有 9 名运动员参加比赛,选择的运动员位置数应为 16,轮空位置数为 7,则有 3 个轮空位置在上半区,4 个轮空位置在下半区,如图 6-2 所示。

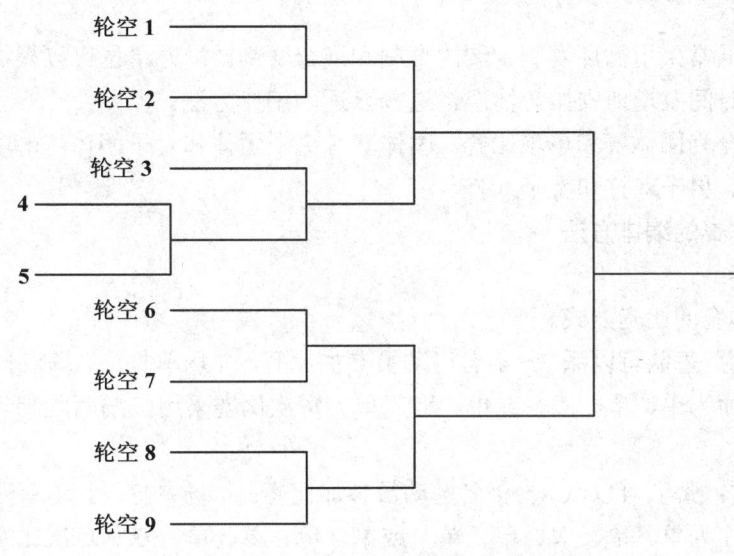

图 6-2　9 名运动员单淘汰赛轮空位置图

② 种子优先轮空法:种子优先轮空法的原则是序号在前的种子优先轮空。例如,有 28 名运动员参加比赛,选择的运动员位置数应为 32,有 4 个轮空位置,第一个轮空位置在上半区顶部 1 号种子位置 1 号位旁边的 2 号位,第二个轮空位置在下半区底部 2 号种子位置 32 号位旁边的 31 号位,第三个轮空位置在上半区第二个 1/4 区第 3(或第 4)号种子位置 9 号位旁边的 10 号位,第四个轮空位置在下半区第三个 1/4 区第 4(或第 3)号种子位置 24 号位旁边的 23 号位。

2. 羽毛球比赛排定名次的方法

在循环赛中,参赛者的名次按照其在同一循环比赛中的比赛成绩排定,获胜场数多者名次列前。若两人(双打比赛称为"两对")或两人以上获胜场数相同,则按照以下方法排定名次。

(1)若两人获胜场数相同,则两人之间比赛的胜者名次列前。

(2)若三人或三人以上获胜场数相同,则按他们在本组比赛的净胜局数来确定名次,净胜局数多者名次列前。

(3)计算净胜局数后,若还剩两人净胜局数相同,则两人之间比赛的胜者名次列前。

(4)计算净胜局数后,若还有三人或三人以上净胜局数相同,则按他们在本组比赛的净胜分数来确定名次,净胜分数多者名次列前。

(5)计算净胜分数后,若还剩两人净胜分数相同,则两人之间比赛的胜者名次列前。

(6) 计算净胜分数后，若还有三人或三人以上净胜分数相同，则以抽签的方式决定名次。

团体赛按以上方法分别依照盘、场、局、分的顺序排定名次。

（五）网球比赛的编排

网球比赛通常采用循环赛制、淘汰赛制和混合赛制。举办单位可以根据比赛任务、参赛人数、比赛时间及场地安排等情况，选择合适的编排方法。

网球比赛分为团体赛和单项比赛。团体赛有男子团体和女子团体；单项比赛有男子单打、女子单打、男子双打和女子双打。

1. 网球比赛的编排方法

1）团体赛

（1）团体赛的比赛方式。

① 三场制：每队可以派 3~4 名运动员参加比赛。2 场单打，1 场双打，共进行 3 场比赛。比赛场序为单、单、双，或单、双、单。每次比赛采用三场两胜制，每场比赛采用三盘两胜制。

② 五场制：每队可以派 4~9 名运动员参加比赛。4 场单打，1 场双打，共进行 5 场比赛。比赛场序为单、单、双、单、单，或单、单、单、单、双。每次比赛采用五场三胜制，每场比赛采用三盘两胜制。

（2）团体赛的编排方法。

戴维斯杯（男）和联合会杯（女）比赛均采用单淘汰赛制。每次比赛均采用五场三胜制，每场比赛均采用三盘两胜制。

① 戴维斯杯：第一天 2 场单打，第二天 1 场双打，第三天 2 场单打。

② 联合会杯：第一天 2 场单打，第二天 2 场单打和 1 场双打，双打排在最后进行。

2）单项比赛

网球单项比赛一般采用单淘汰赛制，其比赛方法与前面介绍的羽毛球单项比赛的比赛方法基本相同。男子单打和男子双打采用五局三胜制；女子单打、女子双打和混合双打采用三局两胜制。

2. 网球比赛排定名次的方法

在循环赛中，参赛者的名次按照其在同一循环比赛中的成绩排定，获胜次数多者名次列前。若两人或两人以上获胜次数相同，则两人之间比赛的胜者名次列前。若三人或三人以上获胜次数相同，则按照以下方法排定名次。

（1）按这些人在本组全部循环比赛中的获胜场数来确定名次，获胜场数多者名次列前。

（2）按这些人在本组全部循环比赛中的获胜盘数的百分比来确定名次，百分比高者名次列前。其中，百分比的计算公式如下：获胜盘数的百分比=胜数÷（胜数+负数）×100%。

（3）按这些人在本组全部循环比赛中的获胜局数的百分比来确定名次，百分比高者名次列前。

（4）按这些人在本组全部循环比赛中的获胜分数的百分比来确定名次，百分比高者名次列前。

（5）以抽签的方式确定名次。

团体赛按以上方法分别依照次、场、盘、局、分的顺序排定名次。

（六）乒乓球比赛的编排

乒乓球比赛通常采用循环赛制、淘汰赛制和混合赛制。举办单位可以根据比赛任务、参赛人数、比赛时间及场地安排等情况，选择合适的编排方法。

乒乓球比赛分为团体赛和单项比赛。团体赛有男子团体和女子团体；单项比赛有男子单打、女子单打、男子双打、女子双打和混合双打。

1. 乒乓球比赛的编排方法

1）团体赛

（1）团体赛的比赛方式。

世界乒乓球锦标赛的比赛方式如下。

① 每队可以派3～5名运动员，每次比赛只能从中选派3人出场参加比赛。

② 比赛之前由比赛双方队长抽签决定选择主队（A、B、C）或是客队（X、Y、Z），选择好后，各队确定3名运动员的出场顺序和场上位置。其中，主队的A队员、B队员和客队的X队员、Y队员各比赛2场，主队的C队员和客队的Z队员只比赛1场。主队和客队运动员的出场顺序如表6-1所示。运动员出场顺序排列的原则为主力队员多得分，主力队员早得分。一般来说，主队的A队员和客队的Y队员应为各队的主力队员。

表6-1　乒乓球比赛主队和客队运动员的出场顺序

场次	主队	客队
1	A	X
2	B	Y
3	C	Z
4	A	X
5	B	Y

③ 每次比赛采用五场三胜制，每场比赛采用五局三胜制，每局采用11分制。

④ 当一个队赢得足够多数场次时，一次团体比赛结束。

（2）团体赛的编排方法。

国际乒乓球联合会将各国参赛队按水平分成甲、乙、丙三级。在世界乒乓球锦标赛中，甲级16支球队进入决赛，比赛分两个阶段进行。

第一阶段：将甲级 16 支球队分成两组，每组 8 支球队进行单循环赛，决出各组的第 1～8 名。

第二阶段：两组同名次的队进行交叉比赛，决出全部比赛的第 1～16 名；两组的第 1、2 名进行交叉比赛，决出最终的第 1～4 名，采用同样的方法决出最终的第 5～16 名。

2）单项比赛

在国际比赛中，乒乓球单项比赛一般采用单淘汰赛制，其比赛方法与前面介绍的羽毛球单项比赛的比赛方法基本相同。每场比赛均采用七局四胜制，每局比赛均采用 11 分制。非重要比赛可以采用循环赛制或混合赛制，每场比赛可以采用三局两胜制。

2. 乒乓球比赛排定名次的方法

在循环赛中，参赛者的名次按照其在同一循环比赛中的积分的多少排定，积分多者名次列前。乒乓球比赛胜一场得 2 分，负一场得 1 分，未出场比赛或未完成比赛得 0 分。若两人或两人以上积分相同，则按照以下方法排定名次。

（1）计算比赛场数（即相互之间比赛的场数）的胜负比率，比率高者名次列前。

（2）计算局数和分数的胜负比率，比率高者名次列前。

（3）计算分数的胜负比率，比率高者名次列前。

如果已经决出一人或更多人的名次，而其他人的积分仍然相同，则将已决出名次的人的比赛成绩删除，再按照上述方法排定名次。如果仍不能确定名次，则以抽签的方式确定名次。

团体赛按以上方法分别依照次、场、局、分的顺序排定名次。

第七章 运动安全防护与常见职业病防治

体育运动属于人体在有一定运动负荷下的活动，因个人器质性基础疾病、运动方式不当、长期缺乏科学锻炼、运动环境差和器材故障等情况，都存在一定的运动风险。教育部于2015年印发了《学校体育运动风险防控暂行办法》，旨在加强各级各类学校体育运动风险防控工作，保障学校体育工作健康有序开展。此外，在职业工作中，工作环境和长期保持某一身体姿势也可能会引起职业性身体疾病。基于此，我国于2001年颁布了《中华人民共和国职业病防治法》。在校学生学习运动安全防护和常见职业病防治知识，掌握必要的临场救护技能，对日常学习、生活具有积极意义。

第一节 常见运动损伤与运动性疾病

在体育运动中，常见运动损伤主要有擦伤、扭伤、挫伤、拉伤和脑震荡等，常见运动性疾病主要有运动性腹痛、运动性昏厥、运动性中暑等。由于不同的运动损伤或运动性疾病的主要症状各不相同，临场处置的方法也有所区别。

一、常见运动损伤的类型

（一）擦伤

擦伤是运动中最常发生的一种损伤，多发生于对抗性体育项目中及摔倒等意外情况下。

主要症状：皮肤因擦破而出血或有组织液渗出，有一定的创口。

处理方法：对于小面积轻度擦伤且伤口干净者，只需涂抹一些碘伏；对于大面积重度擦伤者，应先用生理盐水清洗伤口，再涂抹碘伏，覆盖无菌纱布，最后用无菌敷料包扎。

（二）撕裂伤

剧烈运动或强烈撞击会造成肌肉撕裂，常见的有眉际皮肤撕裂等。

主要症状：伤口周边不整齐，常常伴有周围软组织的损伤。

处理方法：对于轻度伤，用碘伏涂抹即可；若伤口较大，则必须止血并缝合伤口，必要时注射破伤风抗毒素，以防感染。

（三）挫伤

挫伤是指由钝器造成的以皮内、皮下及软组织出血为主要表现的闭合性损伤。挫伤又分为单纯性挫伤与混合性挫伤。前者是指单纯的皮肤、皮下组织的挫伤，后者是指在皮肤、皮下组织挫伤的同时，还有其他组织器官的损伤（如腹部挫伤可能会伴有内脏器官的破裂）。

主要症状：单纯性挫伤表现为局部疼痛、肿胀、瘀血、压痛和运动功能障碍。当内脏器官出现损伤时，伤者会出现头晕、面色苍白、心慌气短、出虚汗、四肢发凉等症状，甚至休克。

处理方法：对于单纯性挫伤，24 h 内应冷敷或加压包扎，并抬高患肢或外敷中药，24 h 后可进行热敷、按摩和理疗。对于产生混合性挫伤并休克的伤者，经急救处理后应尽快送医院检查与治疗。

（四）肌肉拉伤

肌肉拉伤是指肌肉在运动过程中急剧收缩或过度牵拉产生的损伤。这是常见的运动损伤之一，引体向上与仰卧起坐练习较容易引发肌肉拉伤。

主要症状：肌肉拉伤后，伤处会疼痛、肿胀，用手可摸到肌肉紧张形成的条状硬块，触痛明显，且活动受到限制。肌肉严重拉伤时，伤者可听到断裂声，伤处疼痛与肿胀明显，肌肉出现收缩畸形，皮下瘀血显著，运动功能出现严重障碍。肌纤维部分断裂时，伤处可摸到凹陷；肌腹中间完全断裂时，会出现"双驼峰"畸形；肌肉一端完全断裂时，肌肉呈"球状"畸形。

处理方法：对于轻度的肌肉拉伤，可即刻实施冷敷、局部加压包扎并抬高患肢，24 h 后可实施按摩或理疗。若肌肉部分完全断裂，则应在加压包扎后立即送医院做手术修复。

（五）关节韧带损伤

关节韧带损伤是指因外力异常旋转而造成的关节韧带损伤，以及关节附近其他软组织结构的损伤。

主要症状：关节韧带损伤一般表现为关节疼痛或压痛，在急性期会出现肿胀、皮下瘀血、关节功能障碍等情况。

处理方法：对于一般性关节韧带损伤，24 h 内可实施冷敷，必要时加压包扎；24 h 后应采取理疗、按摩和针灸治疗。待疼痛减轻后，伤者可进行功能性练习。对于急性腰部损伤，若伤者出现剧烈疼痛，则不可轻易移动伤者，应使伤者平卧在担架上，并送至医院诊治。伤者平日应卧硬板床（或在腰部下方垫一个枕头），以使肌肉韧带处于放松状态。

（六）关节脱位

关节脱位又称"脱臼"，是指在体育运动中由外力作用致使关节失去正常的连接关系。关节脱位可分为完全性脱位与半脱位（又称"错位"）两种，以肩关节、肘关节脱位较为常见。严重的关节脱位会伴有关节囊损伤。

主要症状：发生关节脱位时，伤者会即刻产生剧烈疼痛与明显压痛，关节周围显著肿胀并伴有关节畸形、关节功能丧失，有时还会产生肌肉痉挛，严重时伤者会出现休克。

处理方法：用夹板或三角巾固定患肢并尽快将伤者送医院治疗。如施救者没有整复技术与经验，切不可随意对伤处做复位动作，以免加重伤情。

（七）骨折

骨折是指骨的完整性与连续性在外力的作用下遭到破坏的一种损伤。常见的骨折有肱骨骨折、尺（桡）骨骨折、指骨骨折、小腿骨骨折和肋骨骨折等。例如，摔倒时用手臂直接撑地会引起尺骨或桡骨骨折。

骨折后的应急处理

主要症状：骨折发生后，患处通常会出现肿胀、畸形且疼痛难忍，肢体失去正常的功能，肌肉产生痉挛。遭受严重骨折时，伤者会伴有出血、神经损伤和发热，乃至休克。

处理方法：暂勿随意移动骨折伤者，应先用夹板或其他代用品固定患肢，然后及时护送伤者到医院治疗。若伤者休克，则应先对其实施人工呼吸；若伤者伴有伤口出血，则应同时实行止血操作。

（八）脑震荡

脑震荡是指头部在受到外力击打后，即刻产生的短暂的脑神经功能障碍。除了外力击打外，摔倒时头部着地也是引发脑震荡的常见原因。脑震荡是最轻的一种脑损伤，伤者经治疗后大多可以痊愈。脑震荡可能与其他颅脑损伤（如颅内血肿）合并出现，应注意及时做出鉴别与诊断。

主要症状：脑震荡伤者会即刻出现意识丧失、呼吸表浅、脉搏缓慢、肌肉松弛、瞳孔稍放大但左右对称等现象；清醒后常伴有头晕、头痛、恶心或呕吐、失眠、耳鸣和记忆力减退等症状。

处理方法：伤者平卧，不可坐起或立起，冷敷头部并注意保暖。对于昏迷者，可用手指掐点人中、内关穴或给其嗅闻氨水；对于呼吸障碍者，可实施人工呼吸并立即送医院治疗。伤者在恢复期，要在安静的环境卧床休息，直至头痛、头晕等症状消失，切忌过早地参加体育运动和脑力劳动。

二、常见运动损伤的预防

（一）产生原因

运动损伤发生的原因有未做好运动前热身、未穿戴好护具、运动量超负荷或姿势不当等，预防措施可根据运动损伤发生的原因有针对性地实施。

（1）未做好运动前热身：运动前热身能够起到缓解肌肉僵硬、激发心肺功能、促进关节滑液分泌等作用。如果未做好运动前热身，则容易造成肌肉拉伤、关节磨损等运动损伤。因此，一定要充分进行运动前热身，预防运动损伤。

（2）未穿戴好护具：在轮滑、冰球及远距离跑步等运动中，身体的某些部位需要护具的保护，若未穿戴好护具，则可能会导致运动损伤。因此，运动人员应根据自身情况或运动要求穿戴好护具，防止出现运动损伤。

（3）运动量超负荷：高强度、长时间的运动会超出肌肉、关节或心肺的负荷量，从而可能出现运动损伤。运动人员需要在运动前制订科学的运动计划，保证适量运动，防止出现运动损伤。

（4）姿势不当：在运动过程中出现姿势不当，很容易造成相关部位的损伤，一般建议在有相关经验的人员指导下进行新的运动项目。

（二）科学预防

（1）增强运动安全意识。克服麻痹思想，提高预防运动损伤的意识。

（2）认真做好准备活动。在运动前进行热身运动，对可能发生运动损伤的关节与易伤部位及时采取预防措施。

（3）合理安排运动量。运动时，应防止局部组织负荷过重。

（4）加强保护意识。学会各项运动中的安全保护措施，掌握自我保护和相互保护的操作技巧。例如，摔倒时应立即屈肘、低头、团身滚动；由高处跳下时用前脚掌着地，同时屈膝缓冲等。

（5）加强医务监督和自我监督。按要求进行身体机能检查，以预防为主，积极采取相应的防治措施。

三、常见运动性疾病

（一）过度疲劳

过度疲劳是指由于长期或过度的身体或精神活动而导致的机体功能下降和自我调节能力减弱的状态。

主要症状：过度疲劳一般表现为锻炼者食欲减退、睡眠质量差、精神不振，有时还会表现为头痛、头晕、记忆力减退或心情烦躁不安。锻炼者的常规身体检查结果往往无明显异常，却影响其日常的学习与生活。

处理方法：对待过度疲劳，锻炼者应遵循早发现、早处理的原则，及时调整锻炼计划，降低运动强度，缩短运动时间，不做高难度动作。另外，锻炼者还应增加睡眠时间，加强营养，或者在医生的指导下采取相应的医疗措施等。

预防措施：为了预防过度疲劳，锻炼者应制订合理的锻炼计划，采取科学的锻炼方法。在参加体育锻炼的过程中，锻炼者还应加强自我监督，注意观察锻炼时出现的不良反应。

若身体患有伤病，则要及时治疗，待身体恢复后再进行锻炼。

（二）肌肉痉挛

肌肉痉挛俗称"抽筋"，是指肌肉发生不自主的强直收缩所表现的一种症状。运动中最容易发生的肌肉痉挛是小腿肌肉痉挛、大腿肌肉痉挛、足底肌肉痉挛等，有时也会出现腹部肌肉痉挛。

原因：在剧烈运动时，肌肉快速、连续地收缩会导致肌肉收缩与放松的交替关系被破坏，这样就容易发生肌肉痉挛。另外，当肌肉受到寒冷的刺激或人的精神过于紧张时，也可能会引起肌肉痉挛。

主要症状：肌肉痉挛时，局部肌肉会剧烈地收缩并变得坚硬，疼痛剧烈且一时不易缓解。

处理方法：一旦发生肌肉痉挛，锻炼者应立即对痉挛部位的肌肉进行牵引。例如，当小腿腓肠肌痉挛时，应伸直膝关节，并做足部的背伸动作（脚尖上抬，脚背向小腿前面靠拢）。牵引时切忌施力过猛，最好有同伴协助。同时，可配合局部按摩，以促进肌肉痉挛的缓解与消失。

预防措施：锻炼者在运动前要做好准备活动，对容易发生肌肉痉挛的部位应当事先进行适当的按摩。夏季进行长时间的运动时要注意补充盐分，冬季锻炼时要注意保暖。下水游泳前应先用冷水淋浴，游泳时不要在水中停留时间过长。疲劳与饥饿时不要进行剧烈的运动。

（三）运动性腹痛

运动性腹痛是指发生在运动过程中和（或）运动之后的腹部疼痛，多见于中长跑、竞走、马拉松、公路自行车等运动项目中。

原因：锻炼者在饭后即刻参加运动，其胃部因食物充盈发生牵扯痛或胀痛；运动前饮水过多或腹部受凉，引起胃肠痉挛；准备活动不充分，血液不能及时回流，造成肝脾瘀血肿胀，增加肝脾被膜张力而引起疼痛；运动时呼吸紊乱，膈肌运动异常，引起肝脾被膜张力性疼痛。

主要症状：运动性腹痛的疼痛部位不固定，一般来说，胃痉挛常引起上腹部疼痛，肠痉挛常引起中腹部疼痛，肝脾被膜张力性疼痛的疼痛部位为上腹部的左右两侧。

处理方法：对于运动性腹痛，锻炼者一般可采用减速慢跑，加深呼吸，按摩疼痛部位或弯腰跑一段距离等方法处理。若疼痛没有减轻或消失，甚至加重，则应立即停止运动，并及时请医生诊治。

预防措施：合理安排运动时间，饭后 1 h 再进行体育锻炼；运动前要做好充分的准备活动，运动时要循序渐进，并注意呼吸节奏；锻炼者因慢性疾病而出现运动性腹痛时，应及时就医，并在医生与体育教练的指导下进行锻炼。

（四）运动性贫血

运动性贫血是指由剧烈运动引起的血红蛋白量低于正常值的现象。其诊断标准为，男性的血红蛋白含量低于 120 g/L，女性的血红蛋白含量低于 110 g/L。

主要症状：运动性贫血发病缓慢，常见的表现有头晕、恶心、气喘、乏力，运动后出现心悸、面色苍白等。

处理方法：锻炼者如果在运动中（后）出现头晕、乏力、恶心等，则应适当减少运动量，必要时应暂停运动。如果运动时经常有头晕现象，则应及时就医。

预防措施：为了预防运动性贫血，锻炼者应遵循适度、适量和循序渐进的原则进行锻炼，且应改正偏食的习惯。锻炼者平时可多食用富含蛋白质与铁的食物。

（五）运动性昏厥

运动性昏厥是指在运动过程中出现的由大脑供血不足引发的暂时性知觉丧失的现象。

原因：锻炼者在剧烈运动或长时间运动时，大量血液积聚在下肢，回心血量减少，脑部供血不足，易引发运动性昏厥；若锻炼者在剧烈运动后立即静止，则循环系统功能可能会出现暂时性失调现象，易引发运动性昏厥。

主要症状：运动性昏厥通常表现为锻炼者全身无力，面色苍白，手足发凉，失去知觉而昏倒；其脉搏慢而弱，呼吸缓慢，血压降低。

处理方法：一旦锻炼者昏厥，同伴应立即扶锻炼者平卧，使其足部略高于头部，并进行向心方向按摩。若锻炼者出现呕吐症状，则应将其头部偏向一侧，为其清除口中的呕吐物，以使其呼吸道保持畅通。若锻炼者呼吸停止，则应立即对其进行人工呼吸。轻度昏厥者可由同伴搀扶慢走，并进行深呼吸。重度昏厥者应立即送往医院进行治疗。

预防措施：平时应加强体育锻炼，以增强体质；久蹲后不要突然起立；急跑后不要立即停下来；不要带病或在饥饿的状态下参加剧烈运动。

（六）运动性低血糖症

低血糖症是指人体的血糖浓度低于正常值时出现的一系列临床表现。在中长跑的训练与比赛中，锻炼者运动的时间过长，运动强度较大，体内的血糖会因大量消耗而减少，所以可能会引发低血糖症，这种低血糖症称为运动性低血糖症。它一般发生在运动过程中或运动结束后。

原因：运动性低血糖症主要是长时间的剧烈运动使体内血液中的葡萄糖大量减少，大脑皮层的葡萄糖代谢机能紊乱，以及胰岛素增加所引起。除了长时间的剧烈运动之外，运动前饥饿、情绪过于紧张或身患疾病都可能会成为运动性低血糖症的诱因。

主要症状：轻度低血糖者会出现面色苍白、出冷汗、乏力、饥饿感强烈、头晕、心慌、烦躁不安等症状；重度低血糖者会出现神志模糊、言语不清、精神错乱等症状，甚至惊厥和昏迷。此时，患者脉搏快而弱、呼吸短促、瞳孔扩大，血糖降至 2.8 mmol/L 以下。

处理方法：运动性低血糖症患者可饮用糖水或吃甜食。如果症状严重，则应及时就医。

第七章 运动安全防护与常见职业病防治

预防措施：锻炼前应进食，不空腹锻炼；当自觉饥饿感明显或出现低血糖症状时，应减少运动量或停止锻炼，并及时摄入含糖食物。

（七）运动性中暑

运动性中暑是指在高温环境下，机体运动时产生的热量超过机体能够散发的热量而造成人体内过热的状态。运动性中暑的易发人群包括马拉松运动员、铁人三项运动员和群众性体育锻炼者。

原因：运动性中暑主要是体温调节中枢功能障碍、汗腺功能衰竭、水和电解质丢失过多所引起。人在高温、高湿和通风不良的环境中进行体育锻炼时易引发运动性中暑。

主要症状：轻度中暑者会出现面部潮红、头晕、头痛、胸闷、皮肤灼热、体温升高等症状；重度中暑者会出现恶心、呕吐、脉搏快而细弱、精神失常、虚脱抽搐、血压下降等症状，甚至昏迷。

处理方法：一旦锻炼者中暑，同伴应迅速将锻炼者移至通风、阴凉处，解开其衣领，冷敷其额部，用温水为其擦身，并喂其饮用含盐的清凉饮料。轻度中暑者一般在数小时后即可恢复正常。重度中暑者应迅速送往医院进行治疗。

预防措施：在高温环境中锻炼时，应适当减小运动量，缩短运动时间，避免在烈日下长时间锻炼；夏天在室外锻炼时，宜穿浅色衣服，戴遮阳帽；在室内锻炼时，应保证室内通风，空气质量良好，在运动过程中可饮用低糖、含盐饮料。

第二节 实用临场救护技能

因各类意外因素，运动中可能发生严重出血、溺水、严重损伤、休克、心脏骤停等直接影响生命安全的事件。把握"黄金 4 min"，掌握心肺复苏、止血包扎、溺水救护等实用临场救护技能，可以在突发事件发生时保护自己和他人的生命安全。

一、把握"黄金 4 min"

急救中最危急的情况是伤者发生心脏骤停，即心脏射血功能突然终止，导致重要器官严重缺血、缺氧。心脏骤停的黄金救援时间是 4 min，每拖延 1 min，伤者的生存概率就降低 7%～12%。大脑一旦缺氧 4～5 min，就会发生不可逆转的损伤，即使伤者之后恢复心跳，也有可能变成植物人。因此，心脏骤停发生后的 4 min 被称为"黄金 4 min"。

对于突发心脏骤停伤者的抢救，关键在于开展高质量的心肺复苏和除颤。高质量的心肺复苏能暂时维持血氧供应，但仅仅开展心肺复苏无法将心室颤动转复为心脏正常节律，除颤才是转复心脏节律、治疗心室颤动的唯一手段。因此，在专业救护人员到来之前，在场人员应把握住"黄金 4 min"，及时对心脏骤停者开展心肺复苏术和使用自动体外除颤仪进行救治，从而大大增加伤者的存活概率。

二、心肺复苏的实践操作

心肺复苏是针对心脏骤停伤者采取的救命技术，是为了恢复伤者自主呼吸和自主循环。

心肺复苏的主要操作程序如下。

（一）判断意识

拍打伤者的双肩并大声呼唤"你怎么了"，如图 7-1 所示。若伤者没有任何反应，则说明其病情危急。

（二）高声呼救

高声呼救"快来人呀，有人晕倒了，赶快拨打 120，会急救的一起来救护"，如图 7-2 所示。

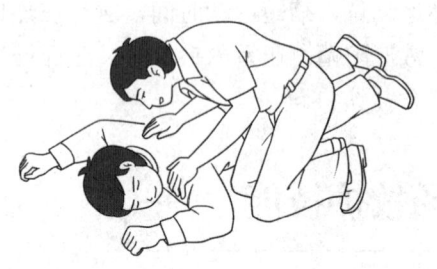
图 7-1　判断意识

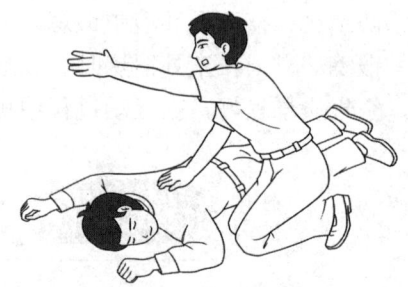
图 7-2　高声呼救

（三）安全环境与保持复苏体位（仰卧位）

需要确保救护环境安全，如果处于交通道路等不安全的环境下，首先需要尽快转移到就近安全环境下进行。如果伤者是以俯卧位倒在地上，要将其翻转成复苏体位，使其仰卧在坚硬的平面上（转换体位时，要将头、颈、脊柱整体移动），如图 7-3 所示。

（四）查看呼吸与颈动脉搏动

迅速清除伤者口腔异物（如口香糖、呕吐物等），将耳贴近伤者口鼻，听口鼻处有无呼吸声，并侧头注视伤者胸部约 6 s，观察胸部有无起伏。同时，用食指与中指轻摸伤者的喉结处，然后向外侧滑至颈动脉（气管与颈部肌肉之间），查看伤者颈动脉是否搏动，如图 7-4 所示。

第七章　运动安全防护与常见职业病防治

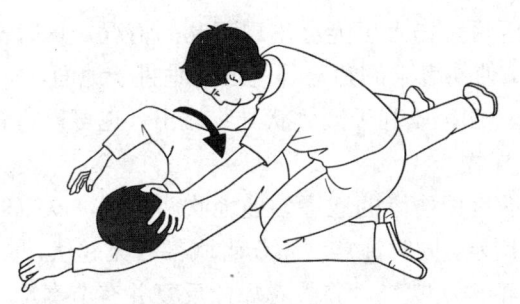

图 7-3　保持复苏体位

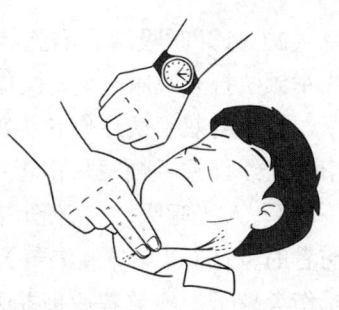

图 7-4　查看颈动脉是否搏动

（五）胸外心脏按压和口对口人工呼吸

若伤者有自主呼吸，则继续保持其呼吸道通畅。若伤者无自主呼吸与脉搏，则应迅速进行胸外心脏按压、打开呼吸道并做人工呼吸。

（1）胸外心脏按压。胸外心脏按压的目的主要是建立人工循环，恢复伤者的自主心跳。其具体方法如下：施救者跪于伤者一侧（一般为右侧），双手上下重叠，并将手掌根部放在伤者乳头连线的中点处（见图 7-5），然后翘起手指，伸直双臂（肘关节不弯曲），双肩在伤者胸骨正上方，借助自身体重与肩背的力量通过双臂和手掌，垂直地向伤者胸骨加压，将伤者胸骨下压约 5 cm 后，松手使胸骨复原（手掌不离开胸骨），如此反复有节奏地（每分钟 100～120 次）进行按压，直至伤者恢复心跳。

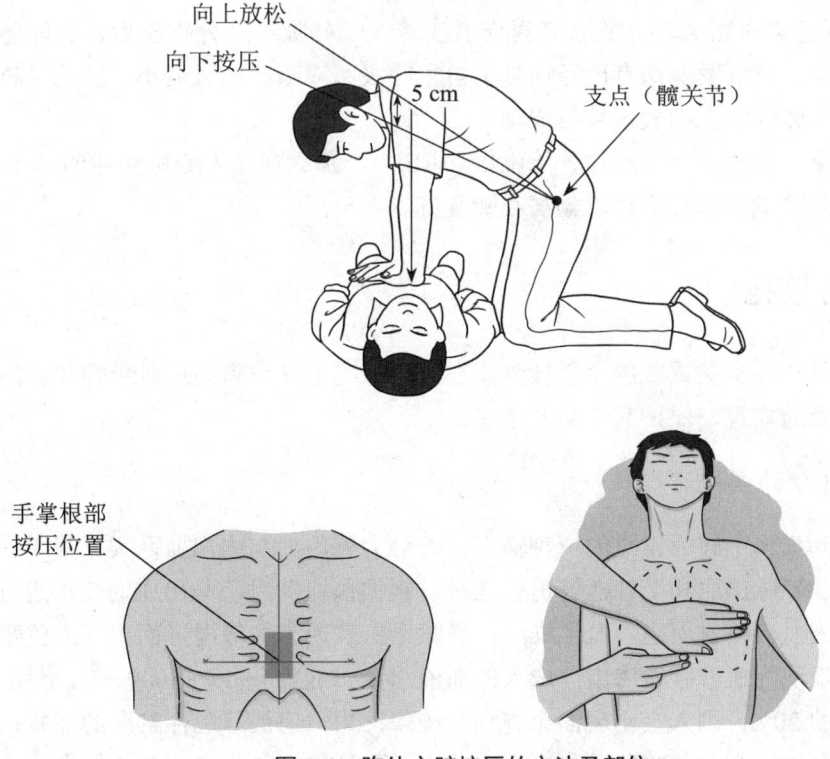

图 7-5　胸外心脏按压的方法及部位

（2）打开呼吸道。实施胸外心脏按压后，伤者可能会出现呕吐的情况，这时需要用仰头举颌法打开呼吸道。其操作方法如下：使伤者下颌角与耳垂连线垂直于地面，如图7-6所示，然后用双手扶住伤者头部使其偏向一侧，以利于液体状异物流出，也可以将食指或小指包上纱布或手帕，从伤者口腔中掏取异物。

（3）人工呼吸。打开伤者口腔，用嘴包住伤者的双唇匀速地吹两口气，吹气时应捏住伤者的鼻孔（以免鼻腔漏气），如图7-7所示，同时注意观察伤者胸部有无起伏。吹气后，放松伤者鼻子，施救者抬头并吸气，以备下一次吹气。施救者如此反复并有节奏地（每分钟12~16次）进行吹气，直至伤者恢复自主呼吸。

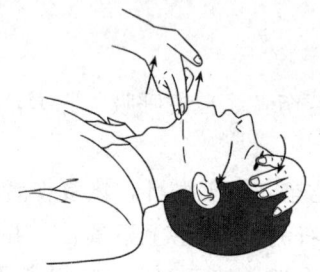
图7-6 打开呼吸道

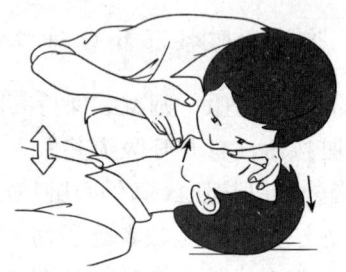
图7-7 人工呼吸

（4）人工呼吸与胸外按压的协调。胸外按压与人工呼吸的比例以30∶2为宜，即连续胸外按压30次，做人工呼吸2次。在做完每轮吹气按压后，施救者要检查伤者是否恢复脉搏与自主呼吸，但要注意检查所用的时间不超过5 s。

（5）判断急救是否成功。施救者对伤者实施人工呼吸与胸外按压后，若能感觉到伤者的大动脉搏动，或者发现伤者已经恢复了自主呼吸、双瞳孔由大变小、肤色（特别是唇与指甲的颜色）转红润，则表示急救成功。

另外，如果急救现场有自动体外除颤器（AED），那么在伤者心脏骤停的4 min内，可利用自动体外除颤器对其进行除颤与心肺复苏。

三、止血与包扎

临场止血是一项至关重要的急救技能，在紧急情况下，正确的止血步骤和实际操作能够帮助减轻伤者的痛苦，保护其生命安全。

（一）出血的类型

出血是运动损伤中较为常见的一种情况，可分为外出血与内出血两类。其中，外出血分为动脉出血、静脉出血和毛细血管出血三种，根据出血的颜色与出血的情形进行区分：动脉出血表现为血液喷射而出，血色鲜红；静脉出血表现为血液漫涌而出，血色暗红；毛细血管出血则表现为血液缓慢渗出。成人的血液总量一般为4000~5000 mL。若出血量达到全身总血量的20%，则人会出现面色苍白、头晕乏力、口渴等急性贫血的症状；若出血量超过全身总血量的30%，将危及生命。因此，对于外出血的伤者，尤其是大动脉出血的伤者，必须立即止血；对疑有内脏或颅内出血的伤者，应尽快将其送往医院进行救治。

（二）止血法

止血法主要有冷敷法、抬高患肢法和压迫法。冷敷法常用于急性闭合性软组织损伤伤者的急救。最简便的处理方法是用冷水冲洗或用冷毛巾敷于伤处。抬高患肢法用于四肢出血伤者的急救。抬高患肢可使伤处血压降低，血流量减少，以达到减少出血的目的。压迫法包括指压法、绷带加压包扎法和止血带法，下面重点介绍压迫法的止血方法。

1. 指压法

用手指的指腹压在出血动脉近心端相应的骨面上，以阻断血液的流动来达到止血的目的。这种止血方法常用于动脉出血伤者的急救，操作简便，止血迅速，是一种临时性止血的好方法。应用指压法时，身体不同部位止血的具体操作如表 7-1 所示。

指压法

表 7-1　身体不同部位止血的具体操作

出血部位	具体操作
额部、颞部	一只手扶住伤者的头并将其固定，用另一只手的拇指在耳屏前上方一指宽处摸到颞浅动脉搏动后，将该动脉压迫在颞骨上，可止同侧额部、颞部出血，如图 7-8 所示
眼以下面部	在下颌角前约 1.5 cm 处摸到颌外动脉搏动后，用拇指将该动脉压迫在下颌骨上，可止同侧眼以下面部出血，如图 7-9 所示
肩部与上臂部	在锁骨上窝内 1/3 处摸到锁骨下动脉搏动后，用拇指把该动脉压迫在第一肋骨上，可止同侧肩、腋部及上臂出血，如图 7-10 所示
前臂与手部	将伤臂稍外展、外旋，在肱二头肌内缘中点处摸到肱动脉搏动后，用拇指或食指、中指、无名指三指将该动脉压迫在肱骨上，可止同侧前臂与手部出血，如图 7-11 所示
大腿与小腿	使伤者仰卧，患腿稍外展、外旋，在腹股沟中点稍下方摸到股动脉搏动后，用双手拇指重叠（或用掌根）把该动脉压迫在耻骨上，可止同侧下肢出血，如图 7-12 所示
足部	在踝关节背侧，于胫骨远端摸到胫前动脉搏动后，把该动脉压迫在胫骨上；在内踝后方，将胫后动脉压迫在胫骨上，可止足部出血，如图 7-13 所示

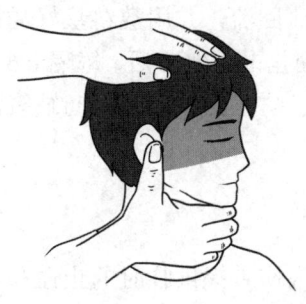　　　　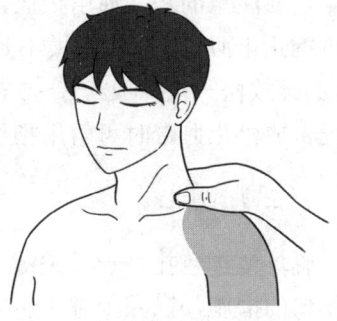

图 7-8　额部、颞部止血　　图 7-9　眼以下面部止血　　图 7-10　肩部与上臂部止血

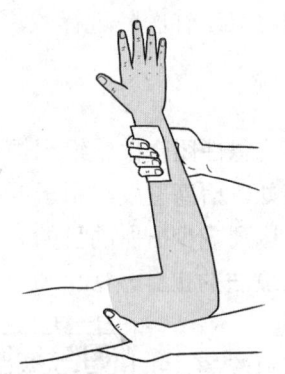
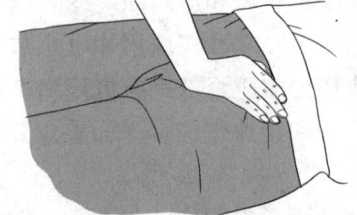
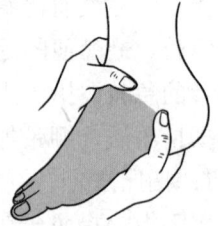

图7-11　前臂与手部止血　　　　图7-12　大腿与小腿止血　　　　图7-13　足部止血

2．绷带加压包扎法

用数层无菌敷料覆盖伤口，再用绷带加压包扎，以压住出血的血管，同时抬高患肢，以达到止血的目的。此方法适用于小动脉出血、小静脉出血和毛细血管出血的止血。

3．止血带法

用胶管或绳子（宽布条、三角巾和毛巾均可）绑扎在伤口的近心端。若是肢体动脉大出血且为方便运送伤者起见，则应使用止血带。若是上肢出血，则应将止血带捆扎在上臂的上1/3处（切忌将其捆扎在上臂中段，以避免损伤桡神经），如图7-14所示；若是下肢出血，则应将止血带捆扎在大腿中部。

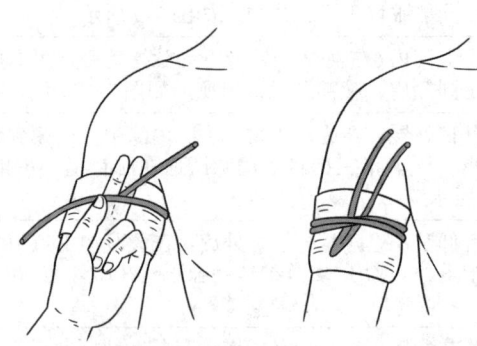

图7-14　橡皮止血带止血法

需要注意的是，使用止血带前应先将患肢抬高，以使静脉血回流，并用敷料垫好局部后再捆扎止血带，以刚好摸不到止血带远端的肢体动脉为宜。捆扎上止血带后，每隔0.5～1 h必须放松一次，放松3～5 min后再扎上。放松止血带是为了防止组织因长时间缺氧而坏死，放松止血带时可暂用指压法止血。

（三）包扎

临场救护包扎是一项关键的急救技能，能够在紧急情况下为伤者提供临时的止血和保护伤口的措施，以减少进一步的伤害和感染风险。

1. 消毒

先洗手，以确保操作的卫生和安全。接下来，用清洁的水或者生理盐水清洗伤口，以去除污垢和细菌。如果伤口有异物，应该小心地取出。然后，用干净的纱布或消毒棉球轻轻擦干伤口周围的皮肤。

2. 选择包扎材料

在临场救护过程中，正确选择合适的包扎材料是至关重要的。在选择包扎材料时，需要考虑以下几个因素，以确保伤者能够得到最佳的伤口处理和保护效果。

（1）材料的清洁度和消毒性。由于临场救护环境通常不太理想，需要确保所选材料具有一定的抗菌性能，以减少伤口感染的风险。常用的消毒材料包括医用酒精、碘伏和氯己定等。此外，应该优先选择易于携带和使用的消毒剂。

（2）材料的透气性和吸湿性。透气性良好的包扎材料可以促进伤口的愈合和新陈代谢，减少潮湿环境下细菌滋生的可能性。此外，吸湿性好的材料可以防止伤口周围的渗液积聚，保持伤口的干燥和清洁。

（3）材料的柔软性和伸缩性。柔软性好的材料可以更好地贴合伤口，减少摩擦和不适感。而伸缩性好的材料则可以适应不同部位的伤口，提供更好的包裹效果和固定性。

（4）材料的可靠性和经济性。包扎材料应该能够提供稳定的固定效果，确保伤口得到良好的保护和支持。同时，由于临场救护通常是在资源有限的情况下进行的，需要选择经济实用的材料，以确保能够满足更多伤者的需要。

3. 包扎

包扎可以根据伤口位置和性质分为头部、胸部、腹部、四肢和关节等不同部位的包扎。头部包扎主要针对面部和头皮的创伤，如切割伤、擦伤和撕裂伤等。胸部包扎通常用于胸部骨折、创伤性气胸等情况，以固定和保护胸部的伤口。腹部包扎则主要应用于腹部创伤，如腹部破裂伤和腹部刺伤等，以避免伤口进一步恶化和减少出血。四肢和关节的包扎则用于骨折、扭伤和关节脱位等情况，以稳定伤处、减轻疼痛和防止进一步损伤。

在包扎的手法上，需要根据伤口的性质和情况选择适当的包扎方法。常用的包扎手法包括扎带法、扎环法和三角巾法等。扎带法是将绷带固定在伤口周围，然后逐渐缠绕至整个伤口，以固定伤处和止血。扎环法则是将绷带缠绕在伤处周围，形成环状，用于固定和保护伤口。三角巾法则是利用三角巾将伤口覆盖和固定，适用于头部、胸部和四肢等部位的包扎。

除了包扎手法，需要注意包扎的原则和技巧：保持伤口清洁和干燥是包扎的基本原则；注意包扎的松紧度，既不能过松导致脱落，也不能过紧影响血液循环；掌握好包扎的速度和力度，以确保伤者的舒适和减轻疼痛；在包扎过程中，还要与伤者进行有效的沟通，给予安慰和支持，以提高伤者的合作度和减少伤者的紧张情绪。

下面以包扎小臂为例，介绍包扎的操作步骤。

（1）用无菌纱布或敷料垫覆盖伤口，以吸收血液和分泌物。

（2）用绷带固定敷料。在固定绷带时，不要太松或太紧，既要保持敷料与皮肤紧密贴合，又要避免血液循环受阻。

（3）绷带应该从远离伤口的地方开始包扎，逐渐向伤口靠近，如图 7-15 所示。

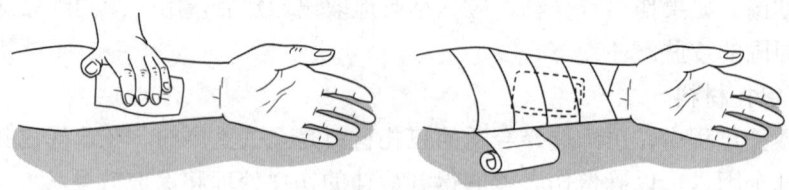

图 7-15　包扎小臂

4．检查伤口

（1）检查包扎后的伤口：包扎完成后，应仔细检查，确保伤口没有渗血或渗液，并且敷料没有松动或移位。如果发现异常，应及时调整或重新包扎。

（2）记录包扎的时间和方式：记录包扎的日期、时间、伤口位置和大小，以及使用的包扎材料和方法。这样可以为医疗人员提供更准确的信息，以便其做出恰当的处理。

需要注意的是，临场救护包扎是一项需要经验和技巧的技能。虽然以上步骤提供了一般的操作指南，但参与包扎的人员应接受专业培训，并在实践中不断提高自己的技能。在实际操作中，应根据伤者的具体情况和环境条件进行灵活调整，以最大限度地保护伤者的安全和健康。

四、溺水救护

（一）主要症状

溺水者临床表现的个体差异较大，这与溺水持续时间长短、吸入水量多少、吸入水的性质及器官损害范围有关。常见的临床表现包括轻症症状、重症症状及体征表现等。轻症症状表现为溺水者头痛或视觉障碍、剧烈咳嗽、胸痛、呼吸困难、咳粉红色泡沫样痰。重症症状表现为溺水者出现精神状态改变、烦躁不安、抽搐、昏睡、昏迷和肌张力增加。体征表现为溺水者皮肤发绀、颜面肿胀、球结膜充血、口鼻充满泡沫或泥污、呼吸表浅、急促或停止，肺部可闻及干湿性啰音，心律失常，心音微弱或消失，腹部膨隆，四肢厥冷。

（二）自我救护

1．溺水的自救方法

溺水的自救方法具体如下。

（1）保持冷静。落水后，人们通常会产生极大的恐惧，本能地试图通过各种挣扎（如双手上举或胡乱划水等）使自己上浮。殊不知这样做不但消耗体力，而且更容易使人下沉。

（2）屏住呼吸，放松全身，去除身上的重物，同时睁开眼睛，观察周围情况。水是有浮力的，而且水越深浮力越大。在多数情况下，身体下沉到一定程度时，会停止继续下

第七章 运动安全防护与常见职业病防治

沉并自然向上浮起。

（3）一旦身体停止下沉并上浮时，溺水者应顺势向下划水。注意划水节奏，向下划要快，抬上臂要慢。同时，双脚用力交替向下蹬水，或膝盖弯曲，用双脚脚背反复交替向下踢水，这样就会加速身体上浮。当快要浮出水面时，头向后仰，争取先将口鼻露出水面。口鼻一旦露出水面，应立即呼吸，并大声呼救。注意呼气要浅，吸气宜深。双脚交替踩水，尽可能保持使自己的身体浮于水面，以等待他人救护。

2. 抽筋的自救方法

抽筋给游泳者带来突发的疼痛，并严重影响游泳、踩水的动作，还有可能造成恐慌、呛水及淹溺。因此，游泳者需要及时采取对应措施。抽筋时，要保持冷静，立即呼救，同时尽可能自行缓解抽筋，以便及时向岸边转移。身体不同部位发生抽筋时，具体处理方法如下。

（1）手指抽筋：可按摩抽筋部位，同时握拳，然后用力张开，迅速、反复做几次，直到抽筋缓解。

（2）脚趾抽筋：深呼吸后屏气，潜入水中抓住抽筋的脚趾，用手将脚趾向抽筋的反方向伸展，然后迅速划水上浮并呼吸。

（3）小腿肚抽筋：深呼吸后屏气，潜入水中用抽筋腿对侧的手握住抽筋腿的脚趾，并用力向身体方向拉，同时用抽筋腿同侧的手掌压在抽筋腿的膝盖上，帮助抽筋腿伸直，然后迅速划水上浮并呼吸。大腿抽筋可同样采用拉长抽筋肌肉的办法处理。

（4）腹部抽筋：应反复鼓肚子，同时用手用力按摩腹部。

需要注意的是，抽筋得到缓解之后，同一部位可能再次抽筋，故应及时向岸边转移。上岸后最好充分按摩和热敷抽筋部位，也可适当饮用热饮料。

3. 呛水的自救方法

呛水是指吸气时不慎将水吸入气管内。呛水后，应尽力克制咳嗽感，先在水面上闭气静卧片刻，再把头伸出水面，边咳嗽边调整呼吸，待气管内的水分排出后，呼吸就会恢复正常。

4. 被水草及其他水下杂物缠住的自救方法

被水草或水下杂物缠住时，最重要的就是保持冷静，切勿挣扎，此时应深吸气后屏气潜入水中，睁眼观察被缠绕之处，同时用双手解脱缠绕。屏气入水后要注意全身放松，因为放松后身体需氧量减少，能延长在水下的时间。

5. 遇到漩涡的自救方法

漩涡是流速较快的水流遇到障碍物时产生的，通常位于障碍物的下游。小漩涡不会对游泳者造成伤害，而大漩涡则十分危险。大漩涡的危害如下：大漩涡能把游泳者卷入水底，如果游泳者不能及时浮出水面将会发生严重缺氧；大漩涡可能使游泳者撞到附近的障碍物上，使游泳者受到严重的创伤，甚至发生意识丧失；游泳者一旦被卷入漩涡，想摆脱它则非常困难。

应对漩涡的方法如下：尽量远离漩涡，漩涡多是障碍物造成的，所以游泳者接近障碍物（如水坝等）或经过河道变窄处时应非常小心。如果已经接近漩涡，由于漩涡边缘处吸力较弱，不容易卷入面积较大的物体，游泳者应立刻俯卧浮于水面上，切不可直立踩水或潜入水中，然后沿着漩涡边缘，用爬泳的方法快速摆脱漩涡。如果不慎被漩涡卷入水下，游泳者应立即屏气，并尽量蜷缩身体，双手抱头，避免要害部位撞到障碍物上。当危险解除后立即在水下睁眼观察周围情况，并迅速划水使自己上浮。

6．车内淹溺的自救方法

车内淹溺的自救方法具体如下。

（1）保持冷静。只有冷静，才能清醒，进而采取正确的自救方法。

（2）打开车门逃生是最安全、快捷的方式。如果是车辆刚落入水中，车内人员争取在第一时间打开安全带、车门。因为车辆刚落水时，车内外的压力差几乎相等，此时车门比较容易打开。

（3）如果打不开车门，车内人员需要保持冷静并储存体力。此时应拨打救援电话，如120、110、119等，告诉对方自己的位置，使自己尽快得到救助。

（4）车内人员可以选择从天窗或者后备箱逃生。以从后备箱逃生为例，将后排座椅靠背扳倒，找到后备箱锁芯堵盖，用钥匙等硬物将其撬下，顺时针方向拨动锁芯，打开后备箱（不同车型后备箱的开关方式可能不同）。

（5）若无法从天窗或者后备箱逃生，待车内外压力差减小后，车内人员再次尝试打开车门逃生。由于车辆刚没入水中时，车内外的压力差最大。随着车辆逐渐进水，车内外的压力差就会越来越小，当车内即将被水灌满时，车内外的压力差几乎相同。

（6）如果还打不开车门，车内人员也可以用车内重物（如工具箱中的榔头、千斤顶等）反复猛砸车窗的一个角，砸碎车窗逃生。需要注意的是，砸车窗时不要砸车窗的中间部分，也不要这里敲一敲、那里敲一敲，这样不仅效果差，还浪费体力和时间。

（7）逃生时，首先深吸一口气，然后屏住呼吸积极划水。逃出车外的过程中，注意避开周围物体（如玻璃碴等），尽量抱住漂浮物，然后迅速游向水面，寻求救援。

（三）救护他人

1．呼叫专业救援人员

专业救援人员包括医务人员、涉水专业救生员等，他们具备专业的技能和装备。因此，发现有人溺水时，应尽快呼叫专业救援人员。

如何救助溺水者

2．增强自我保护意识

所有施救者必须明白，只有保护好自己，才有可能成功救人。一旦发现有人溺水，应多叫些人来一起救护溺水者，一定要科学施救，切不可不顾自身安全盲目下水救人。

3．充分准备和利用救援物品

利用救援物品能使救援工作事半功倍，施救者应学会就地取材，寻找并使用绳索、救生圈、救生衣及其他漂浮物（如汽车内胎、木板、泡沫塑料等）。特别是游泳技术不熟练或不熟悉水情的施救者，最好携带救生圈等具有自我保护作用的工具，这样既提高了救援

第七章　运动安全防护与常见职业病防治

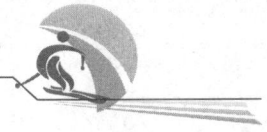

效率，又保障了自身安全。

4．救援前与溺水者充分沟通

若溺水者不配合，救援不但很难成功，而且还会增加施救者的危险。因此，施救者应在救援前与溺水者充分沟通，鼓励溺水者战胜恐惧、保持冷静，告诉溺水者要听从指挥，配合救援。

5．救援方式及注意事项

1）伸手救援

伸手救援是指施救者直接伸手将溺水者拽出水面的救援方法，适用于溺水者与施救者距离近且溺水者意识清醒的情形。伸手救援存在较大的风险，施救者稍加不慎就容易被溺水者拽入水中。因此，施救者应侧身站在或趴在地上，一手扶拉岸边的大石头、树枝等。待身体稳定后，向溺水者伸出另一只手。抓牢溺水者后，将其拉出水面。

如果有多人参与救援，可以手拉手纵向一字排开救人。但如果是在风浪较大的河中或激流中救人，就不能采用此法。因为人的握力有限，遇到激流或大浪冲击时往往无法握住他人的手，可能造成更多的人落水。

2）借物救援

借物救援是指借助某些物品（如木棍等）将溺水者拉出水面的方法，适用于溺水者与施救者距离较近且溺水者处于清醒状态的情况。施救者应尽量站在远离水面的地方，将树枝、木棍、竹竿等救援物从溺水者身侧横向递给溺水者。不可直接将救援物伸向溺水者胸前，以防将其刺伤。待溺水者牢牢握住救援物后，施救者方能拽拉溺水者。

3）抛物救援

抛物救援指向溺水者抛投绳索及漂浮物（如救生圈、救生衣、救生浮标等）的救援方法，适用于溺水者与施救者距离较远且溺水者处于清醒状态的情况。漂浮物应抛至溺水者前方，以免砸伤溺水者。待溺水者抓牢漂浮物后，施救者用力将溺水者拉回岸边。

4）划船救援

水域宽阔且附近有救生船只时，施救者可以将救生船只划到溺水者身边进行救援。如果救生船只过小，则应由受过专业训练的人员实施救援，否则救援过程中容易翻船。

5）游泳救援

只有在上述救援方法都不可行时，才考虑采用游泳救援。下水施救者必须经过专业训练，有熟练的游泳技术并熟悉水情（如流速、水温等）。此外，施救者还要评估自己的体力及身体情况，倘若自己体力不足或身体状况不佳，则应另寻方法，千万不要勉强下水救人。

施救者在接近溺水者时，要使溺水者背向自己，以避免被溺水者抱住，然后将其拖带出水面，如图 7-16 所示。

图 7-16　拖带溺水者

6. 上岸后的救援

1）检查溺水者身体情况

将溺水者救上岸后，应迅速检查其身体情况，以便采取相应的急救措施。主要检查以下内容。

（1）意识检查。通过拍打溺水者肩部并大声呼唤的方法确认其有无意识。

（2）呼吸、心搏检查。观察溺水者胸腹部有无起伏，若溺水者胸部无起伏，则应立即检查溺水者有无心跳。若溺水者颈动脉无搏动，则应认定溺水者发生了心脏骤停，此时应立即做心肺复苏。

（3）外伤检查。遭遇失足落水、漩涡、水情复杂等情形的溺水者常常有外伤，故需要对其进行外伤检查。让溺水者采取平卧位，通过询问、观察、局部按压及触摸的手法自上而下地检查溺水者是否受伤。

2）展开现场急救

（1）对意识清醒的溺水者的现场急救。

① 清理异物。若溺水者心跳、呼吸正常，可将其嘴巴打开，清除其口鼻中的淤泥、水草等杂物，通畅呼吸道；然后让其趴于自己屈膝的腿上，使劲按压其背部帮助吐水。

② 做好保暖措施。除了炎热的夏季，在其他季节救护溺水者时都应采取保暖措施。例如，脱去溺水者的湿外套，擦干溺水者身上的水，为溺水者披上毛毯，为溺水者提供热饮料，充分按摩溺水者的四肢以促进血液循环。

③ 尽早把溺水者送往医院。溺水后，溺水者可能出现多种继发问题，特别是肺组织损伤等，故应尽早把溺水者送往医院，使其得到专业的医疗救助。

（2）对意识丧失但有呼吸、心跳的溺水者的现场急救。

溺水者意识丧失但有呼吸、心跳的情况称为昏迷。溺水者昏迷的常见原因是缺氧，少见原因是溺水过程中发生颅脑损伤（如头部受到撞击等）。除拨打120、清理口鼻异物、保暖外，此时应尽早供氧。

对呼吸微弱同时有发绀表现的溺水者实施呼吸支持，若现场无呼吸机及面罩，可以采取口对口人工呼吸。对呼吸正常的溺水者，要使溺水者采取侧卧位，防止呕吐物堵塞呼吸

第七章　运动安全防护与常见职业病防治

道。在将溺水者送往医院的途中，密切观察其病情。

（3）对有心跳、无呼吸的溺水者的现场急救。

溺水者严重缺氧后，会发生呼吸停止、昏迷，如果缺氧得不到纠正，则将发生心脏骤停。除拨打120、清理口鼻异物、保暖外，此时最重要的就是立即对溺水者实施呼吸支持，如口对口人工呼吸等。

第三节　常见职业病的成因与防治

狭义的职业病（又称"法定职业病"）是指某种劳动的特殊性质和环境引起的疾病，如职业性尘肺病、职业性皮肤病等。广义的职业病是指劳动者在工作中长时间保持不良姿势、身体部位持续受压等引起的疾病。本节主要介绍颈椎病、腰椎间盘突出症、腰肌劳损、肩周炎、下肢静脉曲张等非法定职业病的成因与预防。

一、常见职业病的种类与症状

（一）颈椎病

颈椎病又称"颈椎综合征"，是人体颈椎间盘发生退行性改变、颈椎骨质增生或颈椎正常生理曲线改变后刺激或压迫椎动脉、颈部交感神经而引起的一组综合症状。颈椎病患者常常感到头、颈、肩及手臂麻木，肢体酸软无力，甚至出现大小便失禁及瘫痪等。

1. 人体的脊柱生理结构

脊柱（见图7-17）为人体的中轴，强壮又柔韧，支持头和躯干，保持其直立，并能使上体弯曲和旋转。脊柱由7节颈椎、12节胸椎、5节腰椎及骶椎和尾椎组成，各个椎体由关节和韧带等紧密连接而成。椎体之间的椎间盘有很强的弹性和韧性，可增强脊柱的灵活性。颈、胸、腰、骶4个生理弯曲，使脊柱有类似弹簧的缓冲震荡能力。整个脊柱起着支持体重，保护脊髓、脊神经根及血管的作用，并参与构成胸腔、腹腔和盆腔。

2. 颈椎病的类型及症状

颈椎病主要分为颈型颈椎病、神经根型颈椎病、脊髓型颈椎病、椎动脉型颈椎病、交感神经型颈椎病、混合型颈椎病六种，具体症状如表7-2所示。

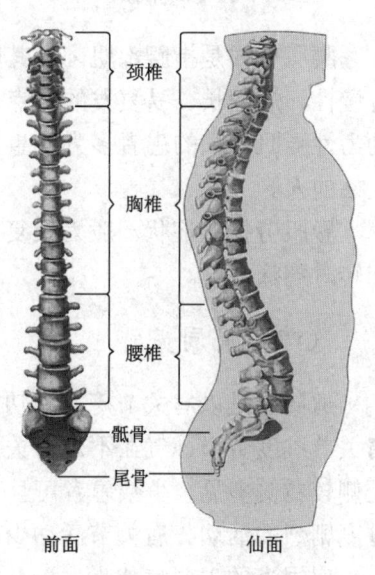

图7-17　脊柱

表 7-2　颈椎病的类型及症状

类型	症状
颈型颈椎病	头、颈、肩部有疼痛感，在按压的时候疼痛感会加重。在 X 线片上会显示颈部曲度的改变
神经根型颈椎病	颈背疼痛、活动受限、上肢麻木、头疼头昏、眩晕
脊髓型颈椎病	四肢力量减弱、步态不稳
椎动脉型颈椎病	骨刺压迫椎动脉，造成脑干、小脑和大脑枕叶缺血，引起头痛、头昏、耳鸣、恶心、呕吐、视物不清、肢体麻木甚至猝倒
交感神经型颈椎病	交感神经受刺激，导致头枕部痛、头沉、头晕、偏头痛、肢体发凉、心慌、胸闷、血压忽高忽低、头皮水肿
混合型颈椎病	此类型颈椎病为上述两种或多种类型颈椎病的混合。脊髓受到压迫，导致四肢发紧、走路不稳、上肢发抖、麻木、握物困难，严重者可能发生呼吸困难、痉挛性瘫痪等

（二）腰椎间盘突出症

腰椎间盘突出症又称"腰椎间盘纤维环破裂症"，是指腰椎间盘的纤维环破裂，导致腰椎间盘内的软组织向外突出，可能压迫周围神经或脊髓。腰椎间盘突出症的症状具体如下。

（1）腰部疼痛。患者可能感觉锐痛或钝痛，尤其是在弯腰或举重后。

（2）坐骨神经痛。腿部疼痛、刺痛或麻木，可能伴随着腰部或臀部的放射痛。

（3）肌肉无力。突出的腰椎间盘可能压迫神经，导致周围肌肉产生无力感。

（三）腰肌劳损

腰肌劳损是指腰部肌肉及其附着点的积累性损伤引起局部慢性无菌性炎症的疾病，具有慢性、病程长、易复发的特点。腰肌劳损一般分为动力性腰肌劳损和静力性腰肌劳损：动力性腰肌劳损的患者多为从事体力劳动或运动的人，静力性腰肌劳损的患者多为久坐或久站的人。

腰肌劳损的症状一般为反复发作的腰部酸痛或胀痛，痛感可向臀部放射，患者站立或旋转时疼痛加剧。

（四）肩周炎

肩周炎是以肩关节疼痛和功能障碍为主要症状的常见病症。一般认为，本病的发生与肩关节过度劳损、气血不足有关，也与肩关节外感风寒湿邪有关。肩周炎多为单侧发病，左侧较右侧多见，少数患者可呈双侧同时发病。肩周炎常见发病原因有年龄的增长、长期过度剧烈的活动、肩关节活动少、肩关节病变等。

肩周炎的主要症状为肩关节疼痛、肌肉无力、活动障碍。其中，疼痛是最明显的症状，疼痛的程度及性质有较明显的个体差异，或为钝痛，或为锐痛，有持久性，夜间疼痛加重，影响睡眠。

(五)下肢静脉曲张

长期的伏案或站立工作容易引起下肢静脉壁薄弱、静脉瓣膜损坏、静脉内压增高和下肢静脉曲张。下肢静脉曲张是指下肢浅表静脉扩张、延长、弯曲成团状,晚期静脉曲张可引发下肢的慢性溃疡。例如,银行柜员长时间坐着,下肢静脉血回流较慢,如不注意利用工作间隙活动下肢,容易引起下肢静脉曲张。

下肢静脉曲张根据其病因可分为原发性静脉曲张和继发性静脉曲张。下肢静脉曲张初期并没有明显的症状,患者只觉下肢沉重、胀痛、易疲劳,但休息后症状即可消失。下肢静脉曲张中期的症状为患肢静脉逐渐隆起、突出,有的甚至卷曲成团状,但患者站立后症状会减轻或消失。病程长时,患者小腿下端、踝部皮肤有色素沉着、瘙痒、湿疹,部分患者可并发血栓性静脉炎,局部皮肤出现红肿硬块、压痛,发生出血或感染并形成溃疡。

二、常见职业病的成因与预防

(一)颈椎病的成因与预防

1. 致病原因

颈椎病的致病原因有很多,除了外伤、受寒或颈椎关节老化外,还包括不健康的生活习惯、工作方式等。例如,长时间低头看书或写作,长期使用电脑或手机(见图7-18),长期开车,长期高枕等。这些生活习惯或工作方式都可能造成颈椎周围软组织的慢性劳损和颈椎病。

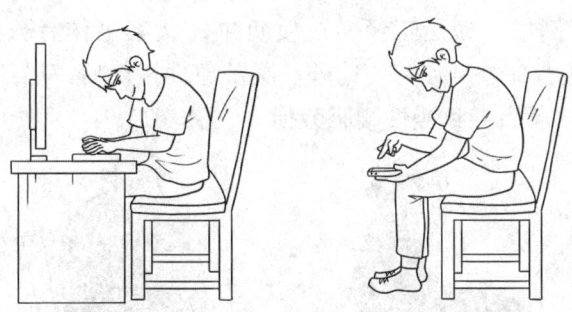

图7-18 低头族

2. 预防与保养

(1)在学习(工作)过程中保持端正的姿势,并且每隔半小时休息几分钟,活动颈部。

(2)有针对性地做颈部、肩部的伸展运动,锻炼肩部肌肉群,增强肩部肌肉力量和柔韧性。

(二)腰椎间盘突出症的成因与预防

1. 致病原因

随着年龄增长,腰椎间盘逐渐失去弹性,变得更容易受伤。突然的脊柱损伤或长时间维持相同的姿势可能增加患病风险。遗传因素也可能使某些人更容易患上腰椎间盘突出症。此外，缺乏运动、肥胖、吸烟等也可能增加患病风险。

2. 预防与保养

（1）保持端正的姿势。坐着时，确保双脚平放在地上，膝盖略低于髋部，背部挺直。站立时，双腿微微弯曲，腹肌收紧，保持身姿挺拔。

（2）适度锻炼。经常练习瑜伽、普拉提、游泳等，强化腹部、背部和骨盆周围的肌肉。

（3）管理体重。超重会增加腰椎的负担，因此保持健康体重是预防和管理腰椎间盘突出症的关键。

（4）学会屈髋，尤其是在提重物时，以减少腰椎的额外压力。

3. 治疗腰椎间盘突出症的注意事项

卧床休息是治疗腰椎间盘突出症的常用方式，但卧床休息有许多注意事项，具体如下。

（1）卧床要求卧硬床，如木板床上铺薄褥或较硬的棕榈床垫。

（2）患者仰卧时，可在腰部下方垫一个枕头，这样可使肌肉充分放松。

（3）患者俯卧时，床垫要平，以免腰部过度后伸。

（4）患者若不能坚持卧床休息，则可在症状缓解后佩戴护腰下床，注意不要做任何屈腰动作。

（三）腰肌劳损的成因与预防

1. 致病原因

腰部长期过度负重或姿势不良等会导致肌肉、韧带等的慢性撕裂，进而出现炎症反应，以致腰痛持久难愈。例如，搬运工经常过度负重，伏案工作者长期保持不良坐姿（见图 7-19），都会导致腰背部过度疲劳。此外，腰部急性扭伤后，局部肌肉、韧带等组织受损，若未能及时诊治，就会导致慢性腰肌劳损。

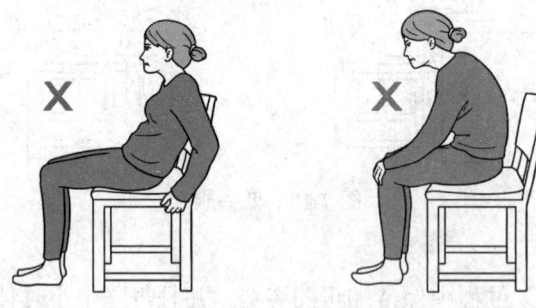

图 7-19　不良坐姿

2. 预防与保养

（1）学习（工作）时要经常变换体位，避免久坐，并且要及时纠正不良姿势。

（2）在进行体育活动或搬抬重物前要做好准备活动，防止突然用力致使腰部扭伤。

（3）加强腰部肌群的力量和柔韧性练习。

（4）经常练习太极拳、五禽戏、健身操等，对预防腰肌受损很有益处。

（四）肩周炎的成因与预防

1. 致病原因

目前，多数学者认为肩周炎是在肩关节周围软组织病变的基础上发生的。常见的病因如下。

1）肩关节周围病变

（1）肩关节周围软组织劳损或退变可引起冈上肌腱炎、肱二头肌长头肌腱炎、肩峰下滑囊炎等疾病。这些慢性炎症和损伤均可波及关节囊和周围的软组织，进而导致关节囊的慢性炎症和粘连。

（2）肩关节的急性创伤（如肩部挫伤、肱骨外科颈骨折和肩关节脱位等）会引起局部渗出性炎症、疼痛及肌肉痉挛，进而导致肩关节囊和周围软组织粘连，以及肩关节活动受限。

（3）肩部活动减少或上肢固定过久，造成局部血液循环不良，淋巴回流受阻，炎性渗出液瘀滞，进而导致关节囊挛缩和周围软组织粘连。例如，肩关节脱位、上肢骨折后外固定时间过长，或在固定期间不注意肩关节功能锻炼，均可导致肩周炎。

2）疾病诱发

（1）颈椎源性肩周炎：颈椎源性肩周炎是指颈椎病引起的肩周炎。临床资料表明，这种肩周炎的特点为先有颈椎病的体征和症状，而后再发生肩周炎。

（2）冠心病：冠状动脉供血不足，造成心肌缺血或缺氧而引起胸骨后部绞痛，绞痛常可放射到肩、上肢或背部（左肩及左上肢尤为多见），从而诱发肩周炎。

（3）其他因素：临床资料表明，肩周炎多与糖尿病、偏瘫、肺结核等疾病并存，且发病率偏高。

2. 预防与保养

（1）肩部向前、向后各旋转20～30次。

（2）两手相握举至头顶，用力向上推，然后放下，做20～30次。

（3）自然站立，两脚分开，与肩同宽，两臂轻轻前后摆，并逐渐增大摆动幅度，每天早晚各做50～100次。

（4）两脚分开，与肩同宽，上体向前弯，双臂向下做捞物动作（见图7-20），每天早晚各做50～100次。

图7-20 捞物动作

（五）下肢静脉曲张的成因与预防

1. 致病原因

下肢静脉曲张的致病原因包括：① 久站和久坐。久站和久坐使得下肢静脉血液长时间瘀滞，导致血管壁压力增大，静脉瓣膜关闭不全，血液倒流，从而形成下肢静脉曲张。② 年龄因素。随着年龄的增长，血管弹性下降，血液黏稠度增加，下肢血流不畅，易发生下肢静脉曲张。③ 肥胖。下肢需要支撑庞大的身躯，静脉压力增加，易发生下肢静脉

曲张。④ 遗传因素。部分患者是因为先天静脉壁薄弱，易发生下肢静脉曲张。

2. 预防与保养

（1）平时多做双腿摆动、蹬夹练习，多做腿部按摩。

（2）长时间站立时，不要总用两条腿一起支撑全身重量，可有所侧重，让两条腿交替休息；还可踮起脚跟，上下活动，或做下蹲练习。

（3）经常进行游泳、慢跑、骑自行车、跳绳等运动。运动后，可抬高下肢，促进下肢静脉的血液回流。

第四节 常见职业病的自我体疗方法

在现代社会中，由于工作压力和环境因素的影响，常见职业病已成为一个普遍存在的问题。然而，仅仅依靠医疗手段治疗职业病还不够，掌握自我体疗方法已成为治疗职业病的非常重要的补充措施。

一、颈椎病的体疗方法

颈椎病的体疗方法主要有医疗体操、牵引疗法和按摩疗法三种。

（一）医疗体操

医疗体操是积极预防和治疗颈椎病的有效方法，下面介绍两套实用医疗体操。

1. 徒手医疗体操

（1）伸颈拔背：自然站立，两脚分开，与肩同宽，两手叉腰；两肩下垂，同时尽量向上伸长颈部，保持此姿势3～5 s；然后放松，还原。如此连续做8～10次。

（2）与颈争力：自然站立，两脚分开，与肩同宽，两手十指交叉置于头后；两手用力向前拉，同时头颈用力向后仰，保持此姿势3～5 s；然后放松，还原。如此连续做6～8次。

（3）头颈侧屈：自然站立，两脚分开，与肩同宽，双手叉腰；先向右侧屈颈8～10次，再向左侧屈颈8～10次。侧屈颈时，不能耸肩，尽可能使耳触及肩部，动作宜缓慢、柔和。

（4）回头望月：头向左转，目视左后上方；然后头向右转，目视右后上方。左右各做8～10次，动作宜协调、柔和、缓慢。

（5）头颈绕环：头颈按顺时针方向绕环4～6次，然后按逆时针方向绕环4～6次。动作宜柔和、缓慢，动作幅度逐渐增大。

2. 哑铃医疗体操

（1）头颈绕环：自然站立，两脚分开，与肩同宽，两手持哑铃，自然垂于体侧；头颈部按顺时针方向旋转一周，再按逆时针方向旋转一周。重复6～8次。

(2) 屈肘扩胸：自然站立，两脚分开，与肩同宽，两手持哑铃，自然垂于体侧；两手胸前平屈，然后向后扩胸。重复12~16次。

(3) 斜方出击：自然站立，两脚分开，与肩同宽，屈肘，两手持哑铃置于腰两侧；上体稍向左转，右手向左前方出击，还原。左右交替，重复6~8次。

(4) 侧方出击：自然站立，两脚分开，与肩同宽，屈肘，两手持哑铃置于腰两侧；右手向左侧方出击，还原。左右交替，重复6~8次。

(5) 上方出击：自然站立，两脚分开，与肩同宽，屈肘，两手持哑铃置于腰两侧；右手向上方出击，还原。左右交替，重复6~8次。

(6) 伸臂外展：自然站立，两脚分开，与肩同宽，两手持哑铃，自然垂于体侧；右臂伸直由前向上举，还原。左右交替，重复6~8次。

(7) 耸肩后旋：自然站立，两脚分开，与肩同宽，两手持哑铃，自然垂于体侧；两肩用力向上耸起，向后转肩，还原。重复12~16次。

(8) 两肩后张：自然站立，两脚分开，与肩同宽，两手持哑铃，自然垂于体侧；两臂向后伸直并外旋，两肩后张，还原。重复12~16次。

(9) 直臂前后摆动：自然站立，两脚分开，与肩同宽，两手持哑铃，自然垂于体侧；两臂伸直前后交替摆动。重复6~8次。

(10) 头颈侧屈：自然站立，两脚分开，与肩同宽，两手持哑铃，自然垂于体侧；向左侧屈颈，还原；向右侧屈颈，还原。重复6~8次。

(11) 头颈前屈后仰：自然站立，两脚分开，与肩同宽，两手持哑铃，自然垂于体侧；头颈部前屈，还原；头颈部后仰，还原。重复6~8次。

（二）牵引疗法

牵引疗法可以使紧张的肌肉松弛，有效缓解疼痛症状，改善或恢复颈椎的正常生理曲度。使用牵引疗法时，练习者不仅需要遵循对症原则和适度原则，还需要掌握牵引力的方向（角度）、重量和牵引时间三大要素，因此应在专业医生指导下进行，不可自行随意操作。

（三）按摩疗法

按摩又称"推拿"，是指在人体体表的特定部位，运用推、拿、按、摩、滚、揉、摇、扳、拍击等手法来防治疾病的一种方法，具有调和气血、疏通经络、促进新陈代谢、提高抗病能力、改善局部血液循环等作用。

适当按摩颈部，可以改善和促进血液循环，减轻颈部不适。下面主要介绍胸锁乳突肌、斜方肌及肩胛提肌的按摩技法。

1. 胸锁乳突肌的按摩技法

胸锁乳突肌位于颈椎两侧，起自胸骨柄前面和锁骨的胸骨端，止于颞骨的乳突。一侧胸锁乳突肌收缩使头向同侧倾斜，两侧胸锁乳突肌同时收缩可使头后仰。胸锁乳突肌的按摩技法具体如下。

（1）面向前方，头稍稍向右（左）侧倾斜。

（2）避开动脉血管搏动处，用左（右）手的大拇指、食指与中指捏住左（右）侧的胸锁乳突肌。

（3）指腹着力，以腕关节带动掌指关节做捻、转、挤、捏、提等动作。动作应轻柔，要有节律性。

2. **斜方肌的按摩技法**

斜方肌位于颈部和上背部的浅层，为三角形的扁肌，左右两侧合在一起呈斜方形。斜方肌的主要功能是移动肩部。斜方肌的按摩技法具体如下。

（1）将头转向右（左）侧，左（右）手的手指着力于左（右）侧的斜方肌。

（2）左（右）臂肘关节自然弯曲，腕部放松，手指自然伸直，做有节奏的环旋转动。为了省力，可以将左（右）手的手肘放在桌子上。

3. **肩胛提肌的按摩技法**

肩胛提肌位于颈部两侧，斜方肌的深层。起自上位颈椎横突，止于肩胛骨上角和内侧缘的上部。肩胛提肌收缩时，肩胛骨上提。肩胛提肌的按摩技法具体如下。

（1）找到肩胛提肌。右（左）手放在左（右）肩上，手指向后，左（右）手臂放松并前后摆动。此时右（左）手能摸到的、随着摆动向上凸起的就是肩胛提肌。

（2）用右（左）手食指、中指、无名指三指指面垂直向下逐渐用力按压肩胛提肌。注意持续发力，力度应由轻到重。

二、腰椎间盘突出症的体疗方法

腰椎间盘突出症的体疗方法主要有医疗体操、牵引疗法和按摩疗法。

（一）医疗体操

医疗体操是治疗腰椎间盘突出症的实用方法，下面介绍其中的三套。

1. **第一套**

预备姿势：仰卧在床上，腰下垫一个小枕头。

（1）屈踝运动：四肢放松，踝关节做屈伸运动，重复20～30次。

（2）交替屈伸腿：左腿屈膝，使膝关节贴近胸部，随后踢腿并伸直。左右腿交替进行，重复10～15次。

（3）举臂挺腰：两臂举过头顶，同时用力挺腰，尽量使腰部抬离床面，重复10次。

（4）交替直抬腿：两腿交替做直腿抬高动作，重复15次。

（5）"五点"式挺腰：两腿屈膝，两手握拳，两臂屈肘置于体侧，头部、双肘、双脚同时发力，抬起腰部，在最高处停留3 s，还原，重复10次。

（6）"三点"式挺腰：两手握拳，两臂屈肘置于体侧，头部、双肘同时发力，抬起腰部，重复10次。

（7）屈膝屈髋：两腿屈膝，使膝关节尽力贴近胸部，双手抱膝停留 2 min。

（8）抱膝滚腰：两腿屈膝，使膝关节尽力贴近胸部，双手抱膝做前后滚动动作，重复 15 次。

2．第二套

预备姿势：俯卧在床上，两臂及两腿自然伸直，放松。

（1）单腿抬高：左腿伸直，用力上抬，随后还原，左右腿交替练习，重复 20 次。

（2）飞燕式运动：两臂置于体侧，两臂、两腿伸直并用力上抬，同时挺胸抬头，重复 5~10 次。

（3）屈膝后蹲：转为跪姿，脚背贴于床上，两手撑于胸前，臀部尽量向后坐，以触及脚底为宜，停留 5 s，还原，重复 5 次。

3．第三套

预备姿势：直立，两脚分开，与肩同宽，两臂自然下垂，放松。

（1）垫脚运动：双手上提，同时脚跟离地并在最高处停留 3 s，还原，重复 20 次。

（2）搓腰运动：双手掌根自腰背部向下搓至骶部，重复 5~10 次。

（3）转腰运动：双手叉腰，双腿保持不动，腰部左右各旋转 10 次。

（4）伸展运动：左脚向前形成弓步，同时两臂前上举，伸展腰部，还原。左右脚交替迈步，重复 10 次。

（5）悬挂运动：两手抓握单杠或门框，双脚离地，腰部放松。尽量坚持，落地后休息 3 min，再重复 3 次。

（6）倒走运动：双手握拳，顶在两侧腰眼上，身体重心后移，向后退步，腰部尽量向前挺，倒走 5~10 min。

（二）牵引疗法

（1）悬垂牵引法：两手紧握肋木或单杠，两臂伸直，缓慢屈膝下蹲，躯干呈半悬垂状态，尽可能坚持久一些，还原。重复 3~5 次。随着力量的增加，练习次数可逐渐增至 10 次。

（2）斜板伸腿法：仰卧在倾斜 30°的斜板上（头高脚低），双手握板的边缘，然后两腿交替做屈伸练习。

（三）按摩疗法

（1）侧卧在床上，用上侧手推、揉腰部和臀部，按揉肾俞穴，然后换另一侧。

（2）侧卧在床上，用上侧手按、捏、揉、拍同侧大腿和小腿，然后换另一侧。

三、腰肌劳损的体疗方法

腰肌劳损的体疗方法主要有医疗体操和按摩疗法两种。

（一）医疗体操

1. 臀桥

仰卧在床上，双腿屈膝，双脚平行，以脚跟和肩背部为着力点，收紧臀部，向上弓起整个骨盆，感受臀部及腰背部发力的感觉，坚持 10 s，还原，重复练习 5 min。

臀桥训练

2. 放松背部筋膜

自然站立，双手握拳，抵于脊柱两侧，自上而下，向腹部的方向按压，重复 3~5 次。

3. 牵拉腰部

自然站立，双手举过头顶，向一侧转身牵拉腰部，尽可能将腰部转到一侧的极限，1~3 次深呼吸后还原，双侧交替进行，练习 2~3 min。

（二）按摩疗法

腰肌劳损患者的腰部有明确的压痛点，压痛点多在骶棘肌处、骶骨后骶棘肌止点处或腰椎横突处。因此，可用揉、拨、肘压、推等手法在骶棘肌处、骶骨后骶棘肌止点处或腰椎横突处按摩，缓解肌肉紧张。

四、肩周炎的体疗方法

肩周炎的体疗方法主要有医疗体操和按摩疗法两种。患者以疼痛为主要表现时，应以按摩为主，配合体操活动；患者以肩关节活动受限为主要表现时，则应以医疗体操为主，并配合按摩。

（一）医疗体操

1. 徒手体操

（1）弯腰划圈：自然站立，两脚分开，与肩同宽；上体前屈 90°，左手叉腰，右手自然下垂，右手按顺时针方向划圈 20~30 次，然后换左手划圈，还原；上体前屈 90°，左手叉腰，右手自然下垂，右手按逆时针方向划圈 20~30 次，然后换左手划圈，还原。划圈的动作幅度逐渐加大，划圈的次数也应逐渐增加。

（2）屈肘摸背：自然站立，两脚分开，与肩同宽，两臂垂于体侧；屈左肘，左手手背贴在腰部，手指徐徐向上摸背，直至最高限度；左臂放松，手背慢慢落于腰部，还原；两手交替练习，重复 5~7 次。

（3）上肢绕环：自然站立，两脚分开，与肩同宽，两手叉腰；左臂屈肘上举，先由后向前做肩关节绕环 15~20 次，再由前向后做肩关节绕环 15~20 次，还原。两臂交替练习，动作应轻柔，幅度要逐渐增大。

（4）手指爬墙：面墙而立，两脚分开，与肩同宽，两手于胸前推墙；两手手指沿墙徐徐向上爬行，直至最高限度，还原；重复 5~7 次。手指向上爬墙时，不要扭动身体或提踵,每次锻炼都要使手指爬墙的高度逐渐增加。

(5) 滑车举臂:两臂向上伸直,两手分别抓握上肢牵引器上的手柄,两臂互为阻力、互相对抗,垂直上下交替拉动。动作幅度逐渐增加,以发展肌肉力量。

2. 棍棒操

(1) 前上举:自然站立,两脚分开,与肩同宽,两手在体前正握棒;两臂上举伸直,同时抬头挺胸;还原。重复 10 次。

(2) 侧上举:自然站立,两脚分开,与肩同宽,两手在体前正握棒;两臂向上、向左摆至左臂侧平举,还原;两臂向上、向右摆至右臂侧平举,还原。左右交替进行,重复 10 次。

(3) 后上提:自然站立,两脚分开,与肩同宽,两手在体后正握棒;两臂屈时,尽量将棍向上提;还原。重复 10 次。

(4) 后举:自然站立,两脚分开,与肩同宽,两手在体后正握棒;两臂徐徐用力向后上举,同时稍挺胸;还原。重复 10 次。

(5) 扭臂:自然站立,两脚分开,与肩同宽,两手在体前正握棒;两臂胸前平举;右臂向下扭至拳心向上,左臂向上扭至拳心向上,棍棒由平行于肩扭至垂直于肩,两前臂在体前交叉;还原。重复 10 次。

(6) 旋臂:自然站立,两脚分开,与肩同宽,两手在体前正握棒;两臂上举,然后屈臂,将棒置于颈后,同时稍挺胸;两臂上举,还原。重复 10 次。

(7) 绕环:自然站立,两脚分开,与肩同宽,两手在体前正握棒;两臂向右、向上、向左、向下绕环至起始位置;两臂向左、向上、向右、向下绕环至起始位置。向相反方向交替练习,重复 4~5 次。

(二) 按摩疗法

(1) 患者取坐位。患肩疼痛时,按摩者用拇指用力点揉患者下肢的金门、申脉、跗阳、公孙穴各 30 s,以达到解除痉挛、镇静止痛的效果。

(2) 按摩者站在患者身后,用单手揉捏患者颈后肌肉,反复数次。

(3) 按摩者揉、捏患者肩部三角肌、肱二头肌、斜方肌,然后用掌根揉患者背部肌肉,反复数次;按摩者弹拨患者肩前肱二头肌腱 2~3 次;按摩者点揉患者风池、肩髃、肩井、外关等穴位。

(4) 按摩者双手夹住患肩,一手在肩前,另一手在肩后,搓动肩部 30 s,然后轻轻拍击患肩 20~30 次。

(5) 按摩者站在患者身后,一手扶住患侧肩部,另一手握住患臂,使患者做肩关节的外展、旋转等活动。动作要轻柔,幅度逐渐增大,以不引起患者剧烈疼痛为宜。

(6) 患者取立位。按摩者一手握住患者的手,另一手按住患者的肩部,抖动患肢约 1 min。抖动的幅度要小,抖动的频率一般较快。

五、下肢静脉曲张的体疗方法

下肢静脉曲张的体疗方法有医疗体操、游泳、快速步行和按摩疗法。

（一）医疗体操

（1）直腿上举：仰卧在床上，左右腿交替做直腿上举，各做 10 次。

（2）直腿后举：俯卧在床上，两腿伸直，两臂放在体侧；两腿伸直交替上抬，各做 10 次。

（3）仰卧蹬空：仰卧在床上，两臂屈肘置于头的两侧；两腿屈膝，用脚跟支撑；两腿交替做蹬自行车的动作。练习 1~2 min，中间可以休息几次。动作要协调、轻快，双腿屈伸幅度尽可能大些。

（4）脚趾、脚踝运动：全身放松，仰卧在床上，两臂平直放在身体两侧，两腿伸直，脚趾弯曲再伸直。反复做 30 s，也可以左右脚交替各做 30 s。伸直足背，弯曲足背，再转动踝关节。反复做 30 s，也可以左右脚交替各做 30 s。

（5）膝、踝伸屈：在床上仰卧 5 min 后，右腿垂于床边，做膝、踝屈伸动作 2 min，再换左腿做屈伸动作 2 min。可重复 2~3 次。

（二）游泳

研究证明，游泳是预防和治疗下肢静脉曲张的最佳运动方式之一。在游泳时，除了水的压力有助于增强血管弹性外，下肢不断地在水中做规律性的屈腿、伸腿或打水动作，可以增强腿部肌肉的力量。

（三）快速步行

每天坚持快速步行 4 次，每次 15 min，就可以有效地缓解下肢静脉曲张。快速步行后，最好能躺下休息并将脚抬高，躺 15 min 左右。

（四）按摩疗法

先自脚尖向脚踝按捏，然后双手相对握腿，自脚踝向大腿根部揉捏。双腿交替进行，注意不得逆向按摩。

参考文献

[1] 闫雷. 高职学生体育与健康 [M]. 北京：中国农业大学出版社，2023.

[2] 羌梦华，杨伟，罗军. 高职体育与健康教程 [M]. 北京：高等教育出版社，2022.

[3] 栾伟元，纪谦茂. 高职体育与健康 [M]. 北京：中国人民大学出版社，2021.

[4] 秦虎，邢峰，姚证. 高职体育教程 [M]. 重庆：重庆大学出版社，2021.

[5] 张建龙，亢宇. 大学体育实践教程 [M]. 上海：上海交通大学出版社，2020.

[6] 武文强，尹军. 高职体育与健康 [M]. 北京：人民邮电出版社，2019.

[7] 周涛，刘信明，郑春平. 体育与健康 [M]. 北京：中国人民大学出版社，2019.